ŒUVRES

DE

Alphonse Daudet

ŒUVRES

DE

Alphonse Daudet

—

LES ROIS EN EXIL

PARIS
LIBRAIRIE ALPHONSE LEMERRE
23-33, PASSAGE CHOISEUL, 23-33

A EDMOND DE GONCOURT

*A l'historien des reines et des favorites,
au romancier de* GERMINIE LACERTEUX
et des FRÈRES ZEMGANNO,
*j'offre ce roman d'histoire moderne
avec ma grande admiration.*

ALPHONSE DAUDET.

LES ROIS EN EXIL

I

LE PREMIER JOUR

RÉDÉRIQUE dormait depuis le matin. Un sommeil de fièvre et de fatigue où le rêve était fait de toutes ses détresses de reine exilée et déchue, un sommeil que le fracas, les angoisses d'un siège de deux mois secouaient encore, traversé de visions sanglantes et guerrières, de sanglots, de frissons, de détentes

nerveuses, et dont elle ne sortit que par un sursaut d'épouvante.

— Zara ?... Où est Zara ?... criait-elle.

Une de ses femmes s'approcha du lit, la rassura doucement : S. A. R. le comte de Zara dormait, bien tranquille, dans sa chambre ; madame Éléonore était auprès de lui.

— Et le roi ?

Sorti depuis midi dans une des voitures de l'hôtel.

— Tout seul ?

Non. Sa Majesté avait emmené le conseiller Boscovich avec elle... A mesure que la servante parlait dans son patois dalmate, sonore et dur comme un flot roulant des galets, la reine sentait se dissiper ses terreurs ; et peu à peu la paisible chambre d'hôtel qu'elle n'avait fait qu'entrevoir, en arrivant au petit jour, lui apparaissait dans sa banalité rassurante et luxueuse, ses claires tentures, ses hautes glaces, le blanc laineux de ses tapis où le vol silencieux et vif des hirondelles tombait en ombre des stores, s'entre-croisait en larges papillons de nuit.

— Déjà cinq heures !... Allons, Petscha, coiffe-moi vite... J'ai honte d'avoir tant dormi.

Cinq heures, et la journée la plus admirable dont l'été de 1872 eût encore égayé les Parisiens. Quand la reine s'avança sur le balcon, ce long balcon de l'*Hôtel des Pyramides* qui aligne ses quinze fenêtres voilées de coutil rose au plus bel endroit de la rue de Rivoli, elle resta émerveillée. En bas, sur la large voie, mêlant le bruit des roues à la pluie légère des arrosages, une file ininterrompue de voitures descendait vers le Bois avec un papillotement d'essieux, de harnais, de toilettes claires envolées dans un vent de vitesse. Puis, de la foule pressée à la grille dorée des Tuileries, les yeux charmés de la reine allaient vers cette confusion lumineuse de robes blanches, de cheveux blonds, de soies voyantes, de jeux aériens, vers tout ce train d'endimanchement et d'enfance que le grand jardin parisien répand autour de ses terrasses, les jours de soleil, et se reposaient enfin délicieusement sur le dôme de verdure, l'immense toit de feuilles arrondi et plein que faisaient de là-haut les marronniers du centre abritant à cette heure un orchestre militaire, et tout frémissants de cris d'enfants, d'éclats de cuivre. L'âpre rancœur de l'exilée se calmait peu à peu à tant d'allégresse répandue. Un bien-être de chaleur l'enveloppait de partout, collant et souple comme un réseau de soie ; ses joues fanées par les veilles, les privations, s'animaient d'une rose vie. Elle pensait : « Dieu ! qu'on est bien. »

Les plus grandes infortunes ont de ces subits et inconscients réconforts. Et ce n'est pas des êtres, mais de la multiple éloquence des choses qu'ils leur viennent. A cette reine dépossédée, jetée sur la terre d'exil avec son mari, son enfant, par un de ces soulèvements de peuple qui font penser aux tremblements de terre accompagnés d'ouvertures d'abîmes, d'éclairs de foudre et d'éruptions volcaniques ; à cette femme dont le front un peu bas et pourtant si hautain gardait le pli et comme le tassement d'une des plus belles couronnes d'Europe, aucune formule humaine n'aurait pu apporter de consolation. Et voici que la nature, joyeuse et renouvelée, apparue dans ce merveilleux été de Paris qui tient de la serre chaude et de la molle fraîcheur des pays de rivière, lui parlait d'espérance, de résurrection, d'apaisement. Mais tandis qu'elle laisse ses nerfs se détendre, ses yeux boire à pleines prunelles à ce verdoyant horizon, tout à coup l'exilée a tressailli. A sa gauche, là-bas, vers l'entrée du jardin, se dresse un monument spectral, fait de murs calcinés, de colonnes roussies, le toit croulé, les fenêtres en trous bleus d'espace, une façade à jour sur des perspectives de ruines, et tout au bout — regardant la Seine — un pavillon presque entier, atteint et doré par la flamme qui a noirci le fer de ses balcons. C'est tout ce qu'il restait du palais des Tuileries.

Cette vue lui causa une émotion profonde,

l'étourdissement d'une chute, le cœur en avant, sur ces pierres. Dix ans, il n'y avait pas dix ans encore, — oh! le triste hasard et qui lui parut prophétique d'être venue se loger en face de ces ruines, — elle avait habité là, avec son mari. C'était au printemps de 1864. Mariée depuis trois mois, la comtesse de Zara promenait alors par les cours alliées tous ses bonheurs d'épouse et de princesse héréditaire. Tout le monde l'aimait, lui faisait accueil. Aux Tuileries surtout, que de bals, que de fêtes! Sous ces murs effondrés, elle les retrouvait encore. Elle revoyait les galeries immenses et splendides, éblouies de lumières et de pierreries, les robes de cour ondulant sur les grands escaliers entre une double haie de cuirasses étincelantes, et cette musique invisible qui montait du jardin par bouffées lui semblait l'orchestre de Valdteufel dans la salle des Maréchaux. N'était-ce pas sur cet air sautillant et vif qu'elle avait dansé avec leur cousin Maximilien, huit jours avant son départ au Mexique?... Oui, c'était bien cela... Un quadrille croisé d'empereurs et de rois, de reines et d'impératrices, dont ce motif de la *Belle Hélène* faisait passer devant elle l'enlacement luxueux et les augustes physionomies... Max soucieux, mordillant sa barbe blonde. Charlotte en face de lui, près de Napoléon, rayonnante, transfigurée par cette joie d'être impératrice... Où étaient-ils, aujourd'hui, les danseurs de ce beau quadrille ? Tous morts, exilés ou fous. Deuils sur deuils ! Désastres sur désastres ! Dieu n'était donc plus du côté des rois, maintenant !...

Alors elle se rappelait tout ce qu'elle avait souffert depuis que la mort du vieux Léopold lui avait mis au front la double couronne d'Illyrie et de Dalmatie. Sa fille, son premier-né, emportée au milieu des fêtes du sacre par une de ces maladies étranges et sans nom qui résument l'épuisement d'un sang et la fin d'une race, — si bien que les cierges de la veille funèbre se mêlaient aux illuminations de la ville, et que le jour de l'enterrement à l'église du Dôme, on n'avait pas eu le temps d'enlever les drapeaux. Puis à côté de ces grandes douleurs, à côté des transes que lui donnait sans cesse la débile santé de son fils, d'autres tristesses connues d'elle seule, cachées au coin le plus secret de son orgueil de femme. Hélas ! le cœur des peuples n'est pas plus fidèle que celui des rois. Un jour, sans qu'on sût pourquoi, cette Illyrie, qui leur avait fait tant de fêtes, se désaffectionnait de ses princes. Venaient les malentendus, les entêtements, les méfiances, enfin la haine, cette horrible haine de tout un pays, cette haine qu'elle sentait dans l'air, dans le silence des rues, l'ironie des regards, le frémissement des fronts courbés, qui lui faisaient craindre de se montrer à une fenêtre, la rejetaient au fond de son carrosse pendant ses courtes promenades. Oh! ces cris de mort sous les terrasses de son château de Leybach, en regardant le grand palais des rois de France, elle croyait les entendre encore. Elle voyait la dernière séance du conseil, les ministres blêmes, fous de peur, suppliant le roi d'abdiquer... puis la fuite, en paysans, la nuit, à travers la montagne... Les villages soulevés et hurlants, ivres de liberté comme les villes... des feux de joie partout, sur les cimes... et l'explosion de larmes tendres qu'elle avait eue au milieu de ce grand désastre, en trouvant, dans une cabane, du lait pour le souper de son fils... enfin la subite résolution qu'elle inspirait au roi de s'enfermer dans Raguse encore fidèle, et là, deux mois de privations et d'angoisses, la ville investie, bombardée, l'enfant royal malade, mourant presque de faim, la honte de la reddition pour finir, l'embarquement sinistre au milieu d'une foule silencieuse et lasse, et le navire français les emportant vers d'autres misères, vers le froid, l'inconnu de l'exil, tandis que, derrière eux, le drapeau de la République Illyrienne flottait tout neuf et vainqueur sur le château royal effondré... Les Tuileries en ruine lui rappelaient tout cela.

— C'est beau, Paris, n'est-ce pas? dit tout à coup près d'elle une voix joyeuse et jeune, malgré son nasillement.

Le roi venait de paraître sur le balcon, tenant entre ses bras le petit prince et lui montrant cet horizon de verdure, de toits, de coupoles, et le mouvement de la rue dans sa belle lumière de fin du jour.

— Oh! oui, bien beau!... disait l'enfant, un pauvre petit de cinq à six ans, aux traits tirés et marqués, les cheveux trop blonds, coupés ras comme après une maladie, et qui regardait autour de lui avec un bon petit sourire souffreteux, étonné de ne plus entendre les canons du siège et tout égayé de la joie d'alentour. Pour celui-là, l'exil s'annonçait d'une façon heureuse. Le roi non plus n'avait pas l'air bien triste ; il apportait du dehors, de deux heures de boulevard, une physionomie brillante, émoustillée, qui faisait contraste au chagrin de la reine. C'étaient, du reste, deux types absolument distincts : lui, mince, frêle, le teint mat, des cheveux noirs et frisés, sa moustache claire qu'il effilait perpétuellement d'une main pâle et trop souple, de jolis yeux un peu troubles et dans le regard quelque chose d'irrésolu, d'enfantin, qui faisait dire en le voyant et bien qu'il eût passé la trentaine : « Comme il est jeune! » La reine, au contraire, une robuste Dalmate, l'air sérieux, le geste rare, le vrai mâle des deux malgré la splendeur transparente de son teint et ses magnifiques cheveux de ce blond de Venise où l'Orient semble

mêler les tons rouges et fauves du henné.
Christian, vis-à-vis d'elle, avait l'attitude contrainte, un peu gênée d'un mari qui a accepté
trop de dévouements, de sacrifices. Il s'informait doucement de sa santé, si elle avait
dormi, comment elle se trouvait du voyage.
Elle répondait avec une douceur voulue, pleine
de condescendance, mais en réalité ne s'occupait que de son fils, dont elle tâtait le nez, les
joues, dont elle épiait tous les mouvements
avec une anxiété de couveuse.

— Il va déjà mieux que là-bas, disait Christian à demi-voix.

— Oui, les couleurs lui reviennent, répondait-elle sur le même ton intime qu'ils ne prenaient que pour parler de l'enfant.

Lui riait à l'un et à l'autre, rapprochait leurs
fronts dans sa jolie caresse, comme s'il eût
compris que ses deux petits bras formaient le
seul vrai lien entre ces deux êtres dissemblables. En bas, sur le trottoir, quelques curieux,
avertis de l'arrivée des princes, s'étaient arrêtés
depuis un moment, les yeux levés vers ce roi
et cette reine d'Illyrie que leur héroïque défense dans Raguse avait rendus célèbres et
dont les portraits figuraient à la première page
des journaux illustrés. Peu à peu, comme on
regarde un pigeon au bord d'un toit ou une
perruche évadée, les badauds s'amassaient, le
nez en l'air, sans savoir de quoi il s'agissait. Un

rassemblement se formait en face de l'hôtel, et tous ces regards tendus attiraient d'autres regards vers ce jeune couple en costume de voyage, que l'enfant dominait de sa tête blonde, comme soulevé par l'espérance des vaincus et la joie qu'ils sentaient de le tenir encore vivant après une si effroyable tempête.

— Venez-vous, Frédérique ? demanda le roi, gêné par l'attention de tout ce monde.

Mais elle, la tête haute, en reine habituée à braver l'antipathie des foules :

— Pourquoi ! l'on est très bien sur ce balcon.

— C'est que... j'avais oublié... Rosen est là avec son fils et sa bru... Il demande à vous voir.

A ce nom de Rosen qui lui rappelait tant de bons, de loyaux services, les yeux de la reine s'allumèrent :

— Mon brave duc ! Je l'attendais... dit-elle, et comme avant de rentrer elle jetait un regard hautain dans la rue, un homme, en face d'elle, s'élança sur le soubassement de la grille des Tuileries, dominant pendant une minute l'attroupement de toute sa hauteur. C'était comme à Leybach quand on avait tiré sur leur fenêtre. Frédérique eut vaguement l'idée d'un attentat de ce genre et se rejeta en arrière. Un grand front, un chapeau levé, des cheveux au vent s'éparpillant dans le soleil, tandis qu'une voix calme et forte criait : « Vive le roi ! » par-dessus les bruits de la foule, c'est tout ce qu'elle avait pu voir de cet ami inconnu qui osait en plein Paris républicain, devant les Tuileries écroulées, souhaiter la bienvenue à des souverains sans couronne. Ce salut sympathique dont elle était privée depuis si longtemps fit sur la reine l'impression d'un feu flambant clair après une marche au grand froid. Elle en fut réchauffée du cœur à l'épiderme, et la vue du vieux Rosen compléta cette vive et bienfaisante réaction.

Le général duc de Rosen, l'ancien chef de la maison militaire, avait quitté l'Illyrie depuis trois ans, depuis que le roi lui avait retiré son poste de confiance pour le donner à un libéral, favorisant ainsi les idées nouvelles au détriment de ce qu'on appelait alors à Leybach le parti de la reine. Certes, il pouvait en vouloir à Christian qui l'avait sacrifié froidement, laissé partir sans un regret, sans un adieu, lui le vainqueur de Mostar, de Livno, le héros des grandes guerres monténégrines. Après avoir vendu châteaux, terres et biens, caractérisé son départ de tout l'éclat d'une protestation, le vieux général s'était fixé à Paris, y mariait son fils, et pendant trois longues années d'attente vaine sentait sa colère contre l'ingratitude royale s'accroître des tristesses de l'émigration, des mélancolies d'une vie inoccupée. Et pourtant à la première nouvelle de l'arrivée de ses princes, il accourait à eux sans hésiter; et maintenant, raide et debout au milieu du salon, dressant jusqu'au lustre sa taille colossale, il attendait avec tant d'émotion la grâce d'un accueil favorable qu'on pouvait voir trembler ses longues jambes de pandour, haleter sous le grand cordon de l'ordre son buste large et court revêtu d'un frac bleu collant et militairement coupé. La tête seule, une petite tête d'émouchet, regard d'acier et bec de proie, restait impassible avec ses trois cheveux blancs hérissés et les mille petites rides de son cuir racorni au feu. Le roi, qui n'aimait pas les scènes et que cette entrevue gênait un peu, s'en tira par un ton d'enjouement, de cordialité cavalière :

— Eh bien! général, dit-il en venant vers lui les mains tendues, c'est vous qui aviez raison... J'ai trop rendu la bride... Je me suis fait secouer, et raide.

Puis, voyant que le vieux serviteur inclinait le genou, il le releva d'un mouvement plein de noblesse et l'étreignit contre sa poitrine longuement. Personne, par exemple, n'aurait pu empêcher le duc de s'agenouiller devant sa reine, à qui la caresse respectueusement passionnée de cette antique moustache sur sa main causa une émotion singulière.

— Ah! mon pauvre Rosen!... mon pauvre Rosen!... murmura-t-elle.

Et doucement elle fermait les yeux pour qu'on ne vît pas ses larmes. Mais toutes celles qu'elle versait depuis des années avaient laissé leur trace sur la soie délicate et froissée de ses paupières de blonde, avec les veilles, les angoisses, les inquiétudes, ces meurtrissures que les femmes croient garder au plus profond de l'être et qui remontent à la surface, comme les moindres agitations de l'eau la sillonnent de plis visibles. L'espace d'une seconde, ce beau visage aux lignes pures eut une expression fatiguée, douloureuse, qui n'échappa point au vieux soldat. « Comme elle a souffert! » pensait-il en la regardant; et pour cacher son émotion, lui aussi, il se releva brusquement, se tourna vers son fils et sa bru restés à l'autre bout du salon, et, du même air farouche qu'il criait dans les rues de Leybach : « Sabre haut!... Chargez la canaille!... » commanda :

— Colette, Herbert, venez saluer votre reine.

Le prince Herbert de Rosen, presque aussi grand que son père, avec une mâchoire de cheval, des joues innocentes et poupines, s'approcha, suivi de sa jeune femme. Il marchait péniblement, appuyé sur une canne. Huit mois auparavant, aux courses de Chantilly, il s'était cassé la jambe, défoncé quelques côtes; et le général ne manqua pas de faire remarquer que, sans cet accident qui avait mis la vie de son fils en danger, tous deux auraient couru s'enfermer dans Raguse.

— J'y serais allée avec vous, mon père! interrompit la princesse d'un ton héroïque qui jurait avec son nom de Colette et son petit nez de chatte, spirituel et gai sous un ébouriffement de boucles légères.

La reine ne put s'empêcher de sourire et lui tendit la main cordialement. Christian, tortillant sa moustache, dévisageait, avec un intérêt d'amateur, une curiosité avide, cette Parisienne frétillante, ce joli oiseau de la mode au long et chatoyant plumage, tout en jupes et tout en volants, et dont la gentillesse parée le changeait des grands traits et du type majestueux de là-bas. « Diable d'Herbert! où a-t-il pu se procurer un bijou pareil? » se disait-il en enviant son ancien camarade d'enfance, ce grand dadais aux yeux à fleur de tête, aux cheveux divisés et plaqués à la russe sur un front court et trop étroit; puis l'idée lui vint que si ce type de femme manquait en Illyrie, à Paris il courait les rues, et l'exil lui parut définitivement supportable. Du reste, cet exil ne pouvait pas durer longtemps. Les Illyriens en auraient vite assez de leur République. C'était une affaire de deux ou trois mois à passer loin du pays, des vacances royales qu'il fallait employer aussi gaiement que possible.

— Comprenez-vous cela, général, disait-il en riant... on a déjà voulu me faire acheter une maison... C'est un monsieur, un Anglais qui est venu ce matin... Il s'engageait à me livrer un hôtel magnifique, meublé, tapissé, chevaux à l'écurie, voitures dans la remise, linge, argenterie, service, personnel, le tout en quarante-huit heures et dans le quartier qui me plairait le mieux.

— Je connais votre Anglais, Monseigneur... c'est Tom Lévis, l'agent des étrangers...

— Oui, il me semble bien... un nom dans ce goût-là... Vous avez eu affaire à lui?

— Oh! tous les étrangers en arrivant à Paris reçoivent la visite de Tom et de son cab... Mais je souhaite à Votre Majesté que la connaissance en reste là...

L'attention particulière avec laquelle le prince Herbert, dès qu'on parla de Tom Lévis, se mit à considérer les rubans de ses souliers découverts sur la rayure de ses bas de soie, le regard furtif que la princesse jetait à son mari avertirent Christian que s'il avait besoin de renseignements sur l'illustre faiseur de la rue Royale, les jeunes gens pourraient lui en fournir. Mais en quoi les services de l'agence Lévis pouvaient-ils lui être utiles? Il ne désirait ni maison, ni voiture, et comptait bien passer à l'hôtel les quelques mois de leur séjour à Paris.

— N'est-ce pas votre avis, Frédérique?

— Oh! certainement, c'est plus sage... répondit la reine, quoique au fond du cœur elle ne partageât pas les illusions de son mari ni son goût pour les installations provisoires.

A son tour, le vieux Rosen hasarda quelques observations. Cette vie d'auberge ne lui semblait guère convenir à la dignité de la maison d'Illyrie. Paris, en ce moment, était plein de souverains en exil. Tous y figuraient de façon somptueuse. Le roi de Westphalie occupait rue de Neubourg une magnifique résidence, avec un pavillon annexe pour les services administratifs. Aux Champs-Élysées, l'hôtel de la reine de Galice était un véritable palais d'un luxe, d'un train royal. Le roi de Palerme avait maison montée à Saint-Mandé, nombreux chevaux à l'écurie, tout un bataillon d'aides de camp. Il n'y avait pas jusqu'au duc de Palma qui, dans sa petite maison de Passy, n'eût un semblant de cour et toujours cinq ou six généraux à sa table.

— Sans doute, sans doute, disait Christian impatienté... mais ce n'est pas la même chose... Ceux-là ne quitteront plus Paris... C'est entendu, définitif, tandis que nous... D'ailleurs, il y a une bonne raison pour que nous n'achetions pas de palais, ami Rosen. On nous a tout pris, là-bas... Quelques cent mille francs chez les Rothschild de Naples et notre pauvre diadème que Mme de Silvis a sauvé dans un carton à chapeau, voilà tout ce qu'il nous reste... Dire que la marquise a fait ce grand voyage de l'exil, à pied, sur mer, en wagon, en voiture, avec son précieux carton à la main. C'était si drôle, si drôle !

Et l'enfantillage reprenant le dessus, il se mit à rire de leur détresse comme de la chose la plus plaisante du monde.

Le duc ne riait pas, lui.

— Sire, dit-il si ému que toutes ses vieilles rides en tremblaient, vous me faisiez l'honneur de m'assurer tout à l'heure que vous regrettiez de m'avoir laissé si longtemps loin de vos conseils et de votre cœur... Eh bien ! je vous demande une faveur en retour... Tant que votre exil durera, rendez-moi les fonctions que j'occupais à Leybach, près de Vos Majestés... chef de la maison civile et militaire.

— Voyez-vous l'ambitieux ! fit le roi gaiement.

Puis avec amitié :

— Mais il n'y a plus de maison, mon pauvre général, pas plus civile que militaire... La reine a son chapelain et deux femmes... Zara, sa gouvernante... Moi, j'ai emmené Boscovich pour la correspondance et maître Lebeau pour me raser le menton... Et c'est tout...

— En ce cas, je vais encore solliciter... Votre Majesté voudra-t-elle bien prendre mon fils Herbert pour aide de camp et donner à la reine comme lectrice et dame d'honneur la princesse ici présente?...

— C'est accordé pour ma part, duc, dit la reine en tournant son beau sourire vers Colette, tout éblouie de sa nouvelle dignité.

Quant au prince, il eut pour remercier son souverain, qui lui octroyait un brevet d'aide de camp avec la même bonne grâce, un gracieux hennissement dont il avait pris l'habitude à force de vivre au Tattershal.

— Je présenterai les trois nominations demain matin à la signature, ajouta le général d'un ton respectueux mais bref, indiquant qu'il se considérait déjà comme entré en fonctions.

En entendant cette voix, cette formule qui l'avaient si longtemps et si solennellement poursuivi, le jeune roi laissa voir sur sa figure une expression de découragement et d'ennui, puis il se consola en regardant la princesse que le bonheur embellissait, transfigurait, comme il arrive à ces mignons visages sans traits qui sont tous dans le voile piquant et déplacé sans cesse de leur physionomie. Songez! dame d'honneur de la reine Frédérique, elle, Colette Sauvadon, la nièce à Sauvadon, le gros marchand de vins de Bercy! Qu'est-ce qu'on dirait rue de Varennes, rue Saint-Dominique, dans ces salons si exclusifs où son mariage avec Herbert de Rosen l'avait fait admettre aux grands jours, mais jamais dans l'intimité! Déjà sa petite imagination mondaine voyageait dans une cour de fantaisie. Elle songeait aux cartes de visite qu'elle se ferait faire, à tout un renouveau de toilettes, une robe aux couleurs d'Illyrie, avec des cocardes pareilles pour les têtières des chevaux... Mais le roi parlait auprès d'elle :

— C'est notre premier repas sur la terre d'exil, disait-il à Rosen d'un ton demi-sérieux, à dessein emphatique... Je veux que la table soit gaie et entourée de tous nos amis.

Et voyant l'air effaré du général devant cette brusque invitation :

— Ah ! oui, c'est vrai, l'étiquette, la tenue... Dame ! nous nous sommes déshabitués de tout cela depuis le siège, et le chef de notre maison va trouver bien des réformes à faire... Seulement, je demande qu'elles ne commencent que demain.

A ce moment, entre les deux battants largement écartés de la porte, le maître d'hôtel annonça le dîner de Leurs Majestés. La princesse se dressait déjà toute glorieuse pour prendre le bras de Christian ; mais il alla l'offrir à la reine et, sans s'inquiéter des autres convives, la conduisit dans la salle à manger. Tout le cérémonial de la cour n'était pas resté, quoi qu'il en dît, au fond des casemates de Raguse.

La transition du soleil aux lumières saisit les invités en entrant. Malgré le lustre, les candé-

labres, deux grosses lampes posées sur les
buffets, on y voyait à peine, comme si le jour,
brutalement chassé avant l'heure, avait laissé
sur les choses l'hésitation d'un crépuscule. Ce
qui ajoutait à cette tristesse d'apparence, c'était
la longueur et la disproportion de la table
avec le petit nombre des convives, une table
que l'on avait cherchée dans tout l'hôtel, con-
forme aux exigences de l'étiquette, et où le
roi et la reine prirent place ensemble à l'un
des bouts, sans personne à leurs côtés ni en
face. Ceci remplit d'étonnement et d'admiration la petite princesse de Rosen. Dans les
derniers temps de l'empire, admise à un dîner
aux Tuileries, elle se souvenait bien d'avoir vu
l'empereur et l'impératrice bourgeoisement
assis en face l'un de l'autre, comme les premiers mariés venus à leur repas de noces.
« Ah! voilà, se dit la petite cocodette, fermant
son éventail d'un geste résolu et le posant près
d'elle, à côté de ses gants. La légitimité!... Il
n'y a que ça. » Cette pensée transformait, à
ses yeux, cette espèce de table d'hôte dépeu-
plée dont l'aspect rappelait les splendides
auberges de la Corniche Italienne, entre Monaco
et San-Remo, au commencement de la saison,
quand le gros des touristes n'est pas encore
arrivé. Le même bariolage de monde et de
toilettes : Christian en veston, la reine dans
son amazone de voyage, Herbert et sa femme

en watteau des boulevards, la robe de franciscain du Père Alphée, le chapelain de la reine, frôlant le semi-uniforme chamarré du général. Rien de moins imposant en somme. Une seule chose eut de la grandeur, la prière du chapelain appelant la bénédiction divine sur ce premier repas de l'exil :

..... *Quæ sumus sumpturi prima die in exilio*.... disait le moine, les mains étendues ; et ces mots lentement récités semblèrent prolonger bien loin dans l'avenir les courtes vacances du roi Christian.

— *Amen!* repondit d'une voix grave le souverain dépossédé, comme si, dans le latin de l'Église, il venait enfin de sentir les mille liens brisés, encore animés et frémissants, que traînent — comme des arbres arrachés leurs racines vivantes — les bannis de tous les temps.

Mais sur cette nature de Slave, caressante et polie, les impressions les plus fortes ne tenaient pas. A peine assis, il reprit sa gaieté, son air absent, et se mit à causer beaucoup, s'appliquant, par égard pour la Parisienne qui était là, à parler français, très purement, mais avec un léger zézaiement italien qui allait bien à son rire. Sur un ton héroï-comique, il raconta certains épisodes du siège : l'installation de la cour dans les casemates et la singulière figure qu'y faisait, avec sa toque à plume verte et son *plaid,* la marquise gouvernante Eléonore de

Silvis. Heureusement que l'innocente dame
dînait dans la chambre de son élève et ne pouvait entendre les rires provoqués par les plaisanteries du roi. Boscovich et son herbier lui
servirent ensuite de cible. On eût dit vraiment
qu'il voulait, à force de gaminerie, se venger
de la gravité des circonstances. Le conseiller
aulique Boscovich, petit homme sans âge, peureux et doux, avec des yeux de lapin qui
regardaient toujours de côté, était un juris-
consulte savant, fort passionné pour la botanique. A Raguse, les tribunaux étant fermés,
il passait son temps à herboriser, sous les
bombes, dans les fossés des fortifications;
héroïsme bien inconscient d'un esprit tout à sa
manie, et qui se préoccupait uniquement,
dans l'immense désarroi de son pays, d'un
herbier magnifique resté aux mains des libéraux.

— Tu penses, mon pauvre Boscovich, disait
Christain pour l'effrayer, quel beau feu de joie
ils ont dû faire de ces entassements de fleurs
séchées... à moins que la République, étant
trop pauvre, n'ait imaginé de tailler dans tes
gros buvards gris des capotes de rechange pour
ses miliciens.

Le conseiller riait comme tout le monde,
mais avec des mines effarées, des « *Ma che...
ma che* » qui trahissaient ses peurs enfantines.

— Que le roi est charmant!... qu'il a de

l'esprit !... et quels yeux !... pensait la petite princesse vers qui Christian se penchait à chaque instant, cherchant à diminuer la distance que le cérémonial mettait entre eux.

C'était plaisir de la voir s'épanouir sous la complaisance évidente de cet auguste regard, jouer avec son éventail, pousser de petits cris, renverser sa taille souple où palpitait le rire en ondes sonores et visibles. La reine, par son attitude, la conversation intime qu'elle avait avec le vieux duc son voisin, semblait s'isoler de cette gaieté débordante. A deux ou trois reprises, quand on parla du siège, elle dit quelques mots, et chaque fois pour mettre en lumière la bravoure du roi, sa science stratégique, puis elle reprenait son aparté. A demi-voix le général s'informait des gens de la cour, de ses anciens compagnons qui, plus heureux que lui, avaient suivi leurs princes à Raguse. Beaucoup y étaient restés, et à chaque nom que prononçait Rosen, on entendait la reine répondre de sa voix sérieuse un : « Mort !... mort !... » note funèbre sonnant le glas de ces pertes si récentes. Pourtant après le dîner, quand on fut rentré dans le salon, Frédérique s'égaya un peu ; elle fit asseoir Colette de Rosen sur un divan à côté d'elle, et lui parla avec cette familiarité affectueuse dont elle se servait pour attirer les sympathies et qui ressemblait à la pression de sa belle main tendue, fine aux doigts mais forte de paume, et vous communiquant sa bienfaisante énergie. Puis tout à coup :

— Allons voir coucher Zara, princesse.

Au bout d'un long corridor encombré, comme le reste de l'appartement, de caisses empilées, de malles ouvertes, d'où débordaient le linge, les effets, dans le grand désordre de l'arrivée, s'ouvrait la chambre du petit prince, éclairée par une lampe à l'abat-jour surbaissé dont la clarté s'arrêtait juste au niveau des rideaux bleuâtres du lit. Une servante dormait assise sur une malle, la tête enveloppée dans sa coiffe blanche et ce grand fichu bordé de rose qui complète la coiffure des femmes dalmates. Près de la table, la gouvernante, légèrement appuyée sur son coude, un livre ouvert sur les genoux, subissait, elle aussi, l'influence soporifique de sa lecture et gardait même dans le sommeil cet air romanesque et sentimental que le roi raillait si fort. L'entrée de la reine ne la réveilla pas; mais le petit prince, au premier mouvement de la moustiquaire de gaze dont sa couchette était voilée, étendit ses petits poings et fit l'effort de se redresser, les yeux ouverts, le regard perdu. Depuis quelques mois, il était tellement habitué à être levé en pleine nuit, précipitamment habillé, pour des fuites ou des départs, à voir autour de lui au réveil des endroits nouveaux et de nouveaux visages, que son sommeil avait perdu sa bonne unité, n'était plus ce voyage de dix heures au pays des rêves que les enfants accomplissent au souffle continu, régulier, presque insaisissable de leur petite bouche entr'ouverte.

— Bonsoir, maman, dit-il tout bas... Est-ce qu'il faut nous sauver encore?

On sentait, dans cette exclamation résignée et touchante, l'enfant qui a beaucoup souffert, et d'un malheur trop grand pour lui.

— Non, non, mon chéri, nous sommes en sûreté, cette fois... Dormez, il faut dormir.

— Oh! tant mieux alors... Je vais retourner avec le géant Robistor dans la montagne de verre... J'étais si bien.

— Ce sont les histoires de Mme Éléonore qui lui troublent les idées, dit la reine doucement... Pauvre petit! la vie est si noire pour lui... Il n'y a que les contes qui l'amusent... Il faudra pourtant bien se décider à lui mettre autre chose dans la tête.

Tout en parlant, elle redressait l'oreiller de l'enfant, l'installait dans son repos avec des gestes de caresse, comme aurait fait une simple bourgeoise, ce qui renversait toutes les idées grandioses de Colette de Rosen sur la royauté. Puis, comme elle se penchait pour embrasser son fils, il lui demanda à l'oreille si c'était le canon ou la mer qu'on entendait gronder au loin. La reine écouta une seconde un roulement confus, perpétuel qui, par instant, faisait craquer les cloisons et trembler les vitres, enveloppait la maison du sol au faîte, diminuait pour se renouveler, augmentait tout à coup pour fuir dans des étendues de bruit semblable.

— Ce n'est rien... C'est Paris, mon fils... Dormez.

Et ce petit tombé du trône, à qui l'on avait parlé de Paris comme du refuge, se rendormit avec confiance, bercé par la ville des révolutions.

Quand la reine et la princesse revinrent au salon, elles y trouvèrent une femme jeune et de fort grand air causant debout avec le roi. Le ton familier de l'entretien, la distance respectueuse où se tenait le reste de l'auditoire, indiquaient que c'était là un personnage d'importance. La reine eut un cri ému :

— Maria !
— Frédérique !

Et le même élan de tendresse les jeta dans leurs bras ouverts. A une muette interrogation de sa femme, Herbert de Rosen nomma la visiteuse. C'était la reine de Palerme. Un peu plus grande et plus mince que sa cousine d'Illyrie, elle semblait avoir quelques années de plus. Ses yeux noirs, ses cheveux noirs relevés à plat sur le front, son teint mat, lui donnaient l'aspect d'une Italienne, bien qu'elle fût née à la cour de Bavière. Il n'y avait d'allemand en elle que la raideur de la taille longue et plate, l'expression hautaine du sourire et je ne sais quoi de fagoté, de discord dans la toilette qui distingue les femmes d'outre-Rhin. Frédérique, orpheline de bonne heure, avait été élevée à Munich avec cette cousine ; et séparées par la vie, elles s'étaient gardé l'une à l'autre une vive affection.

— Vois-tu, je n'ai pas pu attendre, disait la reine de Palerme en lui tenant les mains. Cecco ne rentrait pas... je suis venue sans lui... Il me tardait tant... J'ai si souvent pensé à toi, à vous... Oh ! ce canon de Raguse, de Vincennes, la nuit, je croyais l'entendre...

— Il n'était que l'écho de celui de Caserte, interrompit Christian, faisant allusion à l'héroïque attitude qu'avait eue, quelques années auparavant, cette reine exilée et déchue comme eux.

Elle soupira :

— Ah ! oui, Caserte... on nous a laissés bien seuls, nous aussi... Quelle pitié ! Comme si toutes les couronnes ne devaient pas être solidaires... Mais maintenant, c'est fini. Le monde est fou...

Puis, se tournant vers Christian :

— C'est égal ! mon compliment, cousin... vous êtes tombé en roi.

— Oh ! dit-il en montrant Frédérique, le vrai roi de nous deux...

Un geste de sa femme lui ferma la bouche...
Il s'inclina en souriant, fit une pirouette :

— Allons fumer, Herbert! dit-il à son aide de camp.

Et tous deux passèrent sur le balcon.

La soirée était chaude et splendide, le jour à peine éteint dans l'éblouissement du gaz où il mourait en lueurs bleues. La masse noire des marronniers des Tuileries entretenait un souffle d'éventail autour d'elle et dans le ciel au-dessus avivait l'éclat des étoiles. Avec ce fond de fraîcheur, cet espace pour les bruits de la foule, la rue de Rivoli perdait l'aspect étouffant des rues de Paris l'été ; mais on sentait pourtant l'immense circulation de la ville vers les Champs-Élysées, leurs concerts en plein air sous des girandoles de feu. Le plaisir que l'hiver enferme derrière les chaudes tentures des croisées closes chantait librement, riait, courait le plaisir, en chapeaux de fleurs, en mantilles flottantes, en robes de toile dont un réverbère au passage éclairait l'échancrure sur un cou blanc serré d'un ruban noir. Les cafés, les glaciers, débordaient sur les trottoirs avec des bruits de monnaie, des appels, des tintements de verres.

— Ce Paris est inouï, disait Christian d'Illyrie en poussant sa fumée devant lui dans l'ombre... L'air n'y est pas le même qu'ailleurs... il a quelque chose de capiteux, de montant... Quand je pense qu'à Leybach, à cette heure-ci, tout est fermé, couché, éteint...

Puis sur un ton joyeux :

— Ah çà! mon aide de camp, j'espère qu'on va m'initier aux plaisirs parisiens... tu me parais au courant, tout à fait lancé...

— Ça, oui, Monseigneur, dit Herbert hennissant d'orgueil satisfait... Au cercle, à l'Opéra, partout, ils m'appellent le roi de la Gomme.

Et pendant que Christian se faisait expliquer le sens de ce nouveau mot, les deux reines qui, pour causer plus librement, étaient entrées dans la chambre de Frédérique, s'épanchaient en longs récits, en tristes confidences dont on entendait le chuchotement derrière la persienne entr'ouverte. Dans le salon, le Père Alphée et le vieux duc causaient à voix basse, eux aussi.

— Il a bien raison, disait le chapelain, c'est elle qui est le roi... Le vrai roi... Si vous l'aviez vue à cheval, courant nuit et jour les avant-postes... Au fort Saint-Ange, quand il pleuvait du fer, pour donner du cœur aux soldats, elle a fait deux fois le tour des talus, droite et fière, l'amazone relevée sur le bras et la cravache au poing, comme dans son parc de la résidence... Il fallait voir nos marins, quand elle est descendue... Lui, pendant ce temps-là, couraillait Dieu sait où!... Brave, parbleu! aussi brave qu'elle... mais pas d'étoile, pas de foi... Et pour gagner le ciel, comme pour sauver sa couronne, monsieur le duc, il faut la foi !

Le moine s'exaltait, grandi dans sa longue robe, et Rosen était obligé de le calmer :

— Doucement, Père Alphée... Père Alphée, allons, allons... car il avait peur que Colette les entendît.

Celle-ci restait abandonnée au conseiller Boscovich qui l'entretenait de ses plantes, mêlant les termes scientifiques aux détails minutieux de ses courses de botaniste. Sa conversation sentait l'herbe fanée et la poussière remuée d'une vieille bibliothèque de campagne. Eh bien ! il y a dans les grandeurs un si puissant attrait, l'atmosphère qu'elles répandent grise si fort et si délicieusement certaines petites natures avides à l'aspirer, que la jeune princesse, cette princesse Colette des bals du high-life, des courses et des premières représentations, toujours à l'avant-garde du Paris qui s'amuse, gardait son plus joli sourire en écoutant les arides nomenclatures du conseiller. Il lui suffisait de savoir qu'un roi causait à cette fenêtre, que deux reines échangeaient leurs confidences dans la pièce à côté, pour que ce banal salon d'hôtel où son élégance s'étalait toute dépaysée, s'emplît de la grandeur, de la majesté triste qui rend si mélancoliques les vastes salles de Versailles aux parquets cirés, luisants comme leurs glaces.

Elle serait restée là, en extase, jusqu'à minuit, sans bouger, sans s'ennuyer, un peu intriguée seulement de la longue conversation qu'avait Christian avec son mari. Quelles graves questions agitaient-ils? quels vastes projets de restauration monarchique? Sa curiosité redoubla, quand elle les vit reparaître tous deux, la figure animée, les yeux décidés et brillants.

— Je sors avec Monseigneur, lui dit Herbert à voix basse... mon père vous reconduira.

Le roi s'approcha à son tour :

— Vous ne m'en voudrez pas trop, princesse... C'est son service qui commence.

— Tous les instants de notre vie appartiennent à Vos Majestés, répondit la jeune femme, persuadée qu'il s'agissait de quelque démarche importante et mystérieuse, peut-être d'un premier rendez-vous de conjurés. Oh! si elle avait pu en être, elle aussi!...

Christian s'était avancé vers la chambre de la reine; mais, près de la porte, il s'arrêta :

— On pleure, dit-il à Herbert en s'en retournant... Bonsoir, je n'entre pas.

Dans la rue, il eut une explosion de joie, de soulagement, passa son bras sous celui de l'aide de camp, après avoir allumé un nouveau cigare dans le vestibule de l'hôtel :

— Vois-tu, c'est bon de s'en aller seul, en pleine foule, de marcher dans le rang comme les autres, d'être maître de ses paroles, de ses gestes, et, quand une jolie fille passe, de pouvoir retourner la tête sans que l'Europe en soit ébranlée... C'est le bénéfice de l'exil... Quand je suis venu il y a huit ans, je n'ai vu Paris que des fenêtres des Tuileries, du haut des carrosses de gala... Cette fois, je veux tout connaître, aller partout... Sapristi! mais j'y pense... je te fais marcher, marcher, et tu boites, mon pauvre Herbert... Attends, nous allons arrêter une voiture.

Le prince voulut protester. Sa jambe ne lui faisait aucun mal. Il se sentait de force à aller jusque là-bas. Mais Christian tint bon :

— Non, non, je ne veux pas que mon guide soit fourbu dès le premier soir.

Il héla un maraudeur qui roulait vers la place de la Concorde avec un bruit de ressorts faussés et des claquements de fouet sur l'échine osseuse de sa bête, sauta légèrement, s'installa, en se frottant les mains avec une joie d'enfant, sur le vieux drap bleu des coussins.

— Où allons-nous, mon prince? dit le cocher sans se douter qu'il avait parlé si juste.

Et Christian d'Illyrie répondit d'une voix triomphante de collégien émancipé :

— A Mabille!

II

UN ROYALISTE

LA tête rase et nue sous une petite pluie acérée de décembre, qui givrait de pointes d'aiguille la laine brune de leur froc, deux moines portant la cordelière et la capuce arrondie de l'ordre de Saint-François, descendaient à grands pas la pente de la rue Monsieur-le-Prince. Au milieu des transformations du quartier Latin, de ces larges trouées par lesquelles s'en vont en poudre de démolitions l'originalité, les souvenirs du vieux Paris, la rue Monsieur-le-Prince garde sa physionomie de rue écolière. Les étalages de libraires, les crémeries, les rôtisseries, les marchands fripiers, « achat et vente d'or et d'argent, » y alternent jusqu'à la colline Sainte-Geneviève, et les étudiants l'arpentent à toute heure du jour, non plus les étudiants de Gavarni aux longs cheveux s'échappant d'un béret de laine, mais de futurs avoués, serrés du haut en bas de leurs ulsters, soignés et gantés, avec d'énormes serviettes en maroquin sous le bras, et déjà des airs futés et froids d'agents d'affaires; ou bien les médecins de l'avenir, un peu plus libres d'allures, gardant du côté matériel, humain, de leurs études, une expansion de vie physique, comme la revanche de leur perpétuelle préoccupation de la mort.

A cette heure matinale, des filles en peignoir et en pantoufles, les yeux bouffis de veilles, les cheveux déroulés dans un filet ballant, traversaient la rue pour chercher le lait de leur déjeuner chez la crémière, les unes riant et galopant sous le grésil, les autres très dignes au contraire, balançant leur boîte en fer-blanc, et traînant leurs savates, leurs nippes fanées avec la majestueuse indifférence de reines de féerie; et comme, en dépit des ulsters et des serviettes en maroquin, les cœurs de vingt ans ont toujours leur âge, les étudiants souriaient aux belles. « Tiens, Léa. — Bonjour, Clémence. » On s'appelait d'un trottoir à l'autre,

des rendez-vous se donnaient pour le soir:
« A Médicis, » ou bien « à Louis XIII; » et
tout à coup, sur un madrigal trop vif ou pris
de travers, une de ces indignations de fille
stupéfiantes éclatait dans la formule invariable:
« Passez donc votre chemin, espèce d'insolent! » Pensez que les deux frocs devaient se
hérisser au contact de toute cette jeunesse,
retournée et riant sur leur passage, mais riant
en dessous, car l'un des franciscains, maigre,
noir et sec comme une caroube, avait une terrible physionomie de pirate sous ses sourcils
embroussaillés, et sa robe que la cordelière
serrait à gros plis bourrus lui dessinait des
reins et des muscles d'athlète. Ni lui, ni son
compagnon ne semblaient d'ailleurs s'occuper
de la rue dont ils secouaient l'atmosphère à
grands pas, l'œil fixe, absorbés, uniquement
tendus au but de leur course. Avant d'arriver
au large escalier qui descend vers l'École de
médecine, le plus âgé fit signe à l'autre:

— C'est ici.

Ici, c'était un hôtel meublé de piètre apparence, dont l'allée précédée d'une barrière
verte à sonnette s'ouvrait entre une boutique
de journaux feuilletée de brochures, de chansons à deux sous, d'images coloriées où le
chapeau grotesque de Basile se répétait dans
une foule d'attitudes, et une brasserie en sous-sol portant sur son enseigne: « Brasserie du

Rialto, » sans doute parce que le service était
fait par des demoiselles en coiffures vénitiennes.

— M. Élisée est-il sorti ? demanda l'un des
Pères en passant, au premier étage, devant le
bureau de l'hôtel.

Une grosse femme, qui avait dû rouler dans
bien des garnis avant d'en tenir un pour son
compte, répondit paresseusement de sa chaise
et sans même consulter la rangée de clefs tristement alignées au casier :

— Sorti, à c'te heure !... Vous feriez ben
mieux de demander s'il est rentré !...

Puis un coup d'œil aux robes de bure la faisait changer de ton, et elle indiquait, dans
le plus grand trouble, la chambre d'Élisée
Méraut :

— N° 36, au cinquième, au fond du couloir.

Les franciscains montaient, erraient parmi
d'étroits corridors encombrés de bottes crot-
tées et de bottines à hauts talons, grises, mor-
dorées, fantaisistes, luxueuses ou misérables et
qui en racontaient long sur les mœurs de
« l'habitant ; » mais ils n'y prenaient pas garde,
les balayaient au passage avec leurs jupes
rudes et la croix de leurs grands chapelets, et
s'émurent à peine quand une belle fille, vêtue
d'un jupon rouge, la gorge et les bras nus
dans un pardessus d'homme, traversa le palier
du troisième étage, se pencha sur la rampe

pour crier quelque chose au garçon, la voix et le rire éraillés dans une bouche singulièrement canaille. Pourtant ils échangèrent un regard significatif.

— Si c'est l'homme que vous dites, murmura le corsaire avec un accent étranger, il s'est choisi un singulier milieu.

L'autre, le plus vieux, visage intelligent et fin, eut un sourire velouté de malice et d'indulgence sacerdotales :

— Saint Paul chez les Gentils ! murmura-t-il.

Arrivés au cinquième, les moines eurent encore un moment d'embarras, la voûte de l'escalier abaissée et très sombre laissant à peine distinguer les numéros et quelques portes ornées de cartes comme celle-ci : « Mlle Alice, » sans autre signalement de profession, signalement bien inutile du reste, car elles étaient plusieurs concurrentes du même métier dans la maison ; et voyez-vous les bons Pères allant frapper chez l'une d'elles à l'improviste !

— Il faut l'appeler, parbleu ! dit le moine aux sourcils noirs, qui fit retentir l'hôtel d'un « Monsieur Méraut ! » militairement accentué.

Non moins vigoureuse, non moins vibrante que son appel, fut la réponse partie de la chambre tout au fond du couloir. Et quand ils eurent ouvert la porte, la voix continua joyeusement :

— C'est donc vous, Père Melchior?... Pas de veine!... J'ai cru qu'on m'apportait une lettre chargée... Entrez tout de même, mes révérends, et soyez les bienvenus... vous vous assiérez si vous pouvez.

C'était en effet, sur tous les meubles, des écroulements de livres, de journaux, de revues, habillant et cachant la sordide convention d'un garni de dix-huitième ordre, son carreau dérougi, son divan crevé, l'éternel secrétaire empire et les trois chaises en velours mort. Sur le lit, des papiers d'imprimerie confondus avec des vêtements et la mince couverture brune, des liasses d'épreuves que le maître du logis, encore couché, sabrait à grands coups de crayon de couleur. Ce misérable intérieur de travail, la cheminée sans feu, la nudité poudreuse des murs, étaient éclairés par le jour des toits voisins, le reflet d'un ciel pluvieux sur des ardoises lavées; et le grand front de Méraut, sa face bilieuse et puissante en recevaient l'éclat intelligent et triste qui distingue certains visages qu'on ne rencontre qu'à Paris.

— Toujours mon taudis, vous voyez, Père Melchior!... Que voulez-vous? Je suis descendu ici à mon arrivée, il y a dix-huit ans. Depuis, je n'en ai plus bougé... Tant de rêves, d'espoirs enterrés dans tous les coins... des idées que je retrouve sous de vieilles poussières... Je suis sûr que si je quittais cette pauvre chambre, j'y laisserais le meilleur de moi-même... C'est si vrai que je l'avais gardée en partant là-bas...

— Eh bien! au fait, votre voyage? dit le Père Melchior avec un petit clignement d'œil vers son compagnon... Je vous croyais parti pour longtemps... Qu'est-il donc arrivé? L'emploi ne vous a donc pas convenu?

— Oh! si nous parlons de l'emploi, répondit Méraut en secouant sa crinière, on n'en pouvait trouver de plus beau... Des appointements de ministre plénipotentiaire, logé au palais, chevaux, carrosses, domestiques... Tout le monde charmant pour moi, l'empereur, l'impératrice, les archiducs... Malgré tout, je m'ennuyais. Paris me manquait, le Quartier surtout, l'air qu'on y respire, léger, vibrant et jeune... Les galeries de l'Odéon, le livre frais, feuilleté debout avec deux doigts... ou la chasse aux bouquins, ces bouquins entassés sur la ligne des quais, comme un rempart abritant le Paris studieux contre la futilité et l'égoïsme de l'autre... Et puis, ce n'est pas encore tout ça — ici sa voix devint plus sérieuse — vous connaissez mes idées, Père Melchior, vous savez ce que j'ambitionnais en acceptant cette place de subalterne... Je voulais faire un roi de ce petit homme, un roi vraiment roi, ce qu'on ne voit plus; l'élever, le pétrir, le tailler pour ce grand rôle qui les dépasse, les écrase tous, comme ces armures moyen âge restées dans les vieilles salles d'armes pour humilier nos épaules et nos poitrines étriquées... Ah ! ben oui... des libéraux, mon cher, des réformateurs, des hommes de progrès et d'idées nouvelles, voilà ce que j'ai trouvé à la cour de X... D'affreux bourgeois qui ne comprennent pas que si la monarchie est condamnée, il vaut mieux qu'elle meure en combattant, roulée dans son drapeau, plutôt que de finir dans un fauteuil de *ga-ga* poussé par quelque Parlement... Dès ma première leçon, ça été une clameur dans le palais... D'où sort-il donc ? Que nous veut ce barbare ? Alors on m'a prié avec toute sorte de mamours de m'en tenir aux simples questions de pédagogie... Un pion, quoi ! Quand j'ai vu ça, j'ai pris mon chapeau, et bonsoir les Majestés !...

Il parlait d'une voix forte et pleine dont 'accent méridional frappait toutes les cordes métalliques, et à mesure sa physionomie se transfigurait. La tête, au repos énorme et laide, bossuée d'un grand front au-dessus duquel se tordait dans un désordre invincible une chevelure noire aigrettée d'un large épi blanc, au nez épais et cassé, à la bouche violente sans un poil de barbe pour la cacher, car son teint avait les ardeurs, les crevasses, les stérilités d'un sol volcanique, la tête s'animait merveilleusement dans la passion. Figurez-vous le déchirement d'un voile, le rideau noir d'un foyer, qu'on relève sur la flambée joyeuse et réchauffante, le déploiement d'une éloquence attachée aux angles des yeux, du nez et des lèvres, répandue avec le sang monté du cœur sur cette face ternie par tous les excès et les veilles. Les paysages du Languedoc, du pays natal de Méraut, pelés, stériles, d'un gris d'oliviers poussiéreux, ont, sous les couchers irisés de leur soleil implacable, de ces splendides flamboiements traversés d'ombres féeriques qui semblent la décomposition d'un rayon, la mort lente et graduée d'un arc-en-ciel.

— Alors, vous voilà dégoûté des grandeurs ? reprit le vieux moine, dont la voix insinueuse, sans résonnance, formait un si grand contraste avec cette explosion d'éloquence.

— Certes !... répondit l'autre énergiquement.

— Pourtant, tous les rois ne se ressemblent pas... J'en connais à qui vos idées...

— Non, non, Père Melchior... C'est fini. Je ne voudrais pas tenter l'épreuve une seconde fois... A voir les souverains de près, j'aurais trop peur de perdre mon loyalisme.

Après un silence, le malin prêtre fit un détour et ramena sa pensée par une autre porte :

— Cet éloignement de six mois a dû vous faire du tort, Méraut ?

— Mais non, pas trop... D'abord, l'oncle

Sauvadon m'est resté fidèle... vous savez, Sauvadon, mon richard de Bercy... Comme il rencontre beaucoup de monde chez sa nièce, la princesse de Rosen, et qu'il veut pouvoir se mêler aux conversations, c'est moi qu'il a chargé de lui donner, trois fois la semaine, ce qu'il appelle « des idées sur les choses. » Il est charmant de naïveté, de confiance, ce brave homme. « Monsieur Méraut, qu'est-ce qu'il faut que je pense de ce livre? — Exécrable. — Pourtant il me semblait... j'entendais dire l'autre soir chez la princesse... — Si vous avez une opinion, ma présence ici est inutile. — Mais non, mais non, mon cher ami... vous savez bien que je n'en ai pas, d'opinion. » Le fait est qu'il en manque absolument et prend, les yeux fermés, tout ce que je lui donne... Je suis sa matière pensante... Depuis mon départ, il ne parlait plus, faute d'idée... Et quand je suis revenu, il s'est jeté sur moi, faut voir! J'ai encore deux Valaques auxquels je donne des leçons de droit politique... Puis toujours quelque bricole en train... Ainsi je termine, en ce moment un *Mémorial du siège de Raguse* d'après des documents authentiques... Il n'y a pas beaucoup de mon écriture là-dedans... excepté un dernier chapitre, dont je suis assez content... J'ai les épreuves là. Voulez-vous que je vous le lise?... J'intitule ça l'*Europe sans rois!*

Pendant qu'il lisait son factum royaliste, s'animant, s'émouvant jusqu'aux larmes, le réveil de l'hôtel garni mettait, tout autour, des rires de jeunesse, des gaietés de partie fine mêlées au choc des assiettes et des verres, aux notes cassées, sonnant le bois, d'un vieux piano qui jouait un air de bastringue. Contraste étonnant que les franciscains saisissaient à peine, tout à la joie d'entendre cette puissante et brutale apologie de royauté ; le grand, surtout, frémissant, piétinant, retenant des exclamations d'enthousiasme, avec un geste d'énergie qui lui serrait les bras sur la poitrine à la fracasser. La lecture finie, il se dressait, marchait à grands pas, débordant de gestes, de paroles :

— Oui! c'est bien cela... voilà le vrai... le droit divin, légitime, absolu. — Il disait *lezitime* et *assolu*... — Plus de Parlements... plus d'avocats!... au feu toute la séquelle!

Et son regard pétillait et flambait comme un fagot de la Sainte-Hermandad. Plus calme, le Père Melchior félicitait Méraut sur son livre.

— J'espère que vous le signerez, celui-là.

— Pas plus que les autres... Vous savez bien, Père Melchior, que je n'ai d'ambition que pour mes idées... Le livre me sera payé, — c'est l'oncle Sauvadon qui m'a procuré cette aubaine ; — mais je l'aurais écrit pour rien d'aussi grand goût. C'est si beau de noter les annales de cette royauté à l'agonie, d'écouter le souffle décroissant du vieux monde battre et mourir dans les monarchies épuisées... Du moins, voilà un roi tombé qui leur a donné une fière leçon à tous... Un héros, ce Christian... Il y a dans ces notes au jour le jour le récit d'une promenade faite par lui sous les bombes, au fort Saint-Ange.... C'est d'un crâne !...

L'un des Pères baissa la tête. Mieux que personne il savait à quoi s'en tenir sur cette manifestation héroïque, et ce mensonge plus héroïque encore... Mais une volonté au-dessus de la sienne lui commandait la discrétion. Il se contenta de faire un signe à son compagnon qui dit tout à coup à Méraut en se levant:

— Eh bien! c'est pour le fils de ce héros que je viens vous trouver... avec le Père Alphée, aumônier de la cour d'Illyrie... Voulez-vous vous charger d'élever l'enfant royal ?

— Vous n'aurez chez nous ni palais, ni grands carrosses, continua le Père Alphée avec mélancolie... ni les générosités impériales de la cour de X... Vous servirez des princes déchus, autour desquels un exil déjà vieux de plus d'un an, et qui menace de se prolonger encore, a fait le deuil et la solitude... Vos idées sont les nôtres... Le roi a bien eu quelques velléités libérales, mais il en a reconnu le néant après sa chute. La reine... la reine est sublime... vous la verrez.

— Quand ? demanda l'illuminé, subitement repris par sa chimère de faire un roi de son génie, comme un écrivain fait son œuvre.

Et, sur l'heure même, on convint d'un prochain rendez-vous.

Lorsque Élisée Méraut pensait à son enfance, — il y pensait souvent, car toutes les impressions fortes de sa vie étaient là, — voici régulièrement ce qu'il voyait : une grande chambre à trois fenêtres, inondées de jour et remplies chacune par un métier Jacquart à tisser la soie, tendant comme un store actif ses hauts montants, ses mailles entre-croisées, sur la lumière et la perspective du dehors, un fouillis de toits, de maisons en escalade, toutes les fenêtres également garnies de métiers où travaillaient assis deux hommes en bras de chemise alternant leurs gestes sur la trame, comme des pianistes devant un morceau à quatre mains. Entre ces maisons, de petits jardins en ruelle grimpaient la côte, jardinets du Midi brûlés et pâles, arides et privés d'air, pleins de plantes grasses, de *cougourdiers* montants et que de grands tournesols large épanouis vers le couchant, avec l'attitude penchée des corolles cherchant le soleil, remplissaient de l'odeur fade de leurs graines mûrissantes, odeur qu'après plus de trente ans Élisée croyait sentir encore quand il pensait à son faubourg. Ce qui dominait cette vue du quartier ouvrier bourdonnant et serré comme une ruche, c'était la butte pierreuse sur laquelle on l'avait bâti et quelques vieux moulins à vent abandonnés, anciens nourriciers de la ville, que l'on conservait pour leurs longs services, dressant là-haut le squelette de leurs ailes comme de gigantesques antennes brisées, et laissant se détacher et fuir leurs pierres dans le vent, le soleil et l'âcre poussière du midi. Sous la protection de ces moulins ancêtres s'étaient gardées là des mœurs et des traditions d'un autre temps. Toute la *bourgade,* on appelle aussi ce coin de faubourg *l'enclos de Rey,* était, elle est encore ardemment royaliste, et dans chaque atelier on trouvait pendu à la muraille, bouffi, rose et blond, les cheveux longs bouclés et pommadés avec de jolies lumières sur leurs boucles, le portrait — à la mode de 1840 — de celui que les bourgadiers nommaient familièrement entre eux *lou Goï* (le boiteux). Chez le père d'Élisée, au-dessous de ce cadre il y en avait un autre plus petit où se détachait sur le bleu d'une feuille de papier à lettres un grand cachet de cire rouge avec ces deux mots « *Fides, Spes* » en exergue autour d'une croix de Saint-André. De sa place, en faisant aller sa navette, maître Méraut voyait le portrait et lisait la devise *foi... espéranc...* Ete sa large face aux lignes sculpturales, vieille médaille frappée sous Antonin, qui avait elle-même le nez aquilin et les contours arrondis de ces Bourbons qu'il aimait tant, se gonflait, s'empourprait d'une forte émotion.

C'était, ce maître Méraut, un terrible homme, violent et despote, à qui l'habitude de dominer le bruit des battants et de la *masse* avait mis dans la voix des éclats et des roulements d'orage. Sa femme, au contraire, effacée et timide, imbue de ces traditions soumises qui font des méridionales de la vieille roche de véritables esclaves d'Orient, avait pris le parti de ne plus prononcer une parole. C'est dans cet intérieur qu'Élisée avait grandi, mené moins durement que ses deux frères, parce qu'il était le dernier venu, le plus chétif. Au lieu de le mettre dès huit ans à la navette, on lui laissait un peu de cette bonne liberté si nécessaire à l'enfance, liberté qu'il employait à courir l'enclos tout le jour et à batailler sur la butte des moulins à vent, blancs contre rouges, catholiques contre huguenots. Ils en sont encore à ces haines, dans cette partie du Languedoc! Les enfants se divisaient en deux camps, choisissaient chacun un moulin, dont la pierraille croulante leur servait de projectiles ; alors les invectives se croisaient, sifflaient les frondes, et pendant des heures on se livrait des assauts homériques, terminés toujours tragiquement par quelque fente saignante sur un front de dix ans ou dans le fouillis d'une chevelure soyeuse, une de ces blessures d'enfance qui marquent pour toute la vie sur l'épiderme tendre, et comme Élisée, devenu homme, en montrait encore à la tempe et au coin des lèvres.

Oh! ces moulins à vent, la mère les maudissait, quand son petit lui revenait au jour tombant, tout en sang et en loques. Le père, lui, grondait pour la forme, par habitude, pour ne pas laisser rouiller son tonnerre; mais à table, il se faisait raconter les péripéties de la bataille et le nom des combattants:

— Tholozan!... Tholozan!... Il y en a donc encore de cette race!... Ah! le gueusard. J'ai tenu le père au bout de mon fusil en 1815, j'aurais bien mieux fait de le coucher.

Et alors une longue histoire racontée dans le patois languedocien, imagé et brutal, et qui ne fait grâce ni d'une phrase ni d'une syllabe, du temps où il était allé s'enrôler dans les verdets du duc d'Angoulême, un grand général, un saint...

Ces récits entendus cent fois, mais variés par la verve paternelle, restaient dans l'âme d'Elisée aussi profondément que les coups de pierre des moulins sur son visage. Il vivait dans une légende royaliste dont la Saint-Henri, le 21 janvier, étaient les dates commémoratives, dans la vénération de princes martyrs bénissant la foule avec des doigts d'évêques, de princesses intrépides montant à cheval pour la bonne cause, persécutées, trahies, surprises sous la trappe noire d'une cheminée dans quelque vieil hôtel breton. Et pour égayer ce que cette suite de deuils et d'exils aurait eu de trop triste dans une tête d'enfant, l'histoire de la Poule au pot et la chanson du « Vert-Galant » venaient y mêler des souvenirs glorieux et tout l'entrain de la vieille France. Elle était la *Marseillaise* de l'enclos de Rey, cette chanson du Vert-Galant ! Quand le dimanche, après vêpres, la table calée à grand'peine sur la pente du petit jardin, les Méraut dînaient *au bon de l'air*, comme on dit là-bas, dans l'atmosphère étouffante qui suit la journée d'été où la chaleur amassée au sol, au crépi des murs, se dégage plus forte, plus insalubre que de l'éclat du soleil plein, quand le vieux bourgadier entonnait d'une voix célèbre parmi les voisins : « *Vive Henri Quatre, vive ce roi vaillant...,* » tout se taisait alentour, dans l'enclos. On n'entendait que le déchirement sec des roseaux de clôture se fendant sous la chaleur, les élytres criards de quelque cigale attardée, et l'antique chant royaliste se déroulant majestueusement sur sa mesure de pavane avec des raideurs de chausses bouffantes et de jupes en vertugadin. Le refrain se chantait en chœur : « *A la santé de notre roi, — c'est un Henri de bon aloi, — qui fera le bien de toi, de moi.* » Ce « *de toi, de moi,* » rhythmé et fugué, amusait beaucoup Elisée et ses frères, qui le chantaient en se poussant, en se bousculant, ce qui leur valait toujours quelque bourrade du père; mais la chanson n'était pas interrompue pour si peu et se continuait au milieu des coups, des rires, des sanglots, comme un cantique de possédés sur la tombe du diacre Pâris.

Toujours mêlé aux fêtes de famille, ce nom de roi prenait pour Élisée, en dehors du prestige qu'il garde dans les contes de fées et « l'histoire racontée pour les enfants, » quelque chose d'intime et de familial. Ce qui ajoutait à ce sentiment, c'étaient les lettres mystérieuses sur papier-pelure qui arrivaient de Fröhsdorf deux ou trois fois par an pour tous les habitants de l'enclos, des autographes d'une fine écriture à gros doigts, où le roi parlait à son peuple pour lui faire prendre patience... Ces jours-là, maître Méraut lançait sa navette plus gravement que d'ordinaire, et le soir venu, les portes bien closes, il commençait la lecture de la circulaire, toujours la même proclamation douceâtre aux mots vagues comme l'espoir : « Français, on se trompe et on vous trompe... » Et toujours le cachet immuable : FIDES, SPES. Ah! les pauvres gens, ce n'était pas la foi ni l'espérance qui leur manquaient.

— Quand le roi reviendra, disait maître Méraut, je m'achèterai un bon fauteuil... Quand le roi reviendra, nous changerons le papier de la chambre.

Plus tard, après son voyage à Frohsdorf, la formule fut changée :

— Quand j'ai eu l'honneur de voir le roi... disait-il à tout propos.

Le bonhomme avait en effet accompli son pèlerinage, vrai sacrifice de temps et d'argent pour ces ouvriers de la bourgade, et jamais Hadji revenant de la Mecque n'en rapporta un pareil éblouissement. L'entrevue avait été pourtant bien courte. Aux fidèles introduits en sa présence, le prétendant avait dit : « Ah! vous voilà... » sans que personne pût trouver rien à répondre à cet accueil affable, Méraut encore moins que les autres, suffoqué par l'émotion et les yeux tellement brouillés de larmes qu'il ne put pas même voir les traits de l'idole. Seulement, au départ, le duc d'Athis, secrétaire des commandements, l'avait longuement interrogé sur l'état des esprits en France; et l'on se figure ce que dut répondre l'exalté tisserand qui n'était jamais sorti de l'enclos de Rey :

— Mais qu'il vienne, coquin de bon sort! qu'il vienne vite, notre Henri... on se languit tant de le voir...

Là-dessus, le duc d'Athis, enchanté du renseignement, le remerciait beaucoup et brusquement lui demandait :

— Avez-vous des enfants, maître Méraut?

— J'en ai trois, monsieur le duc.

— Des garçons?

— Oui... trois enfants... répétait le vieux bourgadier (car dans le peuple là-bas, les filles ne comptent pas pour des enfants).

— Bien... J'en prends bonne note... Monseigneur s'en souviendra le jour venu.

Alors M. le duc avait tiré son calepin, et *cra... cra...* Ce *cra... cra...* avec lequel le brave homme exprimait le geste du protecteur écrivant le nom des trois fils Méraut, faisait invariablement partie du récit collectionné dans ces annales de famille attendrissantes par l'immuabilité de leurs moindres détails. Désormais, aux temps de chômage, quand la mère s'effraya de voir son mari vieillir, et s'épuiser la petite réserve du ménage, ce *cra... cra...* répondit à ses inquiétudes timidement exprimées pour l'avenir des enfants.

— Sois donc tranquille, va !... le duc d'Athis a pris bonne note.

Et devenu subitement ambitieux pour ses fils, le vieux tisserand, qui voyait les aînés déjà partis et enserrés dans l'étroite route paternelle, reporta sur Élisée toutes ses espérances et ses désirs de grandeur. On l'envoya à l'institution Papel, tenue par un de ces réfugiés espagnols qui remplirent les villes du Midi après la capitulation de Marotto. C'était au fond du quartier des Boucheries, dans une maison délabrée, moisie, à l'ombre de la cathédrale, comme le témoignaient ses petites vitres verdies et les lézardes salpêtrées de ses murs. Pour y arriver, on suivait la file des boutiques hérissées de grilles et de fers de lance, d'où pendaient d'énormes quartiers de viande entourés d'un bourdonnement malsain, un lacis de rues étroites aux pavés toujours gluants et rouges de quelque détritus. En y songeant, plus tard, il semblait à Élisée avoir vécu son enfance en plein moyen âge, sous la férule et la corde à nœuds d'un terrible fanatique dont le latin en *ous* alternait dans sa classe sordide et noire avec les bénédictions ou les colères des cloches voisines tombant sur le chevet de la vieille église, sur ses assises, ses rinceaux de pierre et les têtes bizarres de ses gargouilles. Ce petit Papel — face énorme et huileuse, ombragée d'un crasseux béret blanc enfoncé jusqu'aux yeux pour cacher une grosse veine bleue et gonflée qui lui partageait le front des sourcils à la naissance des cheveux, — ressemblait à un nain des tableaux de Velasquez, moins les tuniques éclatantes et le sévère bronzage du temps. Brutal avec cela et cruel, mais gardant sous son large crâne un prodigieux emmagasinement d'idées, une encyclopédie vivante et lumineuse, fermée, aurait-on dit, par un royalisme entêté comme une barre au milieu du front, et que figurait bien le gonflement anormal de l'étrange veine.

Le bruit courait dans la ville que ce nom de Papel en cachait un autre plus fameux, celui d'un cabecilla de don Carlos, célèbre par sa féroce façon de faire la guerre et de varier la mort. Si près de la frontière espagnole, sa honteuse gloire le gênait et le forçait à vivre anonyme. Qu'y avait-il de vrai dans cette histoire? Pendant les nombreuses années qu'il passa près de son maître, Élisée, bien qu'il fût l'élève favori de M. Papel, n'entendit jamais le terrible nain prononcer une parole, ne le vit jamais recevoir une visite ou une lettre qui pût confirmer ses soupçons. Seulement, lorsque l'enfant devint homme et que, ses études finies, l'enclos de Rey se trouvant trop étroit pour ses lauriers, ses diplômes et les ambitions paternelles, il fut question de l'envoyer à Paris, M. Papel lui donna plusieurs lettres d'introduction pour les chefs du parti légitimiste, lourdes lettres scellées d'armoiries mystérieuses qui semblaient donner raison à la légende du cabecilla masqué.

Maître Méraut avait exigé ce voyage, car il commençait à trouver que le retour de son roi tardait trop. Il se saigna aux quatre veines, vendit avec sa montre d'or et le clavier d'argent de la mère, la vigne que possède tout bourgadier, et cela simplement, héroïquement pour le parti.

— Va-t'en voir un peu ce qu'ils font, dit-il

à son cadet... qu'est-ce qu'ils attendent? l'enclos se fatigue à la fin des fins.

A vingt ans, Élisée Méraut arriva à Paris, tout bouillonnant de convictions exaltées où l'aveugle dévouement de son père se fortifiait du fanatisme armé de l'Espagnol. Il fut accueilli dans le parti comme un voyageur montant à mi-route, la nuit, dans un wagon de première classe, où chacun a fait son coin pour dormir. L'intrus vient du dehors, le sang activé par l'air vif et la marche, avec un désir communicatif de s'agiter, de causer, de prolonger l'insomnie du voyage; il se heurte à la mauvaise humeur renfrognée et somnolente de gens pelotonnés dans leur fourrure, bercés par le mouvement du train, le petit rideau bleu tiré sur la lampe, et dont la moiteur alourdie ne craint rien tant que les vents coulis et les invasions dérangeantes. C'était cela l'aspect du clan légitimiste sous l'empire, dans son wagon en détresse sur une voie abandonnée.

Ce forcené aux yeux noirs, avec sa tête de lion maigre, découpant chaque syllabe à l'emporte-pièce, chaque période à coups de geste, possédant en lui, prête à tout, la verve d'un Suleau, l'audace d'un Cadoudal, causa dans le parti un étonnement mêlé d'effroi. On le trouva dangereux, inquiétant. Sous l'excessive politesse, les marques d'intérêt factice de la bonne éducation, Élisée, avec cette lucidité que garde le Midi français au fond de ses emportements, sentit vite ce qu'il y avait d'égoïste, de maté chez ces gens-là. Selon eux, rien à faire pour le moment ; attendre, se calmer surtout, se garder des entraînements et des inconséquences juvéniles. « Voyez Monseigneur... quel exemple il nous donne ! » Et ces conseils de sagesse, de modération, allaient bien avec les vieux hôtels du Faubourg, ouatés de lierre, sourds au train de la rue, capitonnés de confort et de paresse derrière leurs portes massives lourdes du poids des siècles et des traditions. On l'invita par politesse à deux ou trois réunions politiques qui se tenaient en grand mystère, avec toutes sortes de peurs et de précautions, au fond d'un de ces anciens nids à rancunes. Il vit là les grands noms des guerres vendéennes et des fusillades de Quiberon, tout le vocable funèbre inscrit au *champ des martyrs*, portés par de bons vieux messieurs près rasés, veloutés de drap fin comme des prélats, la parole douce, toujours empoissée de quelque jujube. Ils arrivaient avec des airs de conspirateurs, ayant tous la prétention d'être filés par la police, laquelle en vérité s'amusait beaucoup de ces rendez-vous platoniques. Le whist installé sous la lumière discrète des hautes bougies à abat-jour, les crânes penchés, *luisant comme des jetons*, quelqu'un donnait des nouvelles de Frohsdorf, on admirait l'inaltérable patience des exilés, en s'encourageant à l'imiter. Tout bas, chut! on se répétait le dernier calembour de M. de Barentin sur l'impératrice, on fredonnait une chansonnette sous le manteau : « *Quand Napoléon — vous donnant les étrivières — aura tout de bon — endommage vos derrières...* » Puis effarés de leur audace, les conspirateurs se défilaient un par un, rasant les murs de la rue de Varenne, large et déserte, qui leur renvoyait le bruit inquiétant de leurs pas.

Élisée vit bien qu'il était trop jeune, trop actif pour ces revenants de l'ancienne France. D'ailleurs on nageait alors en pleine épopée impériale, le retour des guerres d'Italie promenait par les boulevards des volées d'aigles victorieuses sous les fenêtres pavoisées. Le fils du bourgadier ne fut pas long à comprendre que l'opinion de l'enclos de Rey n'était pas universellement partagée et que le retour du roi légitime serait plus tardif qu'on ne le supposait là-bas. Son royalisme n'en fut pas entamé, mais il s'éleva, s'élargit dans l'idée, puisque l'action n'était plus possible. Il rêva d'en écrire un livre, de jeter ses convictions, ses croyances, ce qu'il avait besoin de dire et de répandre, au grand Paris qu'il eût voulu convaincre. Son plan fut tout de suite fait : gagner la vie de tous les jours en donnant des leçons, et celles-ci furent vite trouvées ; écrire son livre dans les intervalles, ce qui demanda beaucoup plus de temps.

Comme tous ceux de son pays, Élisée Méraut était surtout un homme de parole et de geste. L'idée ne lui venait que debout, au son de sa voix, comme la foudre attirée aux vibrations des cloches. Nourrie de lectures, de faits, de constantes méditations, sa pensée, qui s'échappait de ses lèvres à flots bouillonnants, les mots entraînant les mots dans une sonore éloquence, sortait lentement, goutte à goutte, de sa plume, venue d'un réservoir trop vaste pour cette filtration mesurée et toutes les finesses de l'écriture. Parler ses convictions le soulageait, puisqu'il ne leur trouvait pas d'autre moyen d'écoulement. Il parla donc aux *popottes*, aux conférences, il parla surtout dans les cafés, ces cafés du quartier Latin qui, dans le Paris accroupi du second empire, quand le livre et le journal se taisaient muselés, faisaient seuls de l'opposition. Chaque buvette alors avait son orateur, son grand homme. On disait : « Pesquidoux du *Voltaire* est très fort, mais Larminat du *Procope* est bien plus fort que lui. » De fait, il venait là toute une jeunesse instruite, éloquente, l'esprit occupé de choses élevées, renouvelant avec plus de verve les belles discussions politiques et philosophiques des brasseries de Bonn et d'Heidelberg.

Dans ces forges d'idées, fumeuses et bruyantes, où l'on criait ferme, où l'on buvait plus ferme encore, la verve singulière de ce grand gascon, toujours monté, qui ne fumait pas, se grisait sans boire, cette parole imagée et brutale s'exerçant sur des convictions aussi démodées que les paniers et la poudre, aussi discordantes dans le cadre où elles s'exprimaient que le goût d'un antiquaire au milieu d'articles de Paris, tout cela conquit très vite à Élisée la renommée et un auditoire. A l'heure où le gaz flambe dans les cafés bourrés et ronflants, quand on le voyait paraître sur le seuil avec sa longue taille déhanchée, ses yeux de myope un peu hagards dont l'effort de vision semblait rejeter ses cheveux au vent, son chapeau en arrière, et toujours sous le bras quelque bouquin ou revue d'où sortait un énorme coupe-papier, on se levait, on criait : « Voilà Méraut! » Et l'on se serrait pour lui faire une grande place où il pût jouer des coudes et gesticuler à son aise. Dès en entrant, ces cris, cet accueil de jeunesse l'exaltaient, puis la chaleur, la lumière, cette lumière du gaz, congestionnante et grisante. Et sur un sujet, un autre, le journal du jour, le livre ouvert sous l'Odéon en passant, il partait, s'échappait, assis, debout, tenant le café avec sa voix, ramenant, groupant les auditeurs du geste. Les parties de dominos s'arrêtaient, les joueurs de billard de l'entresol se penchaient sur l'escalier, la pipe aux dents, la longue queue d'ivoire à la main. Les vitres, les chopes, les soucoupes tremblaient comme au passage d'une voiture de poste, et la dame du comptoir disait avec orgueil à tous ceux qui entraient : « Arrivez vite... Nous avons M. Méraut. » Ah ! Pesquidoux, Larminat pouvaient être forts, il les enfonçait tous ! Il devint l'orateur du quartier. Cette gloire qu'il n'avait pas cherchée lui suffit, si bien qu'il s'y attarda fatalement. Tel fut le sort de plus d'un Larminat à cette époque, — belles forces perdues, moteurs ou leviers laissant partir à grand bruit leur vapeur inutile, par désordre, incurie ou direction mauvaise du volant conducteur. Chez Élisée, il y eut encore autre chose : sans intrigue, sans ambition, ce Méridional, qui n'avait pris à son pays que la fougue, se considérait comme le missionnaire de sa foi, et il montrait bien en effet du missionnaire le prosélytisme infatigable, la nature ndépendante et vigoureuse, le désintéressement qui fait bon marché du casuel, des prébendes, d'une vie même livrée aux plus durs hasards de la vocation.

Certes, depuis dix-huit ans qu'il jetait ses idées en semaille dans le Paris de la jeunesse, plus d'un maintenant arrivé très haut et qui disait avec dédain : « Ah ! oui, Méraut... un vieil étudiant » avait fait le meilleur de sa gloire des bribes insouciamment dispersées à tous les coins de table où ce singulier garçon s'asseyait. Élisée le savait, et quand il retrouvait sous l'habit vert à palmes d'un grand seigneur lettré quelqu'une de ses chimères réduite à la raison dans une belle phrase académique, il était heureux, du bonheur désintéressé d'un père qui voit mariées et riches les filles de son cœur, sans avoir aucun droit à leur tendresse. C'était l'abnégation chevaleresque du vieux tisseur de l'enclos de Rey, avec quelque chose de plus large encore, puisque la confiance au succès manquait, cette confiance inébranlable que le brave père Méraut garda jusqu'à son dernier souffle. La veille même de sa mort, — car il mourut presque subitement d'une insolation, après un de ses dîners au bon de l'air, — le vieux chantait à pleine voix : « Vive Henri IV ! » Près de passer, les yeux brouillés, la langue lourde, il disait encore à sa femme : « Tranquille pour les enfants... duc d'Athis... pris bonne note... » Et de ses mains mourantes, il essayait de faire « cra... cra... » sur le drap du lit.

Quand Élisée, prévenu trop tard de ce malheur foudroyant, arriva le matin de Paris, son père était étendu, les mains en croix, immobile et blême, le chevet à la muraille attendant toujours sa tenture neuve. Par la porte de l'atelier laissée ouverte pour le passage de la mort qui écarte, délie, élargit tout autour d'elle, on apercevait les métiers au repos, celui du père, abandonné, pareil à la mâture échouée d'un navire où ne soufflera plus le vent ; puis le portrait du roi et le cachet rouge qui avaient présidé à cette vie de travail et de fidélité, et là-haut, tout en haut de l'enclos de Rey, étagés et bourdonnant sur sa côte, les vieux moulins toujours debout, levant leurs bras, au clair du ciel, en des signaux désespérés. Jamais Élisée n'oublia le spectacle de cette mort sereine prenant le travailleur au gîte et lui fermant le regard sur l'horizon accoutumé. Il en demeura frappé d'envie, lui qui se sentait saisi par le rêve et l'aventure, et qui incarnait toutes les illusions chimériques du beau vieillard endormi là.

C'est au retour de ce triste voyage qu'on lui proposa la place de précepteur à la cour de X... Sa déconvenue fut si vive, les petitesses, les compétitions, les calomnies envieuses auxquelles il s'était trouvé mêlé, le grand décor de la monarchie regardé de trop près, du côté des coulisses, l'avaient si fort attristé que, malgré son admiration pour le roi d'Illyrie, une fois les moines partis, la première fièvre d'entraînement tombée, il regretta de s'être décidé aussi vite. Toutes ses tracasseries de là-bas lui revenaient, le sacrifice à faire de sa liberté, de ses habitudes ; puis son livre, ce fameux livre toujours en rumeur dans sa tête... Bref, après de longs débats avec lui-même, il se résolut à dire non, et la veille de Noël, l'entrevue toute proche, il écrivit au Père Melchior pour le prévenir de sa décision. Le moine ne protesta pas. Il se contenta de répondre :

« Ce soir, rue des Fourneaux, à l'office de nuit... J'espère encore vous convaincre. »

Le couvent des franciscains de la rue des Fourneaux, où le père Melchior avait les fonctions d'économe, est un des coins les plus curieux, les plus inconnus du Paris catholique. Cette maison mère d'un ordre célèbre, cachée mystérieusement dans le faubourg sordide qui grouille derrière la gare Montparnasse, s'intitule aussi : « Commissariat du Saint-Sépulcre. » C'est là que des moines à tournure exotique, mêlant leur bure voyageuse aux noires misères du quartier, apportent — pour le commerce des reliques — les morceaux de la vraie croix, les chapelets en noyaux d'olives du jardin des Oliviers, les roses de Jéricho, arides et ligneuses, attendant une goutte d'eau bénite, toute une pacotille miraculeuse changée dans les larges poches invisibles des cagoules en bel argent muet et lourd qu'on dirige ensuite sur Jérusalem pour l'entretien du tombeau sacré. Élisée avait été conduit rue des Fourneaux par un sculpteur de ses amis, un pauvre artiste en chambre nommé Dreux, qui venait de faire pour le couvent une sainte Marguerite d'Ossuna et amenait le plus de monde possible devant sa statue. L'endroit était si curieux, si

pittoresque, flattait si bien les convictions du
Méridional en les rattachant — pour les sauver
de la lucidité moderne — au plus lointain des
siècles et des pays de tradition, qu'il y revint
souvent depuis, à la grande joie de l'ami Dreux,
tout fier du succès de sa Marguerite.

Le soir du rendez-vous, il était près de minuit, lorsque Élisée Méraut quitta les rues
grondantes du quartier Latin, où les chaudes
rôtisseries, les charcuteries enrubannées, les
boutiques de victuailles ouvertes, les brasseries
à femmes, les garnis d'étudiants, tous les débits
de prunes de la rue Racine et du « Boul Mich »
mettaient pour jusqu'au matin l'odeur et le
flamboiement d'une ripaille universelle. Sans
transition, il tombait dans la tristesse des avenues désertes où le passant, rapetissé par le
reflet du gaz, semble ramper plus qu'il ne marche. Le carillon grêle des communautés tintait
par-dessus leurs murs dépassés de squelettes
d'arbres ; des bruits et des chaleurs de paille
remuée, d'étables en sommeil, venaient des
grandes cours fermées des nourrisseurs ; et pendant que la rue large gardait de la neige tombée durant le jour, des blancheurs vagues et
piétinées, là-haut, dans les étoiles aiguisées par
le froid, le fils du bourgadier marchant en
plein rêve d'ardeur croyante, s'imaginait reconnaître celle qui guida les rois à Bethléem.
En la regardant, cette étoile, il se rappelait les

Noëls d'autrefois, les blancs Noëls de son enfance célébrés à la cathédrale, et le retour par les rues fantastiques du quartier des Boucheries, découpées de toits et de lune, vers la table familiale de l'enclos de Rey où les attendait le réveillon : les trois bougies traditionnelles dans la verdure du houx piqué d'écarlate, les *estevenons* (petits pains de Noël) sentant bon la pâte chaude et les lardons frits. Il s'enveloppait si bien de ces souvenirs de famille, que la lanterne d'un chiffonnier longeant le trottoir lui semblait celle que balançait le père Méraut, marchant en tête de la troupe, à ces retours de messe de minuit.

Ah ! pauvre père qu'on ne reverra plus !...

Et tandis qu'il causait du passé tout bas avec des ombres chères, Élisée arrivait à la rue des Fourneaux, un faubourg à peine bâti, éclairé d'un réverbère, avec de longs bâtiments d'usine, surmontés de leurs cheminées droites, des palissades en planches, des murs faits de matériaux de démolitions. Le vent soufflait avec violence des grandes plaines de la banlieue. D'un abattoir voisin venaient des hurlements lamentables, des coups sourds, un goût fade de sang et de graisse ; c'est là qu'on égorge les porcs sacrifiés à Noël, comme aux fêtes de quelque Teutatès.

Le couvent qui tient le milieu de la rue avait son portail large ouvert, et dans sa cour deux ou trois équipages dont les somptueux harnais étonnèrent Méraut. L'office était commencé; des bouffées d'orgues, des chants sortaient de l'église, déserte pourtant et tout éteinte, avec la seule lueur des petites lampes d'autel et les pâles reflets d'une nuit de neige sur la fantasmagorie des vitraux. C'était une nef presque ronde, parée des grands étendards de Jérusalem à croix rouge qui pendaient le long des murailles, de statues coloriées un peu barbares, au milieu desquelles la Marguerite d'Ossuna en marbre pur flagellait sans pitié ses épaules blanches, car, — ainsi que vous le disaient les moines avec une certaine coquetterie : « Marguerite fut une grande pécheresse de notre ordre. » Le plafond de bois peint, croisillé de petites poutres, le maître-autel sous une sorte de dais soutenu par des colonnes, le chœur en rotonde boisé de stalles vides avec un rayon de lune sur la page ouverte du plainchant, tout se devinait, rien n'était distinct; mais par un large escalier caché sous le chœur, on descendait à l'église souterraine, où — peut-être en souvenir des catacombes — l'office religieux se célébrait.

Tout au bout du caveau, dans la maçonnerie blanche soutenue d'énormes piliers romans, était reproduit le tombeau du Christ à Jérusalem, sa porte basse, sa crypte étroite éclairée d'une quantité de petites lampes sépulcrales clignotant — au fond de leurs alvéoles de pierre — sur un Christ en cire teintée, de grandeur naturelle, ses plaies saignant d'un rose vif dans l'écartement du linceul. A l'autre bout du caveau, comme une singulière antithèse résumant toute l'épopée chrétienne, s'étalait une de ces reproductions enfantines de la Nativité dont la crèche, les animaux, le bambin, enguirlandés de couleurs tendres, de verdures en papier frisé, sont tirés tous les ans de la boîte aux légendes, tels qu'ils sortirent jadis — plus mal taillés, sans doute, mais bien plus grands — du cerveau d'un illuminé. Comme alors, un troupeau d'enfants et de vieilles femmes avides de tendresse et de merveilleux, de ces pauvres qu'aimait Jésus, se serraient autour de la crèche, et, parmi eux, ce qui surprit Élisée, au premier rang de ces humbles fidèles, deux hommes de tenue mondaine, deux femmes élégantes en toilette sombre agenouillées profondément sur les dalles, l'une d'elles tenant un petit garçon qu'elle enveloppait de ses deux bras croisés dans un geste de protection et de prière.

— C'est des reines ! lui dit tout bas une vieille, haletante d'admiration.

Élisée tressaillit, puis s'étant rapproché, reconnut le profil fin, l'allure aristocratique de Christian d'Illyrie, et près de lui, la tête brune, osseuse, le front encore jeune et dépouillé du roi de Palerme. Des deux femmes on ne voyait que des cheveux noirs, des cheveux fauves, et cette attitude de mère passionnée. Ah! qu'il connaissait bien Méraut, le rusé prêtre qui avait pour ainsi dire mis en scène l'entrevue du jeune prince et de son futur gouverneur. Ces rois dépossédés venant rendre leur hommage au Dieu qui pour le recevoir semblait se cacher, lui aussi, dans cette crypte, cet assemblage de la royauté tombée et d'un culte en détresse, la triste étoile de l'exil guidant vers un Bethléem de faubourg ces pauvres mages déchus, sans cortège et les mains vides, tout cela lui gonflait le cœur. L'enfant, l'enfant surtout, si attendrissant avec sa petite tête penchée vers les animaux de la crèche, la curiosité de son âge tempérée d'une réserve souffrante... Et devant ce front de six ans où l'avenir tenait déjà comme le papillon dans sa coque blonde, Élisée songeait combien de science, de soins tendres il faudrait pour le faire éclore splendidement.

III

LA COUR A SAINT-MANDÉ

Le provisoire de l'*Hôtel des Pyramides* avait duré trois mois, six mois, avec les malles à peine défaites, les sacs bouclés, le désordre et l'incertitude d'un campement. Tous les jours d'excellentes nouvelles arrivaient d'Illyrie. Dépourvue de racines, sur un sol neuf où elle n'avait ni passé, ni héros, la République ne prenait pas. Le peuple se lassait, regrettait ses princes; et des calculs d'une certitude infaillible venaient dire aux exilés : « Tenez-vous prêts... C'est pour demain. » On ne plantait

pas un clou dans les appartements, on ne
déplaçait pas un seul meuble, sans cette exclamation d'espoir : « Ce n'est plus la peine. »
Pourtant l'exil se prolongeait, et la reine ne
tardait pas à comprendre que ce séjour à l'hôtel
dans un tourbillon d'étrangers, un passage
d'oiseaux voyageurs de toute plume, devien-
drait contraire à la dignité de leur rang. On
leva la tente, on acheta une maison, on s'installa. De nomade l'exil se fit sédentaire.

C'était à Saint-Mandé, sur l'avenue Daumesnil, à la hauteur de la rue Herbillon, dans
cette partie qui longe le bois, bordée de con-
structions élégantes, de grilles coquettes laissant
voir des jardins sablés, des perrons arrondis,
des pelouses anglaises qui donnent l'illusion
d'un coin de l'avenue du Bois de Boulogne.
Dans un de ces hôtels s'étaient déjà réfugiés le
roi et la reine de Palerme, sans grande fortune,
fuyant l'entraînement et les quartiers luxueux
du high-life. La duchesse de Malines, sœur de la
reine de Palerme, était venue la rejoindre à
Saint-Mandé, et toutes deux attiraient sans
peine leur cousine dans ce quartier. En dehors
des questions d'amitié, Frédérique désirait se
mettre à part de l'entrain joyeux de Paris, protester contre le monde moderne et les prospé-
rités de la République, éviter cette curiosité qui
s'attache aux gens connus et qui lui semblait
une injure à sa déchéance. Le roi s'était d'abord

récrié sur le lointain de l'habitation, mais il devait y trouver bientôt un prétexte aux longues absences et aux rentrées tardives. Enfin, ce qui primait tout, la vie était moins chère là que partout ailleurs, et l'on y pouvait soutenir son luxe à peu de frais.

L'installation fut confortable. La maison blanche haute de trois étages, flanquée de deux tourelles, regardait le bois à travers les arbres de son petit parc, tandis que sur la rue Herbillon, entre les communs et les serres se faisant face, s'arrondissait une grande cour sablée jusqu'au perron que surmontait une marquise supportée en forme de tente par deux longues lances inclinées. Dix chevaux à l'écurie : chevaux de trait, chevaux de selle — la reine montait tous les jours, — la livrée aux couleurs d'Illyrie, coiffée en marteaux et poudrée, avec un suisse dont la hallebarde et le baudrier d'or vert étaient aussi légendaires à Saint-Mandé et à Vincennes que la jambe de bois du vieux Daumesnil, tout cela constituait un luxe convenable et presque neuf. Il n'y avait guère en effet plus d'un an que Tom Lévis avait improvisé, avec tous ses décors et accessoires, la scène princière où va se jouer le drame historique que nous racontons.

Eh! mon Dieu, oui, Tom Lévis... En dépit des méfiances, des répugnances, il avait fallu recourir à lui. Ce tout petit gros homme était d'une ténacité, d'une élasticité surprenantes. Et tant de malices plein son sac, tant de clefs, de pinces-monseigneur, pour ouvrir ou forcer les serrures résistantes, sans compter des façons à lui de gagner le cœur des fournisseurs, des valets, des chambrières. « Surtout pas de Tom Lévis ! » On disait toujours cela pour commencer. Mais alors rien n'avançait. Les fournisseurs ne livraient pas à temps leurs marchandises, les domestiques s'insurgeaient, jusqu'au jour où l'homme au cab, apparaissant avec ses lunettes d'or et ses breloques, les tentures descendaient d'elles-mêmes des plafonds, s'allongeaient aux parquets, se nouaient, se compliquaient en portières, rideaux, tapis décoratifs et ouatés. Les calorifères s'allumaient, les camélias montaient dans la serre, et les propriétaires, vite installés, n'avaient plus qu'à jouir et à attendre sur les sièges commodes des salons le paquet de factures arrivant de tous les coins de Paris. Rue Herbillon, c'était le vieux Rosen, le chef de la maison civile et militaire, qui recevait les comptes, payait la livrée, gérait la petite fortune du roi, et si adroitement que, ce cadre doré donné à leur malheur, Christian et Frédérique vivaient encore largement. Tous deux rois, enfants de rois, ne savaient d'ailleurs le prix d'aucune chose, habitués à se voir en effigie sur toutes les pièces d'or, à battre monnaie selon leur bon plaisir ; et loin de s'étonner de ce bien-être, ils sentaient au contraire tout ce qui manquait à leur existence nouvelle, sans parler du vide refroidissant que laisse autour des fronts une couronne tombée. La maison de Saint-Mandé, si simple au dehors, avait beau s'orner en petit palais à l'intérieur, la chambre de la reine rappelant exactement par ses lampas bleus couverts de vieux Bruges celle du château de Leybach, le cabinet du prince identique à celui qu'il quittait, dans l'escalier les reproductions des statues de la résidence royale, et dans la serre une singerie tiède, garnie de glycines grimpantes pour les ouistitis favoris. Qu'était-ce que tous ces petits détails de délicate flatterie, aux possesseurs de quatre châteaux historiques et de ces résidences d'été entre le ciel et l'eau, les pelouses mourant sous les vagues, dans les îles vertes qu'on appelle « les jardins de l'Adriatique ! »

A Saint-Mandé, l'Adriatique c'était le petit lac du bois, que la reine avait en face de ses fenêtres et qu'elle regardait tristement comme Andromaque exilée regardait son faux Simoïs. Si restreinte pourtant que fût leur vie, il arrivait à Christian, plus expérimenté que Frédérique, de s'étonner de cette aisance relative :

— Ce Rosen est incroyable... Je ne sais vraiment comment il s'arrange pour suffire à tout avec le peu que nous avons.

Puis il ajoutait en riant :

— On peut être sûr toujours qu'il n'y met pas du sien.

Le fait est qu'en Illyrie, Rosen était synonyme d'Harpagon. A Paris même, ce renom de ladrerie avait suivi le duc et se trouvait confirmé par le mariage de son fils, mariage conclu dans les agences spéciales, et que toute la gentillesse de la petite Sauvadon n'empêchait pas d'être une sordide mésalliance. Cependant Rosen était riche. Le vieux pandour, qui portait tous ses instincts rapaces et pillards écrits dans son profil d'oiseau de proie, n'avait pas fait la guerre aux Turcs et aux Monténégrins, uniquement pour la gloire. A chaque campagne, ses fourgons revenaient pleins, et le magnifique hôtel qu'il occupait à la pointe de l'île Saint-Louis, tout auprès de l'hôtel Lambert, regorgeait de choses précieuses, tentures d'Orient, meubles du moyen âge et de la chevalerie, tryptiques d'or massif, sculptures, reliquaires, étoffes brodées et lamées, butin de couvents ou de harems entassé dans une suite d'immenses salons de réception ouverts seulement une fois lors du mariage d'Herbert et de la fête féerique payée par l'oncle Sauvadon, mais qui depuis, mornes et verrouillés, conservaient leurs richesses derrière les rideaux rejoints, les volets clos, sans craindre même l'indiscrétion d'un rayon de soleil. Le bonhomme menait là une véritable existence de maniaque, confiné à un seul étage de l'immense hôtel, se contentant de deux domestiques pour tout service, d'un régime de provincial avare, tandis que les vastes cuisines du sous-sol, avec leurs tourne-broches immobiles et leurs fourneaux refroidis, restaient aussi fermées que les appartements de gala.

L'arrivée de ses souverains, la nomination de tous les Rosen aux charges de la petite cour avaient un peu changé les habitudes du vieux duc. D'abord les jeunes gens étaient venus vivre avec lui, leur installation du parc Monceau — une vraie cage moderne aux barreaux dorés — se trouvant trop loin de Vincennes. Tous les matins à neuf heures, par n'importe quel temps, la princesse Colette était prête *pour le lever de la reine et montait en voiture* à côté du général, dans ce brouillard riverain que les matins d'hiver et d'été laissent traîner jusqu'à midi à la pointe de l'île comme un voile sur le décor magique de la Seine. A cette heure, le prince Herbert essayait de reprendre un peu de son sommeil perdu dans un rude service de nuit, le roi Christian ayant dix années de vie de province et de couvre-feu conjugal à rattraper, et pouvant si peu se passer du Paris nocturne que, les théâtres et les cafés fermés, il trouvait en sortant du club un charme à arpenter les boulevards déserts, secs et sonores ou luisants d'eau, avec la ligne des réverbères comme une garde de feu tout au bord de la longue perspective.

A peine arrivée à Saint-Mandé, Colette montait près de la reine. Le duc, lui, s'installait dans un pavillon-chalet attenant aux communs, à la portée du service et des fournisseurs. On appelait cela l'intendance; et c'était touchant de voir ce grand vieux assis sur son fauteuil de moleskine parmi la paperasse, les classements, les cartons verts, recevant et réglant de petites factures bourgeoises, lui qui avait eu sous ses ordres à la résidence tout un peuple d'huissiers galonnés. Son avarice était telle que, même en ne payant pas pour son compte, chaque fois qu'il devait donner de l'argent, il y avait sur sa figure une contraction de tous les traits, un froncement nerveux des rides, comme si on les lui eût serrées avec le cordon d'un sac; son corps raide et droit protestait, et jusqu'au geste automatique dont il ouvrait la caisse incrustée au mur. Malgré tout, il s'arrangeait pour être toujours prêt, et subvenir, avec les ressources modestes des princes d'Illyrie, au gaspillage inévitable dans une grande maison, aux charités de la reine, aux largesses du roi, même à ses plaisirs qui comptaient dans le budget; car Christian II s'était tenu parole et passait joyeusement son temps d'exil. Assidu aux fêtes parisiennes, accueilli des grands cercles, recherché dans les salons, son profil narquois et fin, entrevu dans la confusion animée des premières loges ou l'élan tumultueux d'un retour de courses, avait pris place désormais dans les médaillons connus du « tout Paris, » entre la chevelure hardie d'une actrice en vogue et la figure décomposée de ce prince royal en disgrâce qui roule les cafés du boulevard en attendant que sonne pour lui l'heure du règne. Christian menait la vie oisive et si remplie de la jeune Gomme. L'après-midi au jeu de paume ou au skating, puis le Bois, une visite au jour tombant dans certain boudoir chic dont il aimait la tenue luxueuse et l'excessive liberté de paroles; le soir, les petits théâtres, le foyer de la danse, le cercle et surtout le jeu, un maniement de cartes où l'on eût trouvé son origine bohême, la passion du hasard et de tous ses pressentiments. Il ne sortait presque jamais avec la reine, excepté le dimanche pour la mener à l'église de Saint-Mandé, et ne la voyait guère qu'aux repas. Il craignait cette nature raisonnable et droite, toujours préoccupée de devoir, et dont la méprisante froideur le gênait comme une conscience visible. C'était le rappel à ses charges de roi, aux ambitions qu'il voulait oublier; et trop faible pour se révolter en face contre cette domination muette, il aimait mieux fuir, mentir, se dérober. De son côté, Frédérique connaissait si bien ce tempérament de Slave ardent et mou, vibrant

et fragile ; elle avait eu tant de fois à pardonner
les écarts de cet homme enfant, qui gardait
tout de l'enfance, la grâce, le rire, jusqu'à la
cruauté de caprice ; elle l'avait vu si souvent
à genoux devant elle après une de ces fautes
où il jouait son bonheur et sa dignité, qu'elle
s'était complètement découragée du mari et de
l'homme, s'il lui restait encore des égards
pour le roi. Et ce débat durait presque depuis
dix ans, bien qu'en apparence le ménage fût
très uni. A ces hauteurs d'existence, avec les
appartements vastes, la domesticité nombreuse,
le cérémonial qui écarte les distances et com-
prime les sentiments, ces sortes de mensonges
sont possibles. Mais l'exil allait les trahir.

Frédérique avait d'abord espéré que cette
dure épreuve mûrirait la raison du roi, éveil-
lerait en lui ces belles révoltes qui font les
héros et les vainqueurs. Au contraire, elle
voyait grandir dans ses yeux une ivresse de
fête et de vertige allumée par le séjour de
Paris, son phosphore diabolique, l'incognito,
les tentations et la facilité du plaisir. Ah ! si
elle avait voulu le suivre, partager cette course
folle dans le tourbillon parisien, faire citer sa
beauté, ses chevaux, ses toilettes, se prêter de
toutes ses coquetteries de femme à la vaniteuse
légèreté du mari, un rapprochement aurait été
possible. Mais elle restait plus reine que
jamais, n'abdiquait rien de ses ambitions, de

ses espérances, et de loin acharnée à la lutte, envoyant lettre sur lettre aux amis de là-bas, protestant, conspirant, elle entretenait toutes les cours d'Europe de l'iniquité de leur infortune. Le conseiller Boscovich écrivait sous sa dictée ; et à midi, quand le roi descendait, elle présentait elle-même le courrier à la signature. Il signait, parbleu! il signait tout ce qu'elle voulait, mais avec un frisson d'ironie au coin des lèvres. Le scepticisme de son milieu railleur et froid l'avait gagné ; aux illusions du début, par un revirement propre à ces natures extrêmes, avait succédé la conviction formelle que l'exil se prolongerait indéfiniment. Aussi quel air d'ennui, quelle fatigue il apportait dans ces conversations où Frédérique essayait de le monter jusqu'à sa fièvre, cherchait au fond de ses yeux cette attention qu'elle ne pouvait y fixer. Distrait, poursuivi de quelque refrain bête, il avait toujours dans la tête sa vision de la dernière nuit, le tournoiement ivre et langoureux du plaisir. Et quel « ouf! » de soulagement quand il était enfin dehors, quelle reprise de jeunesse et de vie qui, chaque fois, laissait la reine plus triste et plus seule.

Après ce travail d'écritures dans la matinée, l'envoi de quelques-uns de ces billets éloquents et courts où elle ravivait les courages, les dévouements près de faiblir, les seules distractions de Frédérique étaient la lecture de sa bibliothèque de souveraine, composée de mémoires, de correspondances, de chroniques du temps passé ou de haute philosophie religieuse, puis les jeux de l'enfant dans le jardin et quelques promenades à cheval dans le bois de Vincennes, promenades rarement prolongées jusqu'à la lisière où venaient aboutir les derniers échos du bruit parisien, échouer les dernières misères du grand faubourg; car Paris lui causait une antipathie, un effroi insurmontables. A peine, une fois par mois, la livrée en grande tenue, allait-elle faire sa tournée de visites chez les princes exilés. Partie sans plaisir, elle revenait découragée. Sous ces infortunes royales, décemment, noblement supportées, elle sentait l'abandon, le renoncement complets, l'exil accepté, pris en patience, en habitude, trompé par des manies, des enfantillages, ou même pis.

La plus digne, la plus fière de ces majestés tombées, le roi de Westphalie, pauvre vieil aveugle si touchant avec sa fille, sa blonde Antigone, gardait la pompe et les dehors de son rang, mais ne s'occupait plus que de collectionner des tabatières, d'établir des vitrines de curiosités dans ses salons, raillerie singulière à l'infirmité qui l'empêchait de jouir de ses trésors. Chez le roi de Palerme, même renoncement apathique, compliqué de deuils, de tristesse, de manque d'argent, le ménage désuni, l'ambition tuée par la perte de l'unique enfant. Le roi, presque toujours absent, laissait sa femme à son foyer de veuvage et d'exil ; tandis que la reine de Galice, fastueuse, passionnée de plaisir, ne changeait rien à ses mœurs turbulentes de souveraine exotique, et que le duc de Palma décrochait de temps en temps son escopette pour essayer de franchir la frontière qui chaque fois et durement, le rejetait à l'oisivité misérable de sa vie. Au fond, contrebandier bien plus que prétendant, faisant la guerre pour avoir de l'argent et des filles, et donnant à sa pauvre duchesse toutes les émotions d'une malheureuse mariée à l'un de ces bandits des Pyrénées que l'on rapporte sur une civière s'ils s'attardent au petit jour. Tous ces dépossédés n'avaient qu'un mot aux lèvres, une devise remplaçant les sonores devises de leurs maisons royales : « Pourquoi faire ?... A quoi bon ? » Aux élans, aux ferveurs actives de Frédérique, les plus polis répondaient par un sourire, les femmes répliquaient théâtre, religion, galanterie ou modes ; et peu à peu ce tacite abaissement d'un principe, ce désagrègement de forces gagnait la fière Dalmate elle-même. Entre ce roi qui ne voulait plus l'être, le pauvre petit Zara si lent à grandir, tout la frappait de défaillance. Le vieux Rosen ne parlait guère, enfermé tout le jour dans son bureau. La princesse n'était qu'un oiseau, sans cesse occupé de lisser ses plumes, Boscovich un enfant, la marquise une folle. Il y avait encore le Père Alphée, mais ce moine farouche et rugueux n'aurait pu comprendre à mi-mot les frissons intimes de la reine, les doutes, les peurs qui commençaient à l'envahir. La saison s'en mêlait aussi. Ce bois de Saint-Mandé, l'été tout en verdure et en fleurs, désert et calme comme un parc pendant la semaine, le dimanche grouillant de joie populaire, prenait sous l'hiver approchant, dans le deuil des horizons mouillés, dans la brume flottante de son lac, l'aspect désolé, sans grandeur, des lieux de plaisir abandonnés. Des tourbillons de corbeaux volaient au-dessus des buissons noirs, au-dessus des grands arbres tordus balançant des nids de pies, des guis chevelus à leurs sommets découronnés. C'était le second hiver que Frédérique passait à Paris. Pourquoi lui semblait-il plus long, plus lugubre que l'autre ? Était-ce le tapage de l'hôtel qui lui manquait, le mouvement de la ville tumultueuse et riche ? Non. Mais à mesure que la reine décroissait en elle, la femme reprenait ses faiblesses, ses peines d'épouse délaissée, ses nostalgies d'étrangère arrachée du sol natal.

Dans la galerie vitrée annexe du grand salon, dont elle avait fait un petit jardin d'hiver, un coin frileux loin du bruit domestique, orné de claires tentures, de plantes vertes à tous ses angles, elle se tenait maintenant des jours entiers, inactive, devant le jardin raviné et son fouillis de branches grêles hachant l'horizon gris, comme une plaque d'eau-forte, avec un mélange de verdures foncées et résistantes que les houx, les buis conservaient même sous la neige dont leurs branches aiguës perçaient la blancheur. Sur les trois vasques superposées de la fontaine, les nappes d'eau retombantes prenaient un ton d'argent froid ; et au delà de la haute grille qui longeait l'avenue Daumesnil, de temps en temps rompant le silence et la solitude de deux lieues de bois, les tramways à vapeur passaient en sifflant, leur longue fumée rejetée en arrière, si lourde à se disperser dans l'air jaune, que Frédérique pouvait la suivre longtemps, la voir se perdre peu à peu, lente et sans but comme sa vie.

Ce fut par un matin pluvieux d'hiver qu'Élisée Méraut donna sa première leçon à l'enfant royal, dans ce petit abri de la tristesse et des songeries de la reine, qui prenait ce jour-là l'aspect d'un cabinet d'études : des livres, des cartons étalés sur la table, une lumière répandue d'atelier ou de classe, la mère toute simple dans la robe de drap noir qui serrait sa haute taille, une petite travailleuse en laque roulée en face d'elle, et le maître et l'élève aussi hésitants, aussi émus l'un que l'autre de leur première entrevue. Le petit prince reconnaissait vaguement cette tête énorme et fulgurante qu'on lui avait montrée la nuit de Noël dans le crépuscule religieux de la chapelle, et que son imagination, tout encombrée des contes bleus de madame de Silvis, avait assimilée à quelque apparition du géant Robistor ou de l'enchanteur Merlin. Et l'impression d'Élisée était bien aussi chimérique, lui qui dans ce frêle petit garçon vieillot et maladif, au front déjà plissé comme s'il eût porté les six cents ans de sa race, croyait voir un chef prédestiné, un conducteur d'hommes et de peuples, et lui disait gravement, la voix tremblante :

— Monseigneur, vous serez roi un jour... il faut que vous appreniez ce que c'est qu'un roi... Écoutez-moi bien, regardez-moi bien, et ce que ma bouche n'exprimera pas assez clairement, le respect de mes yeux vous le fera comprendre.

Alors, penché sur cette petite intelligence au ras du col, avec des mots et des images pour elle, il lui expliquait le dogme du droit divin, les rois en mission sur la terre entre les peuples et Dieu, chargés de devoirs, de responsabilités que les autres hommes n'ont pas, et qui leur sont imposés depuis l'enfance... Que le petit prince comprît parfaitement ce qu'on lui disait, ce n'est guère probable ; peut-être se sentait-il enveloppé de cette tiédeur vivifiante dont les jardiniers, qui soignent une plante rare, entourent la fibre délicate, le bourgeon chétif. Quant à la reine, courbée sur sa tapisserie, elle écoutait venir à elle avec une surprise délicieuse cette parole qu'elle attendait désespérément depuis des années, qui répondait à ses pensées les plus secrètes, les appelait, les secouait... Si longtemps elle avait rêvé seule ! Tant de choses qu'elle n'aurait su dire, et dont Élisée lui donnait la formule ! Devant lui, dès le premier jour, elle se sentit comme un musicien inconnu, un artiste inexprimé, devant l'exécutant prestigieux de son œuvre. Ses plus vagues sentiments sur cette grande idée de royauté prenaient corps et se résumaient magnifiquement, très simplement aussi, puisqu'un enfant, un tout petit enfant, pouvait presque les comprendre. Tandis qu'elle regardait cet homme, ses grands traits animés de croyance et d'éloquence, elle voyait en opposition la jolie figure indolente, le sourire indécis de Christian, elle entendait l'éternel : « A quoi bon ? » de tous ces rois découronnés, les caquetages des boudoirs princiers. Et c'était ce plébéien, ce fils de tisserand — dont elle connaissait l'histoire — qui avait recueilli la tradition perdue, conservé les reliques et la châsse, le feu sacré dont la flamme était visible en ce moment sur son front, communicative dans l'ardeur de son discours. Ah! si Christian eût été comme cela, ils seraient encore sur le trône ou disparus tous deux, ensevelis sous ses décombres... Chose singulière! dans cette attention dont elle ne pouvait se défendre, la voix, le visage d'Élisée lui donnaient une impression de ressouvenir. De quelle ombre de sa mémoire se levaient ce front de génie, ces accents qui lui résonnaient au plus profond de l'être, dans quelque cavité secrète du cœur?...

Maintenant le maître s'était mis à interroger son élève, non sur ce qu'il savait — rien ou si peu de chose, hélas! — mais en cherchant ce qu'on pourrait lui apprendre. « Oui, monsieur... Non, monsieur... » Le petit prince n'avait que ces deux mots aux lèvres et mettait toute sa force à les prononcer, avec cette gentillesse timide des garçons élevés par des femmes dans la perpétuité de leurs premiers enfantillages. Il essayait pourtant, le pauvre mignon, sous l'amas de connaissances variées que lui avait données madame de Silvis, de démêler quelques notions d'histoire générale parmi les aventures de nains et de fées qui pailletaient sa petite imagination machinée comme un théâtre de féerie. De sa place la reine le soutenait, l'encourageait, le soulevait sur son âme à elle. Au départ des hirondelles, si la plus petite du nid ne vole pas encore, la mère lui donne ainsi l'essor sur ses propres ailes. Quand l'enfant hésitait à répondre, le regard de Frédérique, doré dans ses yeux d'aigue marine, se fonçait comme le flot sous le grain qui passe; mais lorsqu'il avait dit juste, quel sourire de triomphe elle tournait vers le maître! Depuis bien des mois elle n'avait éprouvé une pareille plénitude de bien-être, de joie. Le teint de cire du petit Zara, sa physionomie affaissée d'enfant débile semblaient infusés d'un sang nouveau; jusqu'au paysage dont les plans tristes s'écartaient à la magie de cette parole, ne laissant plus voir que ce qu'avait d'imposant et de grandiose ce dénuement vaste de l'hiver. Et pendant que la reine restait attentive, le coude appuyé, le buste en avant, penchée tout entière vers cet avenir où l'enfant-roi lui apparaissait dans le triomphe du retour à Leybach, Élisée frissonnant, émerveillé d'une transfiguration dont il ne savait pas être la cause, voyait sur ce beau front au ton d'agate se tordre et s'enrouler en diadème royal les reflets croisés des nattes lourdes.

Midi sonnait partout que la leçon durait encore. Dans le salon principal où la petite cour se réunissait chaque matin à l'heure du déjeuner, on commençait à chuchoter, à s'étonner de ne voir paraître ni le roi ni la reine. L'appétit et le vide de cet instant où le repas se fait attendre mêlaient une certaine mauvaise humeur à ces entretiens à voix basse. Boscovich, pâle de froid et de faim, et qui venait de battre les taillis pendant deux heures pour trouver quelque fleurette d'arrière-saison, se dégelait les doigts, debout devant la haute cheminée de marbre blanc en forme d'autel, sur laquelle le Père Alphée disait parfois, le dimanche, une messe particulière. La marquise, majestueuse et raide au bord d'un divan, dans sa robe de velours vert, hochait la tête d'un air tragique sur son long cou maigre entortillé d'un boa, tout en faisant ses confidences à la princesse Colette. La pauvre femme était désespérée qu'on lui eût repris son élève pour le confier à une espèce... une véritable espèce... elle l'avait vu le matin traverser la cour.

— Ma mie, il vous aurait fait peur... des cheveux longs comme ça, l'air d'un fou... Il faut le Père Alphée pour de pareilles trouvailles.

— On le dit très savant... fit la princesse, distraite, envolée...

L'autre bondit là-dessus... Très savant... très savant!... Est-ce qu'un fils de roi avait besoin d'être bourré de grec et de latin comme un dictionnaire?... « Non, non, voyez-vous, ma petite, ces éducations-là exigent des connaissances spéciales... moi je les avais. J'étais prête. J'ai travaillé le traité de l'abbé Diguet sur *l'Institution d'un prince*. Je sais par cœur les différents moyens qu'il indique pour connaître les hommes, ceux pour écarter les flatteurs. Les premiers sont au nombre de six, on en compte sept des seconds. Les voici dans l'ordre... »

Et elle se mit à les réciter à la princesse qui ne l'écoutait pas, tout énervée, maussade, assise sur un pouf de coussins que dépassait d'une longueur de traîne sa robe d'un bleu très pâle, à la mode de cette année-là; et regardant la porte qui conduisait aux appartements du roi, des brins d'aimant au bout des cils, avec la mine fâchée d'une jolie femme qui a composé sa toilette pour quelqu'un qui n'arrive pas. Raide dans son habit croisé, le vieux duc de Rosen se promenait de long en large d'un pas automatique, régulier comme un balancier d'horloge, s'arrêtait à l'une ou l'autre des fenêtres donnant sur le jardin ou la cour, et là, le regard levé sous les plis du front, semblait l'officier de quart chargé de la marche et de la responsabilité du bord. Et vraiment l'aspect du navire lui faisait honneur. La brique rouge des communs, le pavillon de l'intendance luisaient, lavés par la pluie qui bondissait sur la netteté des perrons et d'un sable fin caillouté. Dans le jour sombre, une clarté venait positivement de l'ordre des choses et se reflétait jusque dans le grand salon, égayé par la chaleur répandue des tapis et des calorifères, le mobilier Louis XVI blanc et or, aux classiques ornements reproduits sur les boiseries des panneaux et des glaces, celles-ci très grandes, un petit cartel doré retenu sur l'une d'elles, par des attaches enrubannées. A l'un des angles de la vaste pièce, une encoignure du même temps soutenait dans une boîte transparente le diadème sauvé du naufrage. Frédérique avait voulu qu'il fût là : « pour qu'on se souvienne ! » disait-elle. Et malgré les railleries de Christian, qui trouvait cela rococo, musée des souverains en diable, le splendide joyau du moyen âge aux pierreries étincelantes dans le vieil or gaufré et repercé, jetait une note d'antique chevalerie au milieu de la coquetterie du dix-huitième siècle et du goût multiple du nôtre.

Le roulement sur le sable d'une voiture familière annonça l'arrivée de l'aide de camp. Enfin, c'était toujours quelqu'un.

— Comme vous venez tard aux ordres, Herbert, fit le duc avec gravité.

Le prince, quoique grand garçon, toujours tremblant devant son père, rougit, bégaya quelques excuses... Désolé... pas sa faute... service toute la nuit.

— C'est donc pour cela que le roi n'est pas encore descendu ? dit la princesse approchant son petit nez fin du dialogue des deux hommes.

Un regard sévère du duc lui ferma la bouche. La conduite du roi ne regardait personne.

— Montez vite, monsieur, Sa Majesté doit vous attendre.

Herbert obéit après avoir essayé d'obtenir

un sourire de sa bien aimée Colette, dont la mauvaise humeur, loin d'être calmée par sa venue, alla bouder sur le divan, les jolies boucles en déroute, et la robe bleue froissée par les crispations d'une main d'enfant. Il s'était fait pourtant bel homme, le prince Herbert, depuis quelques mois. Sa femme avait exigé qu'en sa qualité d'aide de camp il laissât pousser ses moustaches, ce qui donnait une expression formidablement martiale à sa bonne face amaigrie et pâlie par les veilles, les fatigues de son service auprès du roi... En outre, il boitait encore un peu, marchait appuyé sur sa canne comme un véritable héros de ce siège de Raguse dont il venait d'écrire le mémorial, mémorial déjà fameux avant de paraître, et qui, lu par l'auteur un soir chez la reine de Palerme, lui avait valu, avec une brillante ovation mondaine, la promesse formelle d'un prix à l'Académie. Pensez quelle situation, quelle autorité tout cela donnait au mari de Colette! Mais il n'en gardait pas moins son air bon enfant, dadais, timide, surtout devant la princesse, qui continuait à le traiter avec le plus gracieux mépris. Ce qui prouve bien qu'il n'est pas de grand homme pour sa femme.

— Eh bien! qu'y a-t-il encore? fit-elle d'un petit ton impertinent en le voyant reparaître, la figure stupéfaite et bouleversée.

— Le roi n'est pas rentré!

Ces quelques mots d'Herbert produisirent l'effet d'une décharge électrique dans le salon. Colette, très pâle, les larmes aux yeux, retrouva la première la parole :

— Est-ce possible ?

Et le duc, d'une voix brève :

— Pas rentré !... Comment ne m'a-t-on pas averti ?

Le boa de madame de Silvis se dressait, se tordait convulsivement.

— Pourvu qu'il ne lui soit rien arrivé !... dit la princesse dans un état d'exaltation extraordinaire.

Mais Herbert la tranquillisa. Lebeau, le valet de chambre, était parti depuis une heure avec la valise. Bien sûr il devait avoir des nouvelles.

Dans le silence qui suivit, planait pour tous la même pensée inquiétante que le duc de Rosen résuma subitement :

— Que va dire la reine ?

Et Boscovich, tout tremblant :

— Sa Majesté l'avait peut-être prévenue...

— Je suis sûre que non, affirma Colette... car la reine disait tout à l'heure qu'au déjeuner elle présenterait au roi le nouveau précepteur.

Et, frémissante, elle ajouta entre ses dents, assez haut pour être entendue :

— A sa place, je sais bien ce que je ferais.

Le duc, indigné, se tourna — les yeux flambants — vers cette petite bourgeoise qu'il ne pouvait pas parvenir à décrasser, et probablement allait lui donner une verte leçon de respect monarchique, quand la reine parut, suivie d'Élisée, qui conduisait son royal élève par la main. Tous se levèrent. Frédérique, avec un beau sourire de femme heureuse qu'on ne lui avait pas vu depuis longtemps, présenta M. Méraut... Oh! le salut de la marquise, railleur et haut perché, voilà huit jours qu'elle le répétait. La princesse, elle, ne trouva même pas la force d'un geste... De pâle, elle devenait pourpre, en reconnaissant dans le nouveau maître l'étrange grand garçon à côté de qui elle avait déjeuné chez son oncle et qui avait écrit le livre d'Herbert. Était-il là par l'effet du hasard ou de quelque machination diabolique? Quelle honte pour son mari, quel ridicule nouveau si l'on apprenait sa supercherie littéraire! Elle se rassura un peu devant le salut froid d'Élisée, qui devait pourtant bien l'avoir reconnue. « C'est un homme d'esprit, » pensa-t-elle. Malheureusement, tout fut compromis par la naïveté d'Herbert, sa stupéfaction à l'entrée du précepteur, et la poignée de main qu'il lui donna familièrement avec un : « Bonjour, comment ça va! »

— Vous connaissez donc monsieur? lui demanda la reine, qui savait par son chapelain l'histoire du *Memorial* et souriait non sans quelque malice.

Mais elle était bien trop bonne pour s'amuser longtemps d'un jeu cruel.

— Décidément, le roi nous oublie, dit-elle... montez donc le prévenir, monsieur de Rosen.

Il fallut lui avouer la vérité, que le roi n'était pas à l'hôtel, qu'il avait passé la nuit dehors, et donner le renseignement de la valise. C'était la première fois que pareille chose arrivait et l'on s'attendait bien à un éclat de cette nature ardente et fière, d'autant que la présence d'un étranger aggravait encore le délit. Non. Elle resta calme. A peine quelques mots à l'aide de camp pour s'informer de la dernière minute où il avait vu Christian.

Vers trois heures du matin... Sa Majesté descendait le boulevard à pied avec monseigneur le prince d'Axel.

— Ah! oui, c'est vrai... j'oubliais... Ils avaient à causer ensemble.

Dans ces intonations tranquilles elle achevait de reprendre sa sérénité. Mais personne ne s'y trompa. Chacun connaissait le prince d'Axel, savait à quel genre de conversation prévue cette Altesse dégradée, ce sinistre viveur était bon.

— Allons, à table, dit Frédérique, ralliant d'un geste souverain tout son petit entourage au calme qu'elle s'efforçait de montrer.

Il lui fallait un bras pour passer dans la salle. Elle hésitait, le roi n'étant pas là. Et tout à coup, se tournant vers le comte de Zara qui suivait de ses grands yeux, de son air entendu d'enfant malade et précoce toute cette scène, elle lui dit avec une tendresse profonde, presque respectueuse, un sourire sérieux qu'il ne lui connaissait pas :

— Venez, sire.

IV

LE ROI FAIT LA FÊTE

Trois heures de nuit à l'église de Saint-Louis-en-l'Ile.

Enveloppé de silence et d'ombre, l'hôtel de Rosen dort de tout le poids de ses vieilles pierres lourdes tassées par le temps, de ses portes massives et cintrées, à l'antique heurtoir ; et derrière les volets clos, les glaces éteintes ne reflètent plus que le sommeil des siècles, un sommeil dont les légères peintures des plafonds semblent les rêves, et le murmure de l'eau voisine la respiration inégale et fuyante. Mais ce qui dort encore le mieux dans tout l'hôtel, c'est le prince Herbert, rentré du cercle depuis à peine un quart d'heure, exténué, rompu, maudissant son existence harassante de viveur malgré lui, qui le prive de ce qu'il aime le plus au monde, les chevaux et sa femme : les chevaux, parce que le roi ne prend aucun plaisir à la vie active, en plein air, de sportman ; sa femme, parce que le roi et la reine vivant très loin l'un de l'autre, ne se voyant qu'aux heures des repas, l'aide de camp et la dame d'honneur les suivent chacun dans cet écart du ménage, séparés comme deux confidents de tragédie. La princesse part à Saint-Mandé, bien avant le réveil de son mari ; la nuit, quand il rentre, elle dort déjà, sa porte fermée à double tour. Et s'il se plaint, Colette lui répond majestueusement, avec un petit sourire au coin de toutes ses fossettes : « Nous devons bien ce sacrifice à nos princes. » Une belle défaite pour l'amoureux Herbert tout seul dans sa grande chambre du premier, quatre mètres de hauteur de plafond sur la tête, des dessus de porte peints par Boucher, de hautes glaces encastrées dans le mur et qui lui renvoient son image en d'interminables perspectives.

Parfois, pourtant, quand il est éreinté comme ce soir, le mari de Colette éprouve un certain bien-être égoïste à s'étendre dans son lit sans explications conjugales, à reprendre ses habitudes douillettes de garçon, la tête enveloppée d'un immense foulard de soie dont il n'oserait jamais s'affubler devant sa Parisienne aux yeux railleurs. A peine au lit, dans l'oreiller brodé, blasonné, une chausse-trappe s'ouvre, où tombe en des profondeurs d'oubli, de repos, l'aide de camp noctambule et fourbu ; mais il en est tiré tout à coup par la sensation douloureuse d'une lumière qui passe et repasse devant ses yeux, d'une petite voix aiguë, en vrille, à son oreille :

— Herbert... Herbert...

— Hein ? quoi ?... qui est là ?

— Mais taisez-vous donc, mon Dieu !... C'est moi, c'est Colette.

C'est Colette, en effet, debout devant le lit, son peignoir de dentelles ouvert au cou, fendu aux manches, les cheveux relevés et tordus, la nuque un nid de frisures blondes, tout cela dans la lueur laiteuse d'une petite lanterne qui fait ressortir le regard agrandi par une expression solennelle et subitement égayé à la vue d'Herbert effaré, stupide avec son foulard déplacé en pointes menaçantes, sa tête aux moustaches hérissées sortant de son vêtement de nuit en robe d'archange, comme la tête d'un matamore bourgeois surpris dans un mauvais rêve. Mais l'hilarité de la princesse ne dure pas. Sérieuse, elle a posé sa veilleuse sur une table, de l'air décidé de la femme qui vient chercher une scène ; et, sans avoir égard à ce qu'il y a encore de vague dans le réveil du prince, elle commence, les bras croisés, ses deux petites mains rejoignant les fossettes de ses coudes.

— Et vous croyez que c'est une vie, ça !... Rentrer tous les jours à des quatre heures du matin !... Est-ce convenable ?... un homme marié !...

— Mais, ma bonne amie (il s'interrompt brusquement pour retirer son foulard de soie qu'il ette à l'aventure), ce n'est pas ma faute... Je ne demanderais pas mieux que de rentrer plus tôt auprès de ma petite Colette, de ma femme chérie que je...

Il essaie, en disant cela, d'attirer un peu à lui ce peignoir neigeux dont la blancheur le tente ; mais il est sèchement repoussé.

— Il s'agit bien de vous, vraiment !... Eh ! sans doute ! On vous connaît, vous, on vous sait un grand innocent incapable de la moindre... Je voudrais bien voir qu'il en fût autrement... Mais c'est le roi, dans sa position !... Songez donc au scandale d'une tenue pareille !... Encore s'il était libre, garçon... Il faut que les garçons s'amusent... quoique ici la hauteur du rang, la dignité de l'exil... (Oh ! la petite Colette dressée sur les hauts talons de ses mules pour parler de la dignité de l'exil !) Mais enfin il est marié. Et je ne comprends pas que la reine... Elle n'a donc rien dans les veines, cette femme-là !

— Colette...

— Oui, oui, je sais... vous êtes comme votre père... Tout ce que fait la reine !... Eh bien ! pour moi, elle est aussi coupable que lui... C'est elle qui l'a amené là par sa froideur, son indifférence...

— La reine n'est pas froide. Elle est fière.

— Allons donc ! est-ce qu'on est fière quand on aime ?... Si elle l'aimait, la première nuit qu'il a passée dehors eût été la dernière. On parle, on menace, on se montre. On n'a pas cette lâcheté du silence devant des fautes qui vous tuent... Aussi, maintenant le roi fait toutes ses nuits au boulevard, au cercle, chez le prince d'Axel, Dieu sait en quelle compagnie !

— Colette... Colette...

Mais arrêtez donc Colette quand elle est partie, la parole facile comme toute bourgeoise élevée dans ce Paris excitant, où les poupées elles-mêmes parlent.

— Cette femme n'aime rien, je vous dis, pas même son fils... Sans cela, est-ce qu'elle l'aurait confié à ce sauvage ?... Ils l'exténuent de travail, le pauvre petit !... Il paraît que la nuit, en dormant, il récite du latin, un tas de choses !... C'est la marquise qui me l'a dit... La reine ne manque pas une leçon... Ils sont à deux sur cet enfant... Pour qu'il règne !... mais ils l'auront tué auparavant... Oh ! tenez, votre Méraut, je le déteste !...

— C'est pourtant un bon garçon... Il aurait pu m'être fort désagréable avec l'histoire de ce livre... Il n'en a pas soufflé mot.

— Vraiment?... Eh bien! je vous assure que quand on vous félicite devant la reine, elle a un singulier sourire en vous regardant. Mais vous êtes si simple, mon pauvre Herbert!

A la mine fâchée de son mari, devenu subitement tout rouge, la bouche gonflée d'une bouderie d'enfant, la princesse craint d'être allée trop loin et de ne pouvoir obtenir ce qu'elle est venue chercher. Mais le moyen de garder rigueur à cette jolie femme assise au bord du lit, la tête a demi tournée d'un mouvement plein de coquetterie, qui fait valoir la taille jeune et libre sous les dentelles, la rondeur lisse du cou, l'œil provocant et malin entre les cils! La bonne physionomie du prince redevient vite aimable, commence même à s'animer d'une façon extraordinaire au frôlement tiède de cette petite main qu'on lui abandonne, à cette fine odeur de femme aimée... Ah! çà! que veut-elle donc savoir, la petite Colette?... Bien peu de chose, un simple renseignement... Le roi a-t-il, oui ou non, des maîtresses?... Est-ce la passion du jeu qui l'entraîne, ou seulement le goût du plaisir, des distractions violentes?... L'aide de camp hésite avant de répondre. Compagnon de tous les champs de bataille, il craint, en racontant ce qu'il sait, de trahir le secret professionnel. Pourtant cette petite main est si câline, si pressante et si curieuse, que l'aide de camp de Christian II ne résiste plus :

— Eh bien! oui, le roi a une maîtresse en ce moment.

Dans sa main, la petite main de Colette devient moite et froide.

— Et quelle est cette maîtresse? demande la jeune femme, la voix brève, haletante.

— Une actrice des Bouffes... Amy Férat.

Colette connaît bien cette Amy Férat; elle la trouve même atrocement laide.

— Oh! dit Herbert en manière d'excuse, Sa Majesté n'en a plus pour longtemps.

Et Colette, avec une satisfaction évidente :

— Vraiment?

Là-dessus Herbert, enchanté de son succès, se hasarde jusqu'à froisser un nœud de satin voltigeant à l'échancrure du peignoir et continue d'un petit ton léger :

— Oui, je crains bien qu'un jour ou l'autre, la pauvre Amy Férat ne reçoive son ouistiti.

— Un ouistiti?... Comment cela?...

— Mais oui, j'ai remarqué, tous ceux qui voient le roi de près savent comme moi que lorsqu'une liaison commence à le fatiguer, il envoie un de ses ouistitis P. P. C... Une façon à lui de faire la grimace à ce qu'il n'aime plus...

— Oh! par exemple, s'écrie la princesse indignée.

— La vérité pure!... Au grand club on ne dit plus lâcher une maîtresse, mais lui envoyer son ouistiti.

Il s'arrête interloqué en voyant la princesse se lever brusquement, prendre sa lanterne et s'éloigner de l'alcôve, toute droite.

— Eh bien! mais... Colette!... Colette!...

Elle se retourne, méprisante, suffoquée :

— Oh! j'en ai assez de vos vilaines histoires. Cela me répugne à la fin.

Et soulevant la tenture, elle laisse l'infortuné roi de la Gomme, stupide, les bras tendus et le cœur enflammé, ignorant le pourquoi de cette visite désheurée et de ce départ en coup de vent. Du pas rapide d'une sortie de scène, la traîne flottante de son peignoir serrée et froissée sur son bras, Colette regagne sa chambre à l'extrémité de l'hôtel. Sur la chaise longue, dans un coussin de broderie orientale, dort la plus jolie petite bête du monde, grise, soyeuse, les poils comme des plumes, une longue queue enveloppante, un grelot d'argent noué autour du cou d'un ruban rose. C'est un délicieux ouistiti que le roi lui a envoyé depuis quelques jours dans une corbeille de paille italienne et dont elle a reçu l'hommage avec reconnaissance. Ah! si elle avait su la signification du cadeau! Furieuse, elle empoigne la bestiole, ce paquet de soie vivante et griffante où brillent, réveillés en sursaut, deux yeux humains, ouvre la fenêtre sur le quai, et d'un geste féroce :

— Tiens... sale bête !

Le petit singe va rouler sur le bas-port ; et ce n'est pas lui seul qui disparaît et meurt dans la nuit, mais encore le rêve, fragile et capricieux comme lui, de la pauvre petite créature qui se jette sur son lit, cache sa tête dans l'oreiller et sanglote.

Leurs amours avaient duré près d'un an, l'éternité pour cet enfant atteint de la papillonne. Il n'avait eu qu'un signe à faire. Éblouie, fascinée, Colette de Rosen était tombée dans ses bras, elle qui jusqu'alors s'était gardée honnête femme non pour l'amour de son mari ou de la vertu, mais parce qu'il y avait dans ce cervelet d'oiseau un souci de la netteté du plumage qui l'avait préservée des chutes salissantes, et puis parce qu'elle était vraiment Française, de cette race de femmes que Molière, bien avant les physiologistes modernes, a déclarées sans tempérament, seulement imaginatives et vaniteuses.

Ce ne fut pas à Christian, mais au roi d'Illyrie, que se donna la petite Sauvadon. Elle se sacrifia à ce diadème idéal qu'à travers des légendes, des lectures banales et romanesques, elle voyait — comme une auréole — au-dessus du type égoïste et passionné de son amant. Elle lui plut, tant qu'il ne vit en elle qu'un joujou tout neuf et finement colorié, un joujou parisien qui devait l'initier à des amusements plus vifs. Mais elle eut le mauvais goût de prendre au sérieux sa situation de « maîtresse du roi. » Toutes ces figures de femmes, à demi historiques, tout ce strass de la couronne plus brillant que les joyaux vrais, scintillaient dans ses rêves ambitieux. Elle ne consentait pas à être la Dubarry, mais la Châteauroux de ce Louis XV à la côte. Et l'Illyrie à reconquérir, les conspirations qu'elle eût menées du bout de son éventail, les coups de main, les débarquements héroïques devinrent le sujet de toutes ses conversations avec le roi. Elle se voyait soulevant le pays, se cachant dans les moissons et les fermes comme une de ces fameuses brigandes de Vendée dont on leur faisait lire les aventures au couvent du Sacré-Cœur. Même elle avait déjà imaginé un costume de page — car le costume jouait toujours le premier rôle dans ses inventions — un joli petit page renaissance qui lui faciliterait les entrevues à toute heure, le perpétuel accompagnement du roi. Christian n'aimait pas beaucoup ces rêveries exaltées; son esprit lui en montrait vite le côté faux et niais. Puis il ne prenait pas une maîtresse pour causer politique, et quand il

tenait sur ses genoux, dans le désordre et
l'abandon de l'amour, sa petite Colette aux
pattes douces, au museau rose, les rapports sur
les récentes résolutions de la Diète de Leybach
ou l'effet du dernier placard royaliste lui jetaient au cœur ce frisson que cause un changement brusque de température, les gelées
d'avril sur la floraison d'un verger.

Dès lors les scrupules lui vinrent et les remords, les remords compliqués et naïfs d'un
Slave et d'un catholique. Son caprice satisfait,
il commençait à sentir l'odieux de cette liaison
si près de la reine, presque sous ses yeux, le
danger de ces rendez-vous furtifs, rapides, dans
des hôtels où leur incognito pouvait être trahi,
et la cruauté qu'il y avait à tromper un être
aussi bon que ce pauvre grand diable d'Herbert, qui parlait de sa femme avec une tendresse toujours inassouvie et ne se doutait pas,
quand le roi venait le rejoindre au cercle, les
yeux brillants, le teint allumé, avec une odeur
de bonne fortune, qu'il sortait des bras de Co
lette. Mais le plus gênant encore, c'était le duc
de Rosen, très méfiant des principes de cette
bru qui n'était pas de sa caste, inquiet pour
son fils auquel il trouvait une tête de « cocu »
— il disait le mot tout à trac, comme un vieux
troupier, — et dans tout ceci se sentant responsable, car son avarice avait fait ce mariage
de roture. Il surveillait Colette, l'emmenait, la

ramenait matin et soir, l'eût suivie toujours si la souple créature n'eût glissé sans cesse à travers ses gros doigts rudes. C'était entre eux une lutte silencieuse. De la fenêtre de l'intendance, le duc, à son bureau, voyait non sans dépit sa jolie bru dans les toilettes délicieuses qu'elle combinait avec son grand couturier, se pelotonner en voiture, toute rose dans la buée des vitres s'il faisait froid, ou sous l'abri de son ombrelle à franges, aux heureux jours.

— Vous sortez?

— Service de la reine! répondait triomphalement derrière son voile la petite Sauvadon, et c'était vrai. Frédérique se mêlait fort peu au bruit de Paris et laissait volontiers toutes ses commissions à sa dame d'honneur, n'ayant jamais compris la vanité de donner chez un fournisseur en vogue son nom et son titre de reine au milieu du personnel prosterné et de la curiosité inquisitrice des femmes présentes. Aussi la popularité mondaine lui manquait. On ne discutait jamais dans un salon sur la nuance de ses cheveux ou de ses yeux, sur la majesté un peu raide de sa taille et sa façon dégagée de porter les modes parisiennes.

Un jour, un matin, le duc avait trouvé Colette à son départ de Saint-Mandé si volontairement sérieuse, avec une exaltation très marquée de son type de grisette, que d'instinct, sans savoir — les vrais chasseurs ont de ces inspirations subites — il s'était mis à la suivre longtemps, bien longtemps, jusqu'à un fameux restaurant du quai d'Orsay. A force d'imagination et d'adresse, la princesse avait pu se dispenser du cérémonieux repas à la table de la reine, et venait déjeuner avec son amant en cabinet particulier. Ils mangeaient devant la fenêtre, toute basse, découpant une vue splendide : la Seine dorée de soleil, les Tuileries derrière en masse de pierre et d'arbres, et tout près les mâts croisés de la frégate-école, dans les verdures en ombre sur ces margelles du quai que les opticiens étoilent de morceaux de verre bleu. Le temps, un temps de rendez-vous, la tiédeur d'un beau jour traversée de piquantes bises. Jamais Colette n'avait ri de si bon cœur; le rire était le triomphe emperlé de sa grâce, et Christian qui l'adorait quand elle voulait bien rester la femme de joie qu'il aimait en elle, savourait le déjeuner fin en compagnie de sa maîtresse. Tout à coup, elle aperçut sur le trottoir en face son beau-père se promenant de long en large d'un pas mesuré, décidé à la plus longue attente; une vraie faction montée à la porte que le vieillard savait la seule issue du restaurant et où il guettait l'entrée des beaux officiers sanglés et droits, venus de la caserne de cavalerie voisine; car, en sa qualité d'ancien général de pandours, il croyait l'arme irrésistible et ne doutait pas que sa bru n'eût quelque intrigue à éperons et à sabretache.

L'anxiété de Colette et du roi fut grande et rappelait l'embarras du savant perché sur ce palmier au pied duquel bâillait un crocodile. Sûrs de la discrétion, de l'incorruptibilité du personnel, eux du moins savaient que le crocodile ne monterait pas. Mais comment sortir de là ? Le roi, passe encore. Il avait le temps de lasser la patience de l'animal. Mais Colette ! la reine allait l'attendre, joindre peut-être ses soupçons à ceux du vieux Rosen. Le maître de l'établissement, que Christian fit monter et mit au fait de la situation, chercha beaucoup, ne trouva rien que de percer le mur de la maison voisine comme en temps de révolution, puis eut l'idée d'un expédient bien plus simple. La princesse prendrait les vêtements d'un mitron, sa robe, ses jupons pliés dans la manne qu'elle emporterait sur sa tête, et se rhabillerait chez la dame de comptoir qui habitait une rue voisine. Colette se récria bien d'abord, en gâte-sauce devant le roi ! Il le fallait pourtant, sous peine des plus grandes catastrophes ; et l'habillement frais repassé d'un gamin de quatorze ans fit de la princesse de Rosen, née Sauvadon, le plus joli, le plus coquet des mitronnets qui courent Paris aux heures gourmandes. Mais comme il y avait loin de cette barrette de toile blanche, de ces escarpins d'enant où son pied dansait, de cette veste dont les poches sonnaient des sous du pourboire, au costume de page héroïque, poignard à manche de nacre et bottes montantes, qu'elle ambitionnait pour suivre son Lara !... Le duc vit passer sans méfiance deux mitrons, leur panier sur la tête, enveloppés d'un bon parfum de pâte chaude qui lui fit sentir cruellement les premières atteintes de la faim — il était à jeun, le pauvre homme ! — En haut, le roi prisonnier, mais débarrassé d'un lourd souci, lisait, buvait son rœderer, regardant de temps en temps par un coin du rideau si le crocodile était toujours là.

Le soir, lorsqu'il rentra à Saint-Mandé, le vieux Rosen fut reçu par le plus ingénu sourire de la princesse. Il comprit qu'il était joué et ne souffla mot de l'aventure. Elle s'ébruita pourtant. Qui sait par quelles fissures de salon ou d'antichambre, par quelle glace abaissée d'un coupé, par quel écho renvoyé du mur sourd aux portes muettes se répand à Paris un bruit scandaleux, jusqu'à ce qu'il arrive au grand jour, c'est-à-dire à la première page d'une feuille mondaine, et de là parle à la foule, entre dans des milliers d'oreilles, devienne la honte publique après avoir été l'anecdote amusante d'un cercle ? Pendant huit jours tout Paris s'égaya de l'histoire du petit mitron. Les noms chuchotés aussi bas qu'il est possible pour de si grands noms ne pénétrèrent pas l'épiderme épais d'Herbert. Mais la reine eut quelque soupçon de l'aventure, car elle qui, depuis une terrible explication qu'ils avaient eue à Leybach, ne faisait jamais de reproches au roi sur sa conduite, le prit à part à quelque temps de là, un jour, comme ils sortaient de table.

— On parle beaucoup, dit-elle gravement, sans le regarder, d'une histoire scandaleuse où se trouve mêlé votre nom... Oh! ne vous défendez pas. Je ne veux rien entendre de plus... seulement, songez à ceci dont vous avez la garde. (Elle lui montrait la couronne aux rayonnements voilés dans sa boîte de cristal!) Tâchez que la honte ni le ridicule ne l'atteignent... Il faut que votre fils puisse la porter.

Connaissait-elle à fond l'aventure, mettait-elle le vrai nom sur cette figure de femme dévoilée à demi par la médisance? Frédérique était si forte, si bien en possession d'elle-même, que personne dans son milieu n'eût su le dire. Mais Christian se tint pour averti, et sa peur des scènes, des histoires, la nécessité pour cette nature faible de trouver autour de soi des sourires répondant au perpétuel sourire de son insouciance, le déterminèrent à tirer de la cage aux ouistitis le plus joli, le plus câlin de tous pour l'offrir à la princesse Colette. Elle écrivit, il ne répondit pas, ne voulut comprendre ni ses soupirs ni ses attitudes dolentes, continua de lui parler avec la politesse légère que les femmes aimaient en lui, et délesté de ce remords qu'il sentait plus lourd à mesure que sa fantaisie diminuait, n'ayant plus à ses trousses cette affection autrement tyrannique que celle de sa femme, il se lança bride abattue dans le plaisir, ne songeant plus, pour parler l'affreux langage flottant et flasque des gandins, ne songeant plus qu'à « faire la fête. » C'était le mot à la mode cette année-là dans les clubs. Il y en a sans doute un autre maintenant. Les mots changent ; mais ce qui reste immuable et monotone, ce sont les restaurants fameux où la chose se passe, les salons d'or et de fleurs où les filles haut cotées s'invitent et se reçoivent, c'est l'énervante banalité du plaisir se dégradant jusqu'à l'orgie sans pouvoir se renouveler ; ce qui ne change pas c'est la classique bêtise de cet amas de gandins et de catins, le cliché de leur argot et de leur rire, sans qu'une fantaisie se glisse dans ce monde aussi bourgeois, aussi convenu que l'autre, sous ses apparences de folie ; c'est le désordre réglé, la fantaisie en programme sur l'ennui bâillant et courbaturé.

Le roi, lui, du moins, faisait la fête avec la fougue d'un gamin de vingt ans. Il y portait cette fringale d'escampette qui l'avait entraîné

à Mabille dès le premier soir de l'arrivée, y
satisfaisait ses désirs aiguisés longtemps à distance par la lecture de certains journaux parisiens donnant chaque jour le menu appétissant
de la vie galante, par des pièces, des romans
qui la racontent, l'idéalisent pour la province
et l'étranger. Sa liaison avec madame de Rosen
l'arrêtait quelque temps sur cette pente du
plaisir facile qui ressemble aux petits escaliers
des restaurants de nuit, inondés de lumière,
bien tapissés en haut, descendus marche à
marche par l'ivresse commençante, rendus
plus rapides au bas dans l'air vif des portes
ouvertes, et qui mènent droit au ruisseau, à
l'heure vague des boueux et des crocheteurs.
Christian s'abandonnait maintenant à cette
descente, à cette chute, et ce qui l'encourageait, le grisait plus que les vins de dessert,
c'était la petite cour, le clan dont il s'entourait,
gentilshommes décavés, à l'affût de dupes
royales, journalistes viveurs dont le reportage
payé l'amusait, et qui, fiers de cette intimité avec
l'illustre exilé, le conduisaient dans les coulisses de théâtre où les femmes n'avaient d'yeux
que pour lui, émues et provocantes, le fard en
rougissante confusion sur leurs joues émaillées. Vite au courant de la langue boulevardière, avec ses tics, son exagération, ses veuleries, il disait comme un parfait gommeux :
« Chic, très chic... C'est infect... on se tord... »

mais il le disait moins vulgairement, grâce à son accent étranger qui relevait l'argot, lui donnait une pointe bohémienne. Il y avait un mot qu'il affectionnait : « rigolo. » Il s'en servait à propos de tout, pour apprécier toute chose. Pièces de théâtre, romans, événements publics ou particuliers, c'était ou ce n'était pas *rigolo*. Cela dispensait Monseigneur de tout raisonnement. A la fin d'un souper, Amy Férat ivre et que ce mot agaçait, lui cria une nuit :

« Hé ! dis donc, Rigolo ! »

Cette familiarité lui plut. Au moins celle-là ne le traitait pas en roi. Il en fit sa maîtresse, et bien après que sa liaison avec l'actrice en vogue eut fini, le surnom lui resta comme celui de « Queue-de-Poule » donné au prince d'Axel sans qu'on ait jamais su pourquoi.

Rigolo et Queue-de-Poule faisaient une paire d'amis, ne se quittaient pas, chassaient tous les gibiers ensemble, unissaient jusque dans les boudoirs leurs destinées à peu près semblables, la disgrâce du prince héritier constituant un véritable exil. Il le passait de son mieux, et depuis dix ans « faisait la fête » dans tous les cabarets du boulevard avec un entrain de croque-mort. Le roi d'Illyrie avait son appartement dans l'hôtel d'Axel aux Champs-Élysées. Il y coucha quelquefois d'abord, bientôt aussi souvent qu'à Saint-Mandé. Ces absences expliquées,

motivées en apparence, laissaient la reine
parfaitement calme, mais jetaient la princesse
dans un noir chagrin. Sans doute il restait à
son orgueil froissé l'espoir de ressaisir ce cœur
mobile. Elle y employait mille coquettes inventions, parures et coiffures nouvelles, combinaisons de coupe et de nuances s'accordant avec
les chatoiements de sa beauté. Et quel désap-
pointement, quand le soir venu, sept heures
sonnées, le roi ne paraissait pas et que Frédérique, imperturbablement sereine, après avoir
dit : « Sa Majesté ne dîne pas, » faisait mettre
à la place d'honneur la chaise haute du petit
Zara ! La nerveuse Colette obligée de se taire,
de renfoncer son dépit, aurait désiré un éclat
de la reine qui les eût toutes deux vengées ;
mais Frédérique, à peine plus pâle, gardait son
calme souverain, même quand la princesse,
avec une cruelle adresse féminine, des insinuations glissées entre cuir et chair, essayait
de lui faire quelques révélations sur les clubs
de Paris, la grossièreté des conversations entre
hommes, les amusements encore plus grossiers
où ce désheurement, cette déshabitude du
foyer entretenaient ces messieurs, et les parties
folles, les fortunes croulant en châteaux de cartes sur les tables de jeu, les paris excentriques
consignés dans un livre spécial, curieux à
feuilleter, le livre d'or de l'aberration humaine.
Mais elle avait beau faire, la reine n'était pas

atteinte par ce harcèlement de piqûres, ne comprenait pas, ou ne voulait pas comprendre.

Elle se trahit une seule fois, un matin, dans le bois de Saint-Mandé, pendant la promenade à cheval.

Il faisait un petit froid aigre du mois de mars, qui, rebroussant toute l'eau du lac, la fronçait vers les bords encore rigides et sans fleurs. Quelques bourgeons pointaient sur les taillis dépouillés qui gardaient de rouges baies d'hiver; et les chevaux, enfilant côte à côte un sentier rempli de branches mortes, les faisaient craquer avec un bruit luxueux de cuirs neufs et de gourmettes secouées dans le silence désert du bois. Les deux femmes, aussi bonnes écuyères l'une que l'autre, avançaient doucement, absorbées par ce calme d'une saison intermédiaire où se prépare le renouveau dans le ciel chargé de pluie et la terre noire des dernières neiges. Colette pourtant, comme à chaque fois qu'elle se trouvait seule avec la reine, entama bientôt son sujet favori. Elle n'osait pas attaquer le roi directement, mais elle se rattrapait sur l'entourage, les gentilshommes du Grand-Club qu'elle connaissait tous par Herbert, par la chronique parisienne, et qu'elle habillait de main d'ouvrier, le prince d'Axel avant tous les autres. Vraiment elle ne comprenait pas qu'on fît sa société d'un homme pareil passant sa vie à jouer, à ripailler, ne se plaisant que dans les mauvaises compagnies, le soir assis au boulevard aux côtés d'une espèce, s'attardant à boire comme un cocher avec le premier venu, tutoyant des comédiens de bas étage. Et dire que c'était un prince héritier, cela !... Il prenait donc plaisir à dégrader, à salir la royauté en sa personne.

Elle allait, elle allait, avec un feu, une colère, pendant que la reine, exprès distraite, les yeux perdus, caressait le cou de sa bête dont elle pressait un peu l'allure comme pour échapper aux histoires de sa dame d'honneur. Mais Colette se mit au même pas.

— Du reste, il a de qui tenir, ce prince d'Axel. La conduite de son oncle vaut la sienne. Un roi qui affiche ses maîtresses avec cette mpudence devant sa cour, devant sa femme... On se demande quelle nature d'esclave sacrifiée peut avoir une reine qui supporte de tels outrages.

Cette fois le coup avait porté, Frédérique tressaillante, les yeux voilés, laissa paraître sur ses traits creusés en une seconde une expression tellement douloureuse et vieillie que Colette se sentit remuée en voyant descendre au niveau de la souffrance féminine cette fière souveraine dont elle n'avait jamais pu atteindre le cœur. Mais celle-ci reprit bien vite toute sa fierté :

— Celle dont vous parlez est une reine, dit-elle vivement, et ce serait une grande injustice de la juger comme les autres femmes. Les autres femmes peuvent être heureuses ou malheureuses ouvertement, pleurer toutes leurs larmes et crier si la douleur est trop forte. Mais les reines!... Douleurs d'épouses, douleurs de mères, il leur faut tout cacher, tout dévorer... Est-ce qu'une reine peut s'enfuir quand elle est outragée? Est-ce qu'elle peut plaider en séparation, donner cette joie aux ennemis du trône?... Non, au risque de paraître cruelle, aveugle, indifférente, il faut garder le front toujours droit pour y maintenir sa couronne. Et ce n'est pas l'orgueil, mais le sentiment de notre grandeur qui nous soutient. C'est lui qui nous fait sortir en voiture découverte entre l'enfant et le mari, avec la menace en l'air des coups de feu d'une conspiration, lui qui nous rend moins lourd l'exil et son ciel de boue, lui enfin qui nous donne la force de supporter certains affronts cruels, dont vous devriez être la dernière à me parler, princesse de Rosen.

Elle s'animait à son discours, le précipitait vers la fin, puis cinglait son cheval d'un « hep » vigoureux qui le lançait à travers bois dans le coup de vent, l'étourdissement d'une course folle où claquaient le voile bleu de l'amazone, les plis de sa robe de drap.

Désormais Colette laissa la reine tranquille;

mais comme il fallait à ses nerfs une distraction, un soulagement, elle tourna sa colère, ses joutes taquines contre Élisée, et se mit définitivement du parti de la marquise, car la maison royale était divisée en deux camps. Élisée n'avait guère pour lui que le Père Alphée dont le parler rude, le boutoir toujours prêt étaient d'un fier secours à l'occasion; mais le moine faisait en Illyrie de fréquents voyages, chargé de missions entre la maison mère de la rue des Fourneaux et les couvents franciscains de Zara et de Raguse. Du moins c'était là le prétexte de ses absences accomplies dans le plus grand mystère, et dont il revenait toujours plus ardent, grimpant l'escalier à grands pas furieux, le rosaire roulé dans les doigts, une prière aux dents qu'il mâchonnait comme une balle. Il s'enfermait pendant de longues heures avec la reine, puis, se remettait en route, laissant toute la coterie de la marquise librement liguée contre le précepteur. Depuis le vieux duc, que la tenue négligée, la chevelure en broussaille de Méraut choquaient dans ses habitudes de discipline militaire et mondaine, jusqu'à Lebeau, le valet de chambre, ennemi d'instinct de toute indépendance, jusqu'au plus humble palefrenier ou garçon de cuisine courtisan de M. Lebeau, jusqu'à l'inoffensif Boscovich, qui faisait comme les autres par lâcheté, par respect du nombre, c'était autour du nouveau maître une véritable coalition. Cela se traduisait moins par des actes que par des mots, des regards, des attitudes, dans ces petites escarmouches nerveuses qu'amène la vie commune entre gens qui se détestent. Oh ! les attitudes, la spécialité de madame de Silvis. Dédaigneuse, hautaine, ironique, amère, elle jouait les têtes d'expression en face d'Élisée, s'entendant bien surtout à mimer une sorte de pitié respectueuse, soupirs étouffés, regards blancs jetés au plafond, chaque fois qu'elle se trouvait avec le petit prince : « Vous ne souffrez pas, Monseigneur? » Elle le palpait de ses longs doigts maigres, l'alanguissait de caresses tremblotantes. Alors la reine, d'une voix joyeuse :

— Allons donc, marquise, vous feriez croire à Zara qu'il est malade.

— Je lui trouve les mains, le front un peu chauds.

— Il vient du dehors... C'est l'air vif...

Et elle emmenait l'enfant, un peu troublée par les observations répétées auprès d'elle, la légende de la maison que l'on faisait trop travailler monseigneur, légende que la domesticité parisienne répétait sans y croire, mais prise au sérieux par les serviteurs ramenés d'Illyrie, la grande Petscha, le vieux Greb, qui lançaient à Méraut des regards d'un mauvais noir, le harcelaient de cette antipathie taquine du ser-

vice, si facile à exercer contre les dépendants et
les distraits... Il retrouvait les persécutions,
les petitesses, les jalousies du palais de X...,
le même grouillement d'âmes rampantes autour des trônes, et dont l'exil, la déchéance
ne les débarrassent pas, paraît-il. Sa nature
trop généreuse, trop affectueuse pour ne pas
souffrir de ces antipathies resistantes en éprouvait une gêne comme ses façons simples et
familières, ses habitudes d'artiste bohème se
resserraient, à l'étroit dans le cérémonial forcé
de la maison, dans ces repas éclairés de hauts
candélabres, où les hommes toujours en habit,
les femmes décolletées autour de la table
agrandie par l'écartement des convives, ne
parlaient, ne mangeaient qu'après que le roi et
la reine avaient mangé et parlé, dominés eux-
mêmes par l'étiquette implacable dont le chef
de la maison civile et militaire surveillait l'ob-
servance avec d'autant plus de rigueur que
l'exil durait plus longtemps. Il arrivait pourtant que le vieil étudiant de la rue Monsieur-
le-Prince s'asseyait à table en cravate de couleur, parlait sans permission, se lançait à franc
étrier dans une de ces improvisations éloquentes
dont les murs du café Voltaire sonnaient encore.
Alors les regards foudroyants qu'il s'attirait,
l'importance que prenait la moindre infraction
aux règlements de la petite cour lui causaient
une envie grande de tout laisser et de rentrer

bien vite au Quartier, comme il avait déjà fait une fois.

Seulement la reine était là.

A vivre toujours dans l'intimité de Frédérique, l'enfant au milieu d'eux, il s'était pris pour elle d'un dévouement fanatique fait de respect, d'admiration, de foi superstitieuse. Elle résumait, symbolisait à ses yeux toute la croyance et l'idéal monarchiques comme pour un paysan du Transtévère la Madone est toute la religion. C'est pour la reine qu'il restait, qu'il trouvait le courage de mener au bout sa rude tâche. Oh! oui, bien rude, bien patiente. Que de mal pour faire entrer la moindre chose dans cette petite tête d'enfant de roi! Il était charmant, ce pauvre Zara, doux et bon. La volonté ne lui manquait pas. On devinait en lui l'âme sérieuse et droite de sa mère avec je ne sais quoi de léger, d'envolé, de plus jeune que son âge. L'esprit était visiblement en retard dans ce petit corps vieilli, rabougri, que le jeu ne tentait pas, sur qui pesait une rêverie allant parfois jusqu'à la torpeur. Bercé pendant ses premières années — qui n'avaient été pour lui qu'une longue convalescence — des sornettes fantastiques de son institutrice, la vie qu'il commençait à entrevoir le frappait seulement par des analogies avec ses contes où les fées, les bons génies se mêlaient aux rois et aux reines, les sortaient des tours maudites et des oubliettes, les délivraient des persécutions et des pièges d'un coup de leur baguette dorée, écartant les murs de glace, les remparts d'épines, les dragons qui jettent du feu et les vieilles qui vous changent en bêtes. A la leçon, au milieu d'une explication difficile qu'on lui donnait : « C'est comme dans l'histoire du petit tailleur, » disait-il ; ou s'il lisait le récit d'une grande bataille : « Le géant Robistor en a bien plus tué. » C'est ce sentiment du surnaturel, si fort développé chez lui, qui lui donnait son expression distraite, l'aurait fait rester des heures entières immobile dans les coussins d'un canapé, gardant au fond de ses yeux la fantasmagorie changeante et flottante, l'éblouissement de fausse lumière d'un enfant qui sort de *Rothomago* avec la fable de la pièce déroulée dans son souvenir en merveilleux tableaux prismatiques. Et cela rendait difficiles le raisonnement, l'étude sérieuse qu'on voulait de lui.

La reine assistait à toutes les leçons, toujours aux doigts cette broderie qui n'avançait pas, et dans son beau regard cette attention si précieuse au maître, qui la sentait vibrante à toutes ses idées, même à celles qu'il n'exprimait pas. C'est par là surtout qu'ils se tenaient, par les rêves, les chimères, ce qui flotte au-dessus des convictions et les répand. Elle l'avait pris pour conseil, pour confident, affectant de ne lui parler qu'au nom du roi :

— Monsieur Méraut, Sa Majesté désirerait avoir votre sentiment sur ceci.

Et l'étonnement d'Élisée était grand de n'entendre jamais le roi l'entretenir lui-même de ces questions qui l'intéressaient si fort. Christian II le traitait avec certains égards, lui parlait sur un ton de camaraderie familière, excellent, mais bien futile. Quelquefois, traversant le cabinet d'étude, il s'arrêtait une minute pour écouter la leçon, puis la main posée sur l'épaule du dauphin :

— Ne le poussez pas trop, disait-il à mi-voix comme un écho du bruit subalterne de la maison... Vous ne voulez pas en faire un savant...

— Je veux en faire un roi, répondait Frédérique avec fierté.

Et sur un geste découragé de son mari :

— Ne doit-il pas régner un jour?

Alors lui :

— Mais si... mais si...

Et après un salut profond, la porte refermée pour couper court à toute discussion, on l'entendait fredonner sur l'air d'une opérette en vogue : « *Il règnera... il règnera... car il est Espagnol.* » En somme, Élisée ne savait trop à quoi s'en tenir sur le compte de ce prince accueillant, superficiel, parfumé, coquet, plein de caprices, vautré parfois sur les divans avec des fatigues énervées, et qu'il croyait être le héros de Raguse, le roi d'énergique volonté et de bravoure que racontait le *Mémorial.* Pourtant, malgré l'adresse de Frédérique à masquer le vide de ce front couronné, et quoiqu'elle se dérobât derrière lui continuellement, quelque circonstance imprévue se présentait toujours où leurs vraies natures apparaissaient.

Un matin après déjeuner, comme on venait de passer au salon, Frédérique ouvrant les journaux, le courrier d'Illyrie qu'elle était toujours la première à lire, eut une exclamation si forte et si douloureuse que le roi près de sortir s'arrêta, tout le monde groupé en une minute autour de la reine. Celle-ci passa le journal à Boscovich :

— Lisez.

C'était le compte-rendu d'une séance de la Diète de Leybach et la résolution qui venait d'y être prise de rendre aux souverains exilés tous les biens de la couronne, plus de deux cents millions, à la condition expresse...

— Bravo !... fit la voix nasillarde de Christian... Mais ça me va, moi, ça.

— Continuez, dit la reine sévèrement.

... A la condition expresse que Christian II renoncerait pour lui et ses descendants à tous ses droits au trône d'Illyrie.

Ce fut dans le salon une explosion indignée. Le vieux Rosen suffoquait, les joues du Père

Alphée étaient d'une blancheur de linge qui rendait sa barbe et ses yeux plus noirs.

— Il faut répondre... ne pas rester sous ce coup, dit la reine, et son indignation cherchait Méraut qui depuis un moment prenait des notes d'un crayon fiévreux sur un coin de table.

— Voici ce que j'écrirais... dit-il en s'avançant, et il lut sous forme de lettre à un député royaliste, une fière proclamation au peuple illyrien, dans laquelle, après avoir repoussé l'outrageante proposition qui lui était faite, le roi rassurait, encourageait ses amis avec l'accent ému d'un chef de famille éloigné de ses enfants.

La reine enthousiasmée battit des mains, saisit le papier, le tendit à Boscovich :

— Vite, vite, traduire et faire partir... N'est-ce pas votre avis? ajouta-t-elle en se souvenant que Christian était là et qu'on les regardait.

— Sans doute... sans doute... dit le roi très perplexe, mangeant ses ongles avec fureur... Tout cela est fort beau... seulement voilà... savoir si nous pourrons tenir.

Elle se retourna, brusque et très pâle, comme frappée d'un grand coup entre les deux épaules.

— Tenir!... Si nous pourrons tenir... Est-ce le roi qui parle?

Lui, très calme :

— Quand Raguse a manqué de pain, avec

la meilleure volonté du monde il a bien fallu nous rendre.

— Eh bien ! cette fois, si le pain manque, nous prendrons la besace et nous irons aux portes *... mais la royauté ne se rendra pas.

Quelle scène dans cet étroit salon de la banlieue de Paris, ce débat entre deux princes déchus, l'un qu'on sentait fatigué de la lutte, les jambes coupées par son défaut de croyance, l'autre exaltée d'ardeur et de foi; et comme, rien qu'à les voir, leurs deux natures se révélaient bien ! Le roi souple, fin, le cou nu, les vêtements flottants, toute sa mollesse visible à l'efféminement des mains tombantes et pâles, aux frisures légèrement humectées de son front blanc; elle, svelte et superbe en amazone à grands revers, un petit col droit, des manchettes simples bordant seulement le deuil de son costume où éclataient le sang vif, l'éclair des yeux, les torsades dorées. Élisée pour la première fois eut la vision rapide et nette de ce qui se passait dans ce ménage royal.

Tout à coup Christian II se tournant vers le duc debout contre la cheminée, la tête basse :

— Rosen !...
— Sire ?...
— C'est toi seul qui peux nous dire cela...

---

* Aller aux portes, mendier. Expression de là-bas.

A. D.

Où en sommes-nous?... Pouvons-nous durer encore?

Le chef de la maison eut un geste hautain :

— Certes !

— Combien de temps?... Sais-tu?... à peu près...

— Cinq ans; j'ai fait le compte.

— Sans privations pour personne?... sans qu'aucun de ceux que nous aimons pâtisse ou soit lésé?....

— Justement comme cela, sire.

— Tu en es sûr?

— Sûr, affirma le vieux, en redressant sa taille immense.

— Alors, c'est bien... Méraut, donnez-moi votre lettre... que je la signe avant de sortir. Puis à demi-voix, en lui prenant la plume des mains :

— Regardez donc Mme de Silvis... si on ne dirait pas qu'elle va chanter *Sombre forêt!*

La marquise en effet rentrant du jardin avec le petit prince respirait au salon une atmosphère de drame, et parée de sa toque à plume verte, d'un spencer de velours, la main sur le cœur, avait bien la pose en arrêt, saisie et romantique, d'une cavatine d'opéra.

Lue en plein Parlement, publiée par tous les journaux, la protestation fut encore, sur le conseil d'Élisée, autographiée et envoyée dans les campagnes par milliers d'exemplaires que le Père Alphée emportait en ballots, passait aux douanes sous l'étiquette *objets de piété*, avec des chapelets d'olives et des roses de Jéricho. L'opinion royaliste en reçut un coup d'éperon. La Dalmatie surtout, où l'idée républicaine n'avait que fort peu pénétré, s'émut d'entendre l'éloquente parole de son roi, débitée en chaire dans bien des villages, distribuée par les moines quêteurs de Saint-François entr'ouvrant leur besace à la porte des fermes et payant les œufs et le beurre d'un petit paquet imprimé. Bientôt des adresses se couvraient de signatures et de ces croix si touchantes dans leur bon vouloir ignorant, des pèlerinages s'organisaient.

C'était dans la petite maison de Saint-Mandé des arrivages de pêcheurs, de portefaix de Raguse, un manteau noir sur leur riche costume musulman, des paysans morlaques aux trois quarts barbares, tous chaussés de l'*opanké* en peau de mouton, noué sur le pied avec des lanières de paille. Ils descendaient par bandes du tramway sur lequel les bouts des dalmatiques écarlates, des écharpes à franges, des gilets à boutons de métal détonnaient bruyamment dans la grise uniformité du vêtement parisien, traversaient la cour d'un pas ferme, puis au vestibule s'arrêtaient, se concertaient à voix basse, émus, intimidés. Méraut, qui assistait à toutes ces présentations, se sentait remué jusqu'au fond des entrailles ; la légende de son enfance revivait dans ces enthousiasmes venus de si loin, et le voyage à Frohsdorf des bourgadiers de l'enclos de Rey, les privations, les préparatifs du départ, les déconvenues inavouées du retour lui revenaient à la mémoire, tandis qu'il souffrait de l'attitude indifférente, obsédée de Christian, et de ses soupirs de soulagement à la fin de chaque entrevue. Au fond, le roi était furieux de ces visites qui dérangeaient ses plaisirs, ses habitudes, le condamnaient aux après-midi si longues de Saint-Mandé. A cause de la reine, il accueillait pourtant de quelques phrases banales les protestations suffoquées de larmes de tout ce pauvre peuple, puis se vengeait de son ennui par une drôlerie quelconque, une charge crayonnée sur un bout de table avec l'esprit de raillerie méchante marqué à l'angle de ses lèvres. Il avait ainsi caricaturé un jour le syndic des pêcheurs de Branizza, large face italienne aux joues tombantes, aux yeux arrondis, hébétée par le tremblement et la joie de l'entrevue royale, des larmes roulant jusqu'au menton. Le chef-d'œuvre circulait à table le lendemain parmi les rires, les exclamations des convives. Le duc lui-même, dans son mépris du populaire, venait de froncer son vieux bec en signe d'énorme hilarité, et le dessin arrivait à Élisée en passant par la bruyante flatterie de Boscovich. Il le regardait longuement, le rendait sans rien dire à son voisin, et comme le roi du bout de la table l'interpellait de son impertinente voix de nez :

— Vous ne riez pas, Méraut... il est pourtant gentil mon syndic.

— Non, Monseigneur, je ne peux pas rire, répondit Méraut tristement... C'est le portrait de mon père.

A quelque temps de là, Élisée se trouva le témoin involontaire d'une scène qui acheva d'éclairer pour lui le caractère de Christian et ses rapports avec la reine. C'était un dimanche, après la messe. Le petit hôtel, avec une apparence de fête inusitée, ouvrait à deux battants sa grille de la rue Herbillon, toute la livrée sur pied et rangée en ligne dans l'antichambre du perron verdoyante comme une serre. La réception de ce jour-là était de la plus grande importance. On attendait une députation royaliste des membres de la Diète, l'élite et la fleur du parti, venant faire au roi hommage de fidélité, de dévouement, et se consulter avec lui sur les mesures à prendre pour une prochaine restauration. Un véritable événement, espéré, annoncé, et dont la solennité s'égayait d'un magnifique soleil d'hiver dorant et tiédissant la solitude vaste du salon de réception, le haut fauteuil du roi préparé comme un trône, éveillant dans l'ombre en étincelles jaillissantes les rubis, les saphirs, les topazes de la couronne.

Pendant que la maison s'agitait d'un va-et-vient continuel, du frou-frou traînant des robes de soie par les étages; tandis que le petit prince, tout en se laissant mettre ses longs bas rouges, son costume de velours, son col en guipure de Venise, répétait le speech qu'on lui faisait apprendre depuis huit jours; que Rosen en grande tenue, chamarré de plaques, se redressait plus droit que jamais pour introduire les députés, Élisée, volontairement à l'abri de tout ce train, seul dans la galerie d'étude, songeait aux conséquences de l'entrevue prochaine, et dans un mirage fréquent à son cerveau méridional, préparait déjà la triomphante rentrée de ses princes à Leybach, parmi les salves, les carillons, les rues en joie jonchées de fleurs, le roi et la reine tenant devant eux comme une promesse au peuple, un avenir qui les anoblissait encore, les mettait au rang d'ancêtres jeunes, son élève bien aimé, le petit Zara, intelligent et grave, de cette gravité des enfants qui traversent une émotion trop grande pour eux. Et l'éclat de ce beau dimanche, la gaieté des cloches vibrant à cette heure dans le plein soleil de midi, se doublaient pour lui de l'espoir d'une fête où l'orgueil maternel de Frédérique égarerait peut-être jusqu'à lui par-dessus la tête de l'enfant un fier sourire satisfait.

Cependant sur le sable, dans la cour d'honneur où sonnaient les timbres retentissants de l'arrivée, on entendait le roulement sourd des carrosses de gala qui étaient allés chercher les députés à leur hôtel. Les portières claquaient, des pas s'amortissaient sur les tapis du vestibule et du salon dans un murmure de paroles respectueuses. Puis un long silence se fit, dont Méraut s'étonna, car il attendait le discours du roi, l'effort de sa voix nasillarde. Que se passait-il donc, quelle hésitation dans l'ordre prévu de la cérémonie?...

A ce moment, rasant les murs, les espaliers noircis du jardin frileux et clair, celui qu'il croyait dans la pièce voisine à présider la réception officielle lui apparut, marchant d'un pas raide et gêné. Il avait dû rentrer par la porte dérobée cachée dans les lierres de l'avenue Daumesnil et s'avançait lentement, péniblement. Élisée pensa d'abord à un duel, à quelque accident, et peu après le bruit d'une chute à l'étage supérieur, d'une chute qu'on aurait dit retenue aux meubles, aux tentures de la chambre, tellement elle fut longue et lourde, accompagnée d'un fracas d'objets à terre, le confirma dans son idée. Il monta vite chez le roi. La chambre de Christian, en demi-cercle dans l'aile principale du château, était chaude et capitonnée comme un nid, tendue de pourpre, ornée aux murs de trophées d'armes anciennes, avec des divans, des meubles bas, des peaux d'ours et de lions, et parmi ce luxe douillet, presque oriental, renfermait l'originalité d'un petit lit de camp sur lequel couchait le roi par une tradition de famille et cette pose à la simplicité spartiate qu'affectent volontiers les millionnaires et les souverains.

La porte était ouverte.

En face de Christian debout, accoté au mur, le chapeau en arrière sur sa tête décomposée et pâle, sa longue fourrure entr'ouverte et laissant voir l'habit remonté, la cravate blanche dénouée, le large plastron de toile en cassures raides et souillées, toute cette friperie du linge qui marque la fatigue de la nuit passée et le désordre de l'ivresse, la reine se tenait droite, sévère, la voix grondante et sourde, toute tremblante du violent effort qu'elle faisait pour se contenir :

— Il le faut... il le faut... venez.

Mais lui très bas, l'air honteux :

— Je peux pas... Vous voyez bien que je peux pas... Plus tard... vous promets.

Puis il bégayait des excuses, d'un rire bête, d'une voix d'enfant... Ce n'était pas ce qu'il avait bu. Oh! non... mais l'air, le froid en sortant du souper.

— Oui, oui... Je sais... C'est égal !... Il faut descendre... Qu'ils vous voient, qu'ils vous voient seulement !... Je leur parlerai, moi... Je sais ce qu'il faut dire.

Et comme il restait toujours immobile, muet maintenant d'un sommeil qui commençait sur sa face horriblement détendue, la colère de Frédérique s'exaspéra.

— Mais comprenez donc qu'il y va de notre destinée... Christian, c'est ta couronne, la couronne de ton fils que tu joues en ce moment.. voyons, viens... je t'en prie, je veux.

Elle était superbe alors d'une volonté forte dont les effluves dans ses yeux d'aigue marine magnétisaient visiblement le roi. Elle le prenait avec son regard, essayait de l'affermir, de le redresser, l'aidait à se débarrasser de son chapeau, de sa houppelande, remplis des mauvais souffles de l'ivresse, de la fumée grisante des cigares. Il se raidit un moment sur ses jambes molles, fit quelques pas en chancelant, appuyant ses mains brûlantes sur le marbre des mains de la reine. Mais tout à coup elle sentit qu'il s'effondrait, recula elle-même à ce contact fiévreux, et brusquement le repoussa avec violence, avec dégoût, le laissa choir de tout son long sur un divan ; puis sans un regard pour cette masse chiffonnée, inerte, déjà ronflante, elle quitta la chambre, passa devant Élisée sans le voir, droite, les yeux à demi fermés, murmurant d'une voix de somnambule égarée et douloureuse :

— *Alla fine sono stanca de fare gesti de questo monarcaccio* *...

---

* Je suis lasse à la fin de faire les gestes de ce mauvais roi.....

V

J. TOM LÉVIS, AGENT DES ÉTRANGERS

De tous les antres parisiens, de toutes les cavernes d'Ali-Baba, dont la grande ville est minée et contre-minée, il n'y en a pas de plus particulier, d'une organisation aussi intéressante que l'agence Lévis. Vous la connaissez, tout le monde la connaît, au moins du dehors. C'est dans la rue Royale, à l'angle du Faubourg-Saint-Honoré, en plein sur le passage des voitures qui vont au bois ou qui en reviennent, sans qu'une seule puisse échapper à la réclame raccrocheuse de ce somptueux rez-de-chaussée

sur huit marches, avec ses hautes fenêtres
d'une seule vitre, portant chacune les armes
vermillonnées, azurées et dorées des princi-
pales puissances d'Europe, aigles, licornes,
léopards, toute la ménagerie héraldique. A
trente mètres, dans la largeur entière de cette
rue qui vaut un boulevard, l'agence Lévis
attire les regards les moins curieux. Chacun se
demande : « Qu'est-ce qu'on vend là ? » « Que
n'y vend-on pas ? » serait-il mieux de dire. Sur
chaque vitrine on lit en effet en belles lettres
d'or, ici : « vins, liqueurs, comestibles, pale-ale,
kümmel, raki, caviar, brandade de morue, »
ou bien : « meubles anciens et modernes ; tapisseries, verdures, tapis de Smyrne et d'Ispahan ; »
plus loin : « tableaux de maîtres, marbres et
terres cuites, armes de luxe, médailles, panoplies ; » ailleurs : « change, escompte, mon-
naies étrangères ; » ou encore : « librairie universelle, journaux de tous pays, de toute
langue ; » à côté de : « ventes et locations,
chasses, plages, villégiature, » ou de : « renseignements, discrétion, célérité. »

Ce fourmillement d'inscriptions et d'armoiries brillantes brouille singulièrement la devanture et ne permet pas de bien voir les
objets qui s'y étalent. Vaguement on distingue
des bouteilles de forme et de couleur étranges,
des chaises en bois sculpté, des tableaux, des
fourrures, puis dans des sébiles quelques rou-

leaux défaits de piastres et des liasses de papier-monnaie. Mais les vastes sous-sols de l'agence, ouvrant sur la rue au ras du trottoir par des sortes de hublots grillagés, servent d'assise solide et sérieuse à l'étalement un peu criard de la vaste boutique, procurent l'impression de magasins cossus de la cité de Londres soutenant le chic et le « fla-fla » d'une vitrine du boulevard de la Madeleine. Cela déborde là-dessous de richesses de toutes sortes, barriques alignées, ballots d'étoffes, entassements de caisses, de coffres, de boîtes de conserves, profondeurs pleines à donner le vertige, comme lorsque sur le pont d'un « packet » des messageries, en partance, le regard plonge dans la cale béante du navire qu'on est en train d'arrimer.

Ainsi disposée, solidement tendue en plein remous parisien, la nasse agrippe à la volée une foule de gros et de petits poissons, même du fretin de la Seine, le plus subtil de tous; et si vous passez par là vers trois heures de l'après-midi, vous la trouverez presque toujours remplie.

A la porte vitrée sur la rue Royale, haute, claire, dominée d'un large fronton de bois sculpté, — entrée de magasin de nouveautés ou de modes, — se tient le chasseur de la maison, militairement galonné, tournant le bouton dès qu'il vous voit, tendant un para-

pluie — quand il en est besoin — aux clientes
qui descendent de voiture. Devant vous une
immense salle partagée par des barrières, des
grillages à guichets, en une foule de compar-
timents, de « box » réguliers à droite et à
gauche jusqu'au fond. Le jour éblouissant fait
reluire les paquets cirés, les boiseries, les
redingotes correctes et les frisures au petit
fer des employés, tous élégants, de belle mine,
mais d'accent et d'air étrangers. Il y a là les
teints olivâtres, les crânes pointus, les étroites
épaules asiatiques, des colliers de barbe ame-
ricains sous des yeux bleu-faïence, de rouges
carnations allemandes ; et dans quelque idiome
que l'acheteur fasse sa commande, il est toujours sûr d'être compris, car on parle toutes
les langues à l'agence, excepté la langue russe,
bien inutile du reste, puisque les Russes les
parlent toutes, excepté la leur. La foule va et
vient autour des guichets, attend sur les chaises légères, messieurs et dames en tenue de
voyage, mélange de bonnets d'astrakan, toques
écossaises, longs voiles flottants au-dessus de
waterproof, de cache-poussière, de twines à
carreaux habillant indistinctement les deux
sexes, et des paquets en courroie, des sacs de
cuir en sautoir, un vrai public de salle d'attente, gesticulant, parlant haut avec le sans-
gêne, l'aplomb de gens hors de chez eux, faisant en plusieurs langues le même charivari

confus, bariolé, qu'on entend chez les marchands d'oiseaux du quai de Gèvres. En même temps sautent des bouchons de pale-ale ou de romanée, des piles d'or s'écroulent sur le bois des comptoirs. Ce sont d'interminables sonneries électriques, des coups de sifflet dans les tuyaux de communication, le cartonnage d'un plan de maison qu'on déroule, un dessin d'arpèges essayant un piano, ou les exclamations d'une tribu de Samoïèdes autour d'une énorme photographie au charbon.

Et puis d'un box à l'autre les employés qui se jettent des renseignements, un chiffre, un nom de personne ou de rue, souriants, empressés, pour devenir tout à coup majestueux, glacés, indifférents, la physionomie complètement détachée des affaires de ce globe, lorsqu'un malheureux, éperdu, rejeté déjà de guichet en guichet, se penche pour leur parler tout bas d'une certaine chose mystérieuse qui paraît les combler d'étonnement. Quelquefois, fatigué d'être regardé comme une trombe ou un aérolithe, l'homme s'impatiente, demande à voir J. Tom Lévis lui-même, qui saura certainement ce dont il s'agit. Alors il lui est répondu avec un sourire supérieur que J. Tom Lévis est en affaire... que J. Tom Lévis est avec du monde!... Et pas des petites broutilles d'affaires comme les vôtres, pas du petit monde comme vous, mon brave homme!...

Tenez, regardez là-bas, tout au fond. Une porte vient de s'ouvrir. J. Tom Lévis se montre une seconde, plus majestueux à lui seul que tout son personnel, majestueux par sa bedaine rondelette, majestueux par son crâne raboté et luisant comme le parquet de l'agence, par le renversement de sa petite tête, son regard à quinze pas, le geste despotique de son bras court et la solennité avec laquelle il demande en criant très fort avec son accent insulaire si l'on a fait « l'envoâ de Son Altesse Royale Monseigneur le prince de Galles, » en même temps que de la main restée libre il tient hermétiquement close derrière lui la porte de son cabinet, pour bien donner à entendre que l'auguste personnage enfermé là est de ceux qu'on ne dérange sous aucun prétexte.

Il va sans dire que le prince de Galles n'est jamais venu à l'agence, et qu'on n'a pas le moindre envoi à lui faire ; mais vous pensez l'effet de ce nom sur la foule du magasin et sur le client solitaire à qui Tom vient de dire dans son cabinet : « Pardon... une minute... un petit renseignement à demander. »

De la banque, de la banque ! Il n'y a pas plus de prince de Galles derrière la porte du cabinet qu'il n'y a de raki ou de kümmel dans les bouteilles bizarres de la vitrine, de bière anglaise ou viennoise dans les tonneaux cerclés du sous-sol, pas plus qu'on ne transporte de marchandise dans les voitures armoriées, dorées, vernissées, timbrées J. T. L., qui passent au grand galop, d'autant plus rapides qu'elles sont vides, dans les beaux quartiers de Paris, réclame ambulante et bruyante brûlant le pavé avec cette activité enragée qui distingue hommes et bêtes à l'agence Tom Lévis. Qu'un pauvre diable, grisé par tout cet or, crève d'un coup de poing la vitrine du change et plonge goulûment sa main sanglante dans les sébiles, il la retirera pleine de jetons ; s'il prend cette énorme liasse de banck-notes, c'est un billet de vingt-cinq livres qu'il emportera sur une ramette de papier bull. Rien aux étalages, rien dans le sous-sol, rien, rien, pas ça... Mais pourtant le porto que ces Anglais dégustent ? la monnaie qu'emporte ce boyard contre ses roubles ? le petit bronze empaqueté pour cette Grecque des Iles ?... Oh ! mon Dieu, rien de plus simple. La bière anglaise vient de la taverne à côté ; l'or, de chez un changeur du boulevard ; le bibelot, de la boutique de « Chose » de la rue du Quatre-Septembre. c'est l'affaire d'une course vivement faite par deux ou trois employés qui attendent dans le sous-sol les ordres que leur transmettent les tuyaux acoustiques.

Sortis par la cour de la maison voisine, ils reviennent en quelques minutes, émergent de l'escalier tournant, à rampe ouvragée et pomme de cristal, qui fait communiquer les deux étages. Voilà l'objet demandé, garanti, étiqueté J. T. L. Et ne vous gênez pas, mon prince, si celui-là ne vous plaît pas, on peut vous le changer. Les caves de l'agence sont bien fournies. C'est un peu plus cher que partout ailleurs, le double et le triple seulement ; mais cela ne vaut-il pas mieux que de courir les magasins où l'on ne comprend pas un mot de ce que vous dites, malgré la promesse de l'enseigne « english spoken » ou « man spricht deutch » de ces magasins du boulevard, où l'étranger entouré, circonvenu, ne trouve jamais que les fonds de boîtes, les soldes, les rossignols, ce rebut de Paris, ce déficit du livre de caisse, « l'objet qui n'est plus à la mode, » la devanture de l'an passé ternie plus encore par sa date que par la poussière ou le soleil de l'étalage. Oh ! le boutiquier parisien, obséquieux et gouailleur, dédaigneux et collant, c'est fini, l'étranger n'en veut plus. Il se lasse à la fin d'être aussi férocement exploité, et non seulement par le boutiquier, mais par l'hôtel où il couche, par le restaurant où il mange, le fiacre qu'il hèle dans la rue, le marchand de billets qui l'envoie bâiller dans des théâtres vides. Au moins à la maison Lévis, dans cette ingénieuse agence des étrangers où 'on trouve tout ce qu'on désire, vous êtes sûr de n'être pas trompé, car J. Tom Lévis est Anglais, et la loyauté commerciale de l'Anglais est connue dans les deux mondes.

Anglais, J. Tom Lévis l'est comme il n'est pas permis de l'être davantage, depuis le bout carré de ses souliers de quaker, jusqu'à sa longue redingote tombant sur son pantalon à carreaux verts, jusqu'à son chapeau pyramidal aux rebords minuscules, laissant ressortir sa face boulotte, rougeaude et bon enfant. La loyauté d'Albion se lit sur ce teint nourri de beefsteacks, cette bouche fendue jusqu'aux oreilles, la soie blondasse de ces favoris inégaux par la manie qu'a leur propriétaire d'en dévorer un, toujours le même, dans ses moments de perplexité ; elle se devine dans la main courte, aux doigts duvetés de roux, chargés de bagues. Loyal aussi paraît le regard sous une large paire de lunettes à fine monture d'or, tellement loyal que lorsqu'il arrive à J. Tom Lévis de mentir — les meilleurs y sont exposés, — les prunelles, par un singulier tic nerveux, se mettent à virer sur elles-mêmes comme de petites roues emportées dans la perspective d'un gyroscope.

Ce qui complète bien la physionomie anglicane de J. Tom Lévis, c'est son cab, le premier véhicule de ce genre qu'on ait vu à Paris, la coquille naturelle de cet être original. A-t-il une affaire un peu compliquée, un de ces moments comme il y en a dans le trafic, où l'on se sent serré, acculé : « Je prends le cab! » dit Tom, et il est sûr d'y trouver quelque idée. Il combine, il pèse, il commente, tandis que les Parisiens voient filer dans la boîte transparente, à roulettes et ras du sol, cette silhouette d'homme préoccupé qui mâchonne son favori droit avec énergie. C'est dans le cab qu'il a imaginé ses plus beaux coups, ses coups de la fin de l'empire. Ah! c'était le bon temps alors. Paris bondé d'étrangers, et non pas des étrangers de passage, mais une installation de fortunes exotiques ne demandant que noces et ripailles. Nous avions le Turc Hussein-Bey et l'Égytien Mehemet-Pacha, deux fez célèbres autour du lac, et la princesse Verkatscheff qui jetait tout l'argent des monts Ourals par les quatorze fenêtres de son premier du boulevard Malesherbes, et l'Américain Bergson, à qui Paris dévorait les revenus énormes de ses mines de pétrole. — Bergson est rentré dans ses fonds depuis! — Et des nababs, des flottes de nababs de toutes les couleurs, des jaunes, des bruns, des rouges, panachant les promenades et les théâtres, pressés de dépenser, de jouir, comme s'ils prévoyaient qu'il faudrait vider le grand cabaret en liesse, avant l'explosion formidable qui allait en crever les toits, briser les glaces et les vitres.

Comptez que J. Tom Lévis était l'intermédiaire indispensable de tous ces plaisirs, qu'un louis ne s'échangeait pas sans qu'il l'eût préalablement rogné, et qu'aux étrangers de sa clientèle se joignaient quelques bons vivants parisiens d'alors, amateurs de gibiers rares, braconniers de chasses gardées, qui s'adressaient à l'ami Tom comme à l'agent le plus fin, le plus habile, et aussi parce que derrière son français barbare, sa difficulté d'élocution, leurs secrets paraissaient plus en sûreté. Le cachet J. T. L. a scellé toutes les histoires scandaleuses de cette fin de l'empire. C'est au nom de J. Tom Lévis qu'était toujours retenue la baignoire n° 9 de l'Opéra-Comique, où la baronne Mils venait chaque soir pendant une heure entendre son ténorino dont elle emportait, après la cavatine, dans les dentelles de son corsage, le mouchoir trempé de sueur et de blanc de céruse. Au nom de J. Tom Lévis, le petit hôtel de l'avenue de Clichy, loué de compte à demi sans qu'ils s'en doutent et pour la même femme, aux deux frères Sismondo, deux banquiers associés qui ne pouvaient quitter leur comptoir à la même heure. Ah! les livres de l'agence à cette époque, quels beaux romans en quelques lignes.

« *Maison à deux entrées, sur la route de Saint-Cloud. — Location, mobilier, indemnité au locataire..., tant.* »

Et au-dessous:

« *Commission du général..., tant.* »

« *Maison de campagne au Petit-Valtin près Plombières. — Jardin, remise, deux entrées, indemnité au locataire..., tant.* »

Et toujours : « *commission du général...* » Ce général tient une place dans les comptes de l'agence !

Si Tom s'enrichissait en ce temps-là, il dépensait gros aussi, non pas au jeu, ni en chevaux, ni en femmes, mais à satisfaire des caprices de sauvage et d'enfant, l'imagination la plus folle, la plus cocasse qui se pût voir, et qui ne laissait pas d'intervalle entre le rêve et sa réalisation. Une fois c'était une allée d'acacias qu'il voulait au bout de sa propriété de Courbevoie, et comme les arbres sont trop longs à pousser, pendant huit jours, par les berges de la Seine très nues à cet endroit et noires d'usines, on voyait défiler lentement de grands chariots portant chacun son acacia dont les panaches de branches vertes bercés au lent mouvement des roues flottaient sur l'eau en ombres tremblantes. Cette propriété de banlieue que J. Tom Lévis habitait toute l'année, selon l'usage des grands commerçants de Londres, d'abord un vide-bouteilles, toute en rez-de-chaussée et en greniers, devenait pour lui une source de dépenses effroyables. Ses affaires prospérant et s'étendant, il avait agrandi proportionnellement son bien ; et de bâtisse en

bâtisse, d'acquisition en acquisition, il était
arrivé à posséder un parc fait d'annexes, de
terrains de culture joints à des bouts de taillis,
une étrange propriété où se révélaient ses
goûts, ses ambitions, son excentricité anglaise,
déformée, rapetissée encore par des idées bourgeoises et des tentatives d'art manquées. Sur
la maison toute ordinaire, aux étages supé-
rieurs visiblement ajoutés, s'étendait une terrasse italienne à balustres de marbre, flanquée
de deux tours gothiques et communiquant par
un pont couvert avec un autre corps de logis
jouant le chalet, aux balcons découpés, au
tapis montant de lierre. Tout cela peint en
stuc, en briques, en joujou de la Forêt-Noire,
avec un luxe de tourillons, de créneaux, de
girouettes, de moucharabies, puis dans le parc,
des hérissements de kiosques, de belvédères,
des miroitements de serres, de bassins, le bas-
tion tout noir d'un immense réservoir à monter
l'eau dominé par un vrai moulin dont les
toiles, sensibles au moindre vent, claquaient,
tournaient avec le grincement perpétuel de
leur axe.

Certes, sur l'étroit espace que traversent les
trains de la banlieue parisienne, bien des villas
burlesques défilent dans le cadre d'une glace
de wagon, comme des visions, des cauchemars
fantastiques, l'effort d'un cerveau boutiquier
échappé et caracolant. Mais aucune n'est com-

parable à la Folie de Tom Lévis, si ce n'est la villa de son voisin Spricht, le grand Spricht, l'illustre couturier pour dames. Ce fastueux personnage ne reste à Paris, lui aussi, que le temps de ses affaires, les trois heures d'après-midi où il donne ses consultations de coquetterie dans sa grande officine des boulevards, puis tout de suite il revient à sa maison de Courbevoie. Le secret de cette retraite forcée, c'est que le cher Spricht, le dear de toutes ces dames, s'il possède dans ses tiroirs parmi les merveilleux échantillons de ses fabriques lyonnaises des spécimens d'écriture liée, des pattes de mouches de toutes les mains les mieux gantées de Paris, a dû s'en tenir toujours à cette intimité de correspondance, qu'il n'est reçu dans aucune des maisons qu'il habille, et que ses belles relations lui ont gâté tout rapport avec le monde commerçant dont il fait partie. Aussi vit-il très retiré, envahi comme tous les parvenus par la bande des parents pauvres, et mettant son luxe à les faire royalement servir. Sa seule distraction, le montant nécessaire à cette vie de bourreau retraité, c'est le voisinage, la rivalité de Tom Lévis, la haine et le mépris qu'ils se sont réciproquement voués, sans savoir pourquoi du reste, ce qui rend tout raccommodement impossible.

Quand Spricht dresse une tourelle, — Spricht est Allemand, il aime le romanesque, les châteaux, les vallons, les ruines, il a la passion du moyen âge, — aussitôt J. Tom Lévis fait bâtir une vérandah. Quand Tom abat une muraille, Spricht jette toutes ses haies par terre. Il y a l'histoire d'un pavillon bâti par Tom et qui gênait la vue de Spricht vers Saint-Cloud. Le couturier éleva alors la galerie de son pigeonnier. L'autre riposta par un nouvel étage; Spricht ne se tint pas pour battu, et les deux édifices, à grand renfort de pierres et d'ouvriers, continuèrent leur ascension jusqu'à une belle nuit où le vent les renversa tous deux sans peine, vu la fragilité de leur construction. Spricht, au retour d'un voyage d'Italie, ramène de Venise une gondole, une vraie gondole, installée dans le petit port au bas de sa propriété; huit jours après, pft! pft! un joli yacht à vapeur et à voiles vient se ranger au quai de Tom Lévis, remuant dans l'eau les tourelles, les toits, les créneaux reflétés de sa villa.

Pour soutenir un train semblable, il eût fallu que l'empire durât toujours, et sa dernière heure était venue. La guerre, le siège, le départ des étrangers furent pour les deux industriels un véritable désastre, surtout pour Tom Lévis, dont la propriété se trouva dévastée par l'invasion, tandis que celle de Spricht était épargnée. Mais la paix conquise, la lutte recommença de plus belle entre les deux rivaux, cette fois avec des inégalités de fortune, le grand modiste ayant vu revenir toute sa clientèle et le pauvre Tom attendant en vain le retour de la sienne. L'article : « Renseignements, discrétion, célérité » ne donnait plus ou presque plus ; et le mystérieux général ne venait plus toucher de gratification clandestine aux bureaux de l'agence. Tout autre à la place de Lévis aurait enrayé ; mais ce diable d'homme avait d'invincibles habitudes de dépense, quelque chose dans les mains qui les empêchaient de se fermer. Et puis les Spricht étaient là, lugubres depuis les événements, annonçant la fin du monde comme proche, et s'étant fait construire au fond de leur parc une réduction des ruines de l'Hôtel de Ville, murs effondrés noircis de flamme. Le dimanche soir, on éclairait cela de feux de Bengale, et tous les Spricht se lamentaient autour. C'était sinistre. J. Tom Lévis, au contraire, devenu républicain en haine de son rival, fêta la France régénérée, organisa des joutes, des régates, couronna des rosières, et lors d'un de ces couronnements, dans une expansion de joie luxueuse, enlevait un soir d'été — à l'heure du concert — la musique des Champs-Élysées, venue en yacht à Courbevoie, toutes voiles dehors et jouant sur l'eau.

Les dettes s'accumulaient à ce train-là, mais l'Anglais ne s'en inquiétait guère. Personne ne s'entendait mieux que lui à déconcerter les créanciers à force d'aplomb et de majesté impudente. Personne — pas même les employés de son agence, si bien dressés pourtant — n'avait sa façon d'examiner les factures curieusement, comme des palimpsestes, de les rejeter dans un tiroir d'un air supérieur; personne n'avait ses rubriques pour ne pas payer, pour gagner du temps. Le temps ! c'est bien là-dessus que Tom Lévis comptait pour retrouver enfin quelque opération fructueuse, ce qu'il appelait « un grand coup » dans l'argot imagé de la bohème d'argent. Mais il avait beau prendre le cab, arpenter Paris fiévreusement, l'œil aux aguets, les dents longues, flairant et attendant la proie, les années se passaient, et le grand coup n'arrivait pas.

Une après-midi que l'agence fourmillait de monde, un grand jeune homme de mine alanguie et hautaine, œil narquois, moustache fine sur la pâleur bouffie d'un joli visage, s'approcha du guichet principal et demanda à parler à Tom Lévis. L'employé, se trompant sur l'intention cavalière qui soulignait la demande, crut à un créancier et prenait déjà sa mine la plus dédaigneuse, quand le jeune homme, d'une voix aiguë dont le nasillement doublait l'impertinence, déclara à « cette espèce d'enflé » qu'il eût à prévenir son patron tout de suite que le roi d'Illyrie voulait lui parler. — « Ah ! Monseigneur... Monseigneur... » Il y eut dans la foule cosmopolite qui se trouvait là un mouvement de curiosité vers le héros de Raguse. De tous les box ouverts sortit un essaim d'employés se précipitant pour faire escorte à Sa Majesté, l'introduire chez Tom Lévis, qui n'était pas encore arrivé, mais ne pouvait manquer de rentrer d'un moment à l'autre.

C'était la première fois que Christian se montrait à l'agence, le vieux duc de Rosen ayant jusqu'ici réglé tous les mémoires de la petite cour. Mais il s'agissait aujourd'hui d'une affaire tellement intime, tellement délicate, que le roi n'eût pas même osé la confier à la lourde mâchoire de son aide de camp... Une petite maison à louer pour une écuyère qui venait de remplacer Amy Férat, pavillon tout meublé, livrable en vingt-quatre heures, avec service, écurie, et certaines facilités d'accès. Un de ces tours de force comme l'agence Lévis seule savait en faire.

Le salon, où il attendait, contenait tout juste deux larges fauteuils en moleskine, une de ces cheminées à gaz étroites et silencieuses dont le réflecteur semble vous renvoyer le feu d'une pièce à côté, un petit guéridon garanti d'un tapis bleu avec l'almanach Bottin posé dessus. La moitié de la pièce était prise par le haut grillage — drapé de rideaux bleus aussi — d'un bureau soigneusement installé et montrant au-dessus du grand livre à coins d'acier tout ouvert sous l'appuie-main, entouré de poudre, de grattoirs, de règles, d'essuie-plumes, un long casier plein de livres de même taille, — les livres de l'agence ! — leurs dos verts alignés comme des Prussiens à la parade. L'ordre de ce petit coin recueilli, la fraîcheur des choses qui l'emplissaient faisaient honneur au vieux caissier, absent pour le moment, dont l'existence méticuleuse devait se passer là.

Tandis que le roi continuait à attendre, allongé dans son fauteuil, le nez en l'air dépassant ses fourrures, tout à coup sans un mouvement de la porte vitrée qui donnait sur les magasins, fermée d'une grande tenture algérienne à trou d'arlequin comme un rideau de théâtre, il se fit derrière le grillage un léger et vif bruissement de plume. Quelqu'un était assis au bureau, et non pas le vieux commis à tête de loup blanc pour qui la niche semblait faite, mais la plus délicieuse petite personne qui ait jamais feuilleté un livre de commerce. Au geste de surprise de Christian, elle se retourna, l'enveloppa d'un regard doux longuement déroulé, noyant une étincelle à l'angle de chaque tempe. Toute la pièce fut illuminée de ce regard, comme elle fut musicalement charmée par une voix émue, presque tremblante, qui murmurait : « Mon mari vous fait bien attendre, Monseigneur. »

Tom Lévis, son mari !... le mari de cet être

suave au profil fin et pâle, aux formes dégagées et pleines, d'une statuette de Tanagra... Comment était-elle là, seule dans cette cage, feuilletant ces gros livres dont la blancheur se reflétait sur son teint mat, dont ses petits doigts avait peine à tourner les pages? Et cela par un de ces beaux soleils de février qui font miroiter tout le long du boulevard la grâce vive, les toilettes, les sourires des promeneuses! Il lui fit, en s'approchant, un madrigal quelconque où se mêlaient ces impressions diverses; mais son cœur le gênait pour parler, tellement il lui battait la poitrine, animé par un de ces désirs effrénés et brusques comme cet enfant gâté et blasé ne se souvenait pas d'en avoir jamais eu. C'est que le type de cette femme entre vingt-cinq et trente ans était absolument nouveau pour lui, aussi loin des boucles mutines de la petite Colette de Rosen, de l'aplomb fille, du fard cerclant les yeux d'impudeur de la Férat, que de la majesté gênante et si noblement triste de la reine. Ni coquetterie, ni hardiesse, ni fière retenue, rien de ce qu'il avait rencontré dans le vrai monde ou dans ses relations avec la haute bicherie. Cette jolie personne à l'air calme et casanier, ses beaux cheveux foncés, lisses comme ceux des femmes qui se coiffent dès le matin pour tout un jour, simplement serrée d'une robe de laine aux reflets de violette, et que deux énormes brillants au bord rosé de l'oreille empêchaient seuls de prendre pour la plus modeste des employées, venait de lui apparaître dans sa captivité de bureau et de travail comme une carmélite derrière un grillage de cloître ou quelque esclave d'Orient implorant au dehors par le treillis doré de sa terrasse. Et de l'esclave elle avait bien l'effarement soumis, le profil penché, de même que les tons ambrés où commençait sa chevelure, la ligne trop droite des sourcils, la bouche au souffle entr'ouvert, donnaient une origine asiatique à cette Parisienne. Christian en face d'elle se représentait le front dénudé, la tournure simiesque du mari. Comment se trouvait-elle au pouvoir d'un fantoche pareil? N'était-ce pas un vol, une injustice flagrante?

Mais la voix douce continuait lentement, en excuses : « C'est désolant... Tom n'arrive pas... Si Votre Majesté voulait me dire ce qui l'amène... je pourrais peut-être... »

Il rougit, un peu gêné. Jamais il n'eût osé confier à cette candide complaisance l'installation assez louche qu'il méditait. Elle alors insista, coulant un sourire : « Oh! Votre Majesté peut être tranquille... C'est moi qui tiens les livres de l'agence. »

Et l'on voyait bien son autorité dans la maison, car à tout instant, au petit œil-de-bœuf faisant communiquer le réduit de la caissière avec le magasin, quelque commis venait chercher en chuchotant les renseignements les plus hétéroclites : « On demande le pleyel de Mme Karitidès... La personne de l'hôtel de Bristol est là... » Elle semblait au fait de tout, répondait par un mot, par un chiffre, et le roi très troublé se demandait si cet ange en boutique, cet être aérien connaissait vraiment les manigances, les flibusteries de l'Anglais.

« Non, madame, l'affaire qui m'amène n'est pas urgente... ou du moins elle ne l'est plus... Mes idées ont bien changé depuis une heure... »

Il se penche au grillage en balbutiant cela, très ému, puis s'arrête et se reproche son audace devant la placide activité de cette femme, ses longs cils effleurant les pages, sa plume filant en lignes régulières. Oh ! comme il voudrait l'arracher de sa prison, l'emporter entre ses bras, bien loin, avec ces tendresses murmurantes et berçantes dont on rassure les petits enfants. La tentation devient si forte qu'il est obligé de s'enfuir, de prendre congé brusquement, sans avoir vu J. Tom Lévis.

La nuit venait, brouillardeuse et transie. Le roi, ordinairement si frileux, ne s'en aperçut pas, renvoya sa voiture et se rendit à pied au Grand-Club par ces larges voies qui vont de la Madeleine à la place Vendôme, si enthousiasmé, transporté, qu'il parlait seul, tout haut, ses cheveux fins rabattus sur ses yeux devant lesquels dansaient des flammes. On en frôle parfois dans les rues de ces bonheurs exubérants, le pas léger, la tête haute ; il semble qu'ils laissent une phosphorescence à vos habits sur leur passage. Christian arriva au cercle dans ces mêmes dispositions heureuses, malgré la tristesse des salons en enfilade où s'amassait l'ombre de cette heure indécise, désœuvrée, du crépuscule, mélancolique surout dans ces endroits demi-publics auxquels manquent l'intimité, l'habitude de la demeure. On apportait des lampes. Du fond, venait le bruit d'une partie de billard sans entrain avec des fracas d'ivoire aux parois sourdes, un froissement de journaux lus, et le ronflement las d'un dormeur étalé sur le divan du grand salon, que l'entrée du roi dérangea et fit retourner avec un bâillement édenté, l'étirement sans fin de deux bras maigres, en même temps qu'une voix morne demandait :

— Est-ce qu'on fait la fête ce soir ?...

Christian eut un cri de joie :

— Ah ! mon prince, je vous cherchais.

C'est que le prince d'Axel, plus familièrement Queue-de-Poule, depuis dix ans qu'il battait en amateur le trottoir parisien, le savait du haut en bas, en long et en large, du perron de Tortoni au ruisseau, et pourrait sans doute lui fournir les renseignements qu'il voulait.

Aussi connaissant le seul moyen de faire parler l'Altesse, de délier cet esprit engourdi et lourd que les vins de France — dont le prince abusait pourtant — n'étaient pas plus parvenus à mettre en branle que la fermentation de la vendange ne gonfle et n'enlève en aérostat un foudre pesant cerclé de fer, Christian demanda-t-il bien vite des cartes. Comme les héroïnes de Molière n'ont d'esprit que l'éventail en main, d'Axel ne retrouvait un peu de vie qu'en tripotant « le carton. » La Majesté tombée et le présomptif en disgrâce, ces deux célébrités du club, entamèrent donc avant dîner un bezigue chinois, le jeu le plus gommeux du monde parce qu'il ne fatigue pas la tête et permet au joueur le plus maladroit de perdre une fortune sans le moindre effort.

— Tom Lévis est donc marié? demanda Christian II d'un air négligent, en coupant les cartes. L'autre le regarda avec ses yeux morts, bordés de rouge :

— Saviez pas?

— Non... Qu'est-ce que c'est que cette femme?

— Séphora Leemans... célébrité...

Le roi tressaillit à ce nom de Séphora :

— Elle est juive?

— Probable....

Il y eut un moment de silence. Et vraiment fallait que l'impression laissée par Séphora

fût bien forte, la figure ovale et mate de la
recluse, ses prunelles brillantes, ses cheveux
lisses bien séduisants, pour triompher du pré-
jugé, subsister dans cette mémoire de slave et
de catholique que hantaient dès l'enfance les
pillages, les maléfices endiablés des juifs
bohèmes de son pays. Il continua ses questions. Malheureusement le prince perdait, et,
tout à son jeu, grognait dans sa longue barbe
jaune :

— Ah ! mais je m'embête, moi... Je m'embête...

Impossible d'en tirer une parole de plus.

— Bon !... voilà Wattelet... Arrive ici, Wattelet..., dit le roi à un grand garçon qui venait
d'entrer, frétillant et bruyant comme un jeune
chien.

Ce Wattelet, le peintre du Grand-Club et
du high-life, de loin assez beau de visage,
mais sur les traits la fatigue, les marques d'une
vie surmenée, représentait bien l'artiste moderne si peu ressemblant à la flamboyante tradition de 1830. Correctement mis, coiffé de
même, courrier des salons et des coulisses, il
n'avait gardé du rapin d'atelier que la souple
allure un peu déhanchée sous son habit d'homme
du monde, et dans l'esprit comme dans le langage la même désarticulation élégante, un pli
de bouche insouciant et blagueur. Venu un
jour au cercle pour décorer la salle à manger, il

s'était rendu si agréable, si indispensable à
tous ces messieurs qu'il était resté de la maison,
l'organisateur à vie des parties, des fêtes un
peu monotones de l'endroit, apportant à ces
plaisirs l'imprévu d'une imagination pittoresque
et d'une éducation promenée à travers tous les
mondes. « Mon cher Wattelet... Mon petit
Wattelet... » On ne pouvait se passer de lui.
Il était l'intime de tous les membres du club,
de leurs femmes, de leurs maîtresses, dessinait
à l'endroit d'une carte le costume de la
duchesse de V... pour le prochain bal de l'am-
bassade, au revers la jupe folâtre sur le maillot
couleur de chair de Mlle Alzire, le petit rat
musqué du duc. Le jeudi, son atelier s'ouvrait
à tous ses nobles clients heureux de la liberté,
du sans-gêne bavard et fantaisiste de la maison,
du papillotement de couleurs douces venant
des tapisseries, des collections, des meubles
laqués et des toiles de l'artiste, une peinture
qui lui ressemblait, élégante, mais un brin
canaille, des portraits de femmes pour la plu-
part exécutés avec une entente de la supercherie parisienne, des teints déguisés, des cheveux fous, un art de la fanfreluche coûteuse,
cascadante, bouffante et traînante qui faisait
dire à Spricht dans une dédaigneuse condescendance du commerçant parvenu pour le
peintre qui arrive : « Il n'y a que ce petit-là
qui sache peindre les femmes que j'habille. »

Au premier mot du roi, Wattelet se mit à rire :

— Mais, Monseigneur, c'est la petite Séphora...

— Tu la connais ?

— A fond.

— Dis voir...

Et pendant que la partie continuait entre les deux grands seigneurs, le peintre, installé dans une intimité dont il se sentait très fier, jeté à califourchon sur une chaise, se posait, toussait, et prenant la voix du pitre qui démontre le tableau de la baraque, il commençait :

— Séphora Leemans, née à Paris en mil huit cent quarante-cinq, six ou sept... chez des brocanteurs de la rue Eginhard, au Marais..., une sale petite ruelle moisie entre le passage Charlemagne et l'église Saint-Paul, pleine Juiverie... Un jour, en revenant de Saint-Mandé, Votre Majesté devrait faire prendre à son cocher ce tortillon de rues-là... elle verrait un Paris étonnant... des maisons, des têtes, un charabia d'alsacien et d'hébreu, des boutiques, des antres de friperie, haut de ça de chiffons devant chaque porte, des vieilles les triant avec leur nez en croc, ou décarcassant de vieux parapluies, et des chiens, de la vermine, des odeurs, un vrai ghetto du moyen âge, grouillant dans les maisons du temps, balcons de fer, hautes fenêtres coupées en soupentes... Le père Leemans n'est pas juif pourtant. C'est un Belge de Gand, catholique, et la petite a beau s'appeler Séphora, c'est une juive métisse, le teint, les yeux de la race, mais pas son nez en bec de proie ; au contraire, le plus joli petit nez droit. Je ne sais pas où elle l'a décroché, par exemple ; le père Leemans vous a une de ces trognes. Ma première médaille au Salon, cette trogne-là... Mon Dieu, oui, le bonhomme montre dans un coin de l'ignoble bouge de la rue Eginhard, de ce qu'il appelle sa brocante, son portrait en pied signé Wattelet, et pas un de mes plus mauvais encore. Une façon que j'avais trouvée de m'insinuer dans la baraque et de faire ma cour à Séphora, pour qui j'ai eu un de ces béguins...

— Un béguin ?... fit le roi, à qui le dictionnaire parisien laissait toujours quelque surprise... Ah ! oui... je comprends... Continue...

— Il n'y avait pas que moi d'allumé, bien sûr. Tout le jour c'était une procession dans le magasin de la rue de la Paix ; car il faut vous dire, Monseigneur, que le père Leemans en ce temps-là avait deux installations. Très malin, le vieux avait compris le changement qui s'est fait dans le bibelot, pendant ces vingt dernières années. Le romantique brocanteur des quartiers noirs, à la façon d'Hoffmann et même de Balzac, a fait place au marchand de curiosités installé dans le Paris du luxe avec devanture et éclairage. Leemans garda pour lui, et les amateurs continuèrent à hanter sa moisissure de la rue Eginhard; mais pour le public, les passants, pour le Parisien suiveur et gobeur, il ouvrit en pleine rue de la Paix un superbe magasin d'antiquailles, qui avec les ors fauves, l'argent foncé des vieux bijoux, les dentelles bises au ton de momie, fit tort aux boutiques somptueuses de la bijouterie ou de l'orfèvrerie modernes ruisselant de richesses sur la même voie. Séphora avait quinze ans alors, et sa beauté juvénile et calme s'entourait bien de toutes ces vieilleries. Et si intelligente, si adroite à faire l'article, d'une sûreté d'œil, aussi entendue que le père sur la vraie valeur d'un bibelot. Ah! il en venait des amateurs à la boutique pour le plaisir de frôler ses doigts, la soie moirée de ses cheveux, en se penchant sur la même vitrine. La mère pas gênante, une vieille avec le tour des yeux si noir qu'elle avait l'air de porter bésicles, toujours ravaudant, le nez sur quelque guipure ou de vieux morceaux de tapis, ne s'occupant pas plus de sa fille... Et qu'elle avait bien raison! Séphora était une personne sérieuse que rien ne pouvait déranger de son chemin.

— Vraiment? dit le roi, qui parut enchanté.
— Votre Majesté en jugera par ceci. La mère Leemans couchait au magasin; la fille, elle, vers dix heures, retournait à la brocante

pour que le vieux ne fût pas seul. Eh bien! cette créature admirable, dont la beauté était célèbre, chantée dans tous les journaux, qui aurait pu, en faisant seulement « oui » de la tête, voir sortir de terre devant elle le carrosse de Cendrillon, allait chaque soir attendre l'omnibus de la Madeleine et s'en retournait directement au nid de hibou paternel. Le matin, comme les omnibus ne roulaient pas encore à l'heure de son départ, elle s'en venait à pied par tous les temps, sa robe noire sous un waterproof, et je vous jure bien que dans cette foule de fillettes de magasin qui descendent en capeline, en chapeau ou en cheveux la rue Rivoli-Saint-Antoine, minois pâlis ou rieurs, petites gueules fraîches toussotant à la brume, toujours talonnées de quelque galant, aucun n'aurait pu piger avec elle.

— Quelle heure, la descente? grogna le prince royal fort allumé.

Mais Christian s'impatienta :

— Laissez-le donc finir... Et alors?

— Alors, Monseigneur, j'étais parvenu à m'introduire dans la maison de mon ange et je poussais ma pointe tout en douceur... Le dimanche, on organisait des petits lotos de famille avec quelques brocanteurs du passage Charlemagne... Jolie société! J'en revenais toujours avec des puces. Seulement je me mettais à côté de Séphora, et je lui faisais du

genou sous la table, tandis qu'elle me regardait
d'une certaine façon angélique et limpide me
laissant croire à l'ignorance, à la candeur d'une
vraie vertu... Voilà qu'un jour, en arrivant rue
Eginhard, je trouve la brocante sens dessus
dessous, la mère en larmes, le père furieux,
fourbissant une vieille arquebuse à rouet dont
il voulait se servir pour fracasser l'infâme
ravisseur... La petite venait de filer avec le
baron Sala, un des plus riches clients du père
Leemans, lequel, je l'ai su depuis, avait lui-
même brocanté sa fille comme n'importe quel
bijou de serrurerie ancienne... Pendant deux
ans, trois ans, Séphora cacha son bonheur, ses
amours avec ce septuagénaire, en Suisse, en
Écosse, au bord des lacs bleus. Puis j'apprends
un beau matin qu'elle est de retour et tient un
« family hôtel » tout au bout de l'avenue
d'Antin. J'y cours. Je retrouve mon ancienne
passion toujours adorable et paisible, à la tête
d'une table d'hôte bizarre, garnie de Brésiliens,
d'Anglais, de cocottes. Une moitié des convives mangeait encore la salade que l'autre
relevait déjà la nappe pour attaquer un baccarat. C'est là qu'elle connut J. Tom Lévis, pas
beau, déjà pas jeune, et sans le sou par-dessus
le marché. Qu'est-ce qu'il lui fit? Mystère. Ce
qui est sûr, c'est qu'elle vendit son fonds pour
lui, l'épousa, l'aida à installer l'agence d'abord
prospère et richement montée, maintenant en

déconfiture, si bien que Séphora, qu'on ne voyait jamais, qui vivait en recluse dans la drôle de châtellenie que s'est payée Tom Lévis, vient de faire, il y a quelques mois, une nouvelle apparition dans le monde sous la figure du plus délicieux teneur de livres... Dame ! la clientèle s'en est ressentie. La fleur des clubs commence à se donner rendez-vous rue Royale. On flirte au grillage de la caisse comme autrefois dans le magasin d'antiquités ou la chambre aux numéros du « family. » Quant à moi, je n'en suis plus. Cette femme m'effraye à la fin. Toujours la même depuis dix ans, sans un pli, sans une ride, avec ses grands cils abaissés dont la pointe se relève en accroche-cœur, le dessous des yeux toujours jeune et plein, et tout cela pour ce mari grotesque qu'elle adore !... Il y a de quoi troubler et décourager les plus épris.

Le roi froissa les cartes avec dépit :

— Allons donc ! Est-ce que c'est possible ?... Un vilain singe, un poussah comme Tom Lévis... chauve... quinze ans de plus qu'elle... un baragouin de pick-pocket...

— Il y en a qui aiment ça, Monseigneur.

Et le prince royal, avec son accent traînard et canaille :

— Rien à faire de cette femme-là... J'ai sifflé au disque assez longtemps... Pas mèche... La voie est barrée...

— Pardieu ! vous, d'Axel, nous savons votre façon de siffler au disque, dit Christian, quand il eut compris cette expression passée de l'argot des mécaniciens dans celui de la haute Gomme... Vous n'avez pas de patience... Il vous faut des places ouvertes... le divan du Grand-Seize... Boute, pousse, enjambons... Mais moi je prétends qu'un homme qui se donnerait la peine d'être amoureux de Séphora, qui ne se lasserait pas des silences, des dédains... c'est l'affaire d'un mois. Pas davantage.

— Parie que non, dit d'Axel.
— Combien ?
— Deux mille louis.
— Je les tiens... Wattelet, demande le livre.

Ce livre sur lequel s'inscrivaient les paris du Grand-Club était aussi curieux et instructif dans son genre que ceux de l'antre Lévis. Les plus grands noms de l'aristocratie française y sanctionnaient les gageures les plus baroques, les plus niaises, celle du duc de Courson-Launay, par exemple, ayant parié et perdu tous les poils de son corps, obligé de s'épiler comme une mauresque, et pendant quinze jours ne pouvant ni marcher ni s'asseoir. D'autres inventions encore plus extravagantes; et des signatures de héros, inscrites sur cent parchemins glorieux, venant se mésallier dans cet album de folie.

Autour des parieurs, plusieurs membres du

club se groupaient avec une curiosité respectueuse. Et cette gageure ridicule et cynique, excusable peut-être dans les rires ou l'ivresse d'une jeunesse débordante, prenait devant la gravité de tous ces crânes chauves, les dignités sociales qu'ils représentent, devant l'importance héraldique des signatures engagées, un air de traité international réglant les destinées de l'Europe.

Cela se formulait ainsi :

« *Le 3 février mil huit cent soixante-quinze. Sa Majesté Christian II a parié deux mille louis qu'il coucherait avec Séphora L... avant la fin du mois courant.*

« *Son Altesse Royale Monseigneur le prince d'Axel tient le pari.* »

« C'était peut-être l'occasion de signer Rigolo et Queue-de-Poule !... » se disait Wattelet en remportant le livre, et sur sa face de clown mondain passait le frisson d'un mauvais rire.

VI

BOHÈME DE L'EXIL

BIEN ! bien ! nous connaissons ça !... « Aoh !... Yes... Goddam... Shoking... » C'est quand vous ne voulez ni payer ni répondre que vous vous servez de cette monnaie-là... Mais avec Bibi, ça ne mord plus... Réglons nos comptes, vieux filou...

— En vérité, master Lebeau, vô pâlez à moà avec one véhémence !...

Et pour dire ce mot de « véhémence » qu'il semblait très fier de compter dans son vocabulaire, car il le répéta deux ou trois fois de suite, J. Tom Lévis se renversait, le jabot tendu, disparaissait dans l'énorme cravate blanche de clergyman qui lui sanglait le cou. En même temps, sa prunelle se mettait à virer, virer, brouillant dans ses yeux bien ouverts sa pensée indéchiffrable, pendant que le regard de son adversaire, ondulant et rampant sous des paupières abaissées, répondait à la faconde coquine de l'Anglais par la ruse visible encore dans un museau de belette étroit et glabre. Avec ses cheveux clairs, frisés et roulés, ses vêtements austèrement noirs et montants, la correction de sa tenue circonspecte, maître Lebeau avait quelque chose d'un procureur à l'ancien Châtelet; mais comme il n'est rien de tel que les débats, les colères d'intérêt, pour faire sortir le vrai des natures, en ce moment cet homme si bien élevé, poncé comme ses ongles, le savoureux Lebeau, coqueluche des antichambres royales, ancien valet de pied aux Tuileries, laissait voir le hideux larbin qu'il était, âpre au gain et à la curée.

Pour s'abriter d'une ondée de printemps balayant la cour à grande eau, les deux compères s'étaient réfugiés dans la vaste remise aux murs blancs, tout frais crépis, garnis à mi-hauteur de nattes épaisses qui protégeaient contre l'humidité les nombreux et magnifiques équipages alignés là, roue contre roue, depuis les carrosses de gala tout en glaces et en dorures, jusqu'au confortable « for in hand » des déjeuners de chasse, au léger phaëton des courses, jusqu'au traîneau que la reine promenait sur les lacs par les temps de gelée, tous gardant — au repos — dans le demi-jour de la remise, leur physionomie fringante ou massive de bêtes de luxe, étincelantes et coûteuses, comme les chevaux fantastiques des légendes assyriennes. Le voisinage des écuries, dont on entendait les ébrouements, les ruades sonores contre les boiseries, la sellerie entr'ouverte, montrant son parquet ciré, ses lambris de salle de billard, tous les fouets au râtelier, les harnais, les selles sur des chevalets, en trophées autour des murs avec des éclairs d'acier, des enguirlandements de brides, complétaient bien cette impression de confort et de haute vie.

Tom et Lebeau discutaient dans un coin, et leurs voix montaient mêlées au bruit de la pluie sur les trottoirs bitumés. Le valet de chambre surtout, qui se sentait chez lui, criait très haut. Comprenait-on ce flibustier de Lévis !... Et qui se serait douté d'un pareil tour ?... Quand Leurs Majestés avaient quitté l'hôtel des Pyramides pour Saint-Mandé, qui donc avait préparé l'affaire ? Était-ce Lebeau, oui ou non ! Et cela, malgré tout le monde, malgré les hostilités les mieux déclarées... De quoi était-on convenu en retour ? Est-ce qu'on ne devait pas partager par moitié toutes les commissions, tous les pots-de-vin des fournisseurs ? C'était-il ça, voyons ?...

— Aôh... yes... Ce était bien cela...

— Alors, pourquoi tricher?

— No... no..., jamais tricher..., disait J. Tom Lévis, la main sur le jabot.

— Allons donc, vieux blagueur... Tous les fournisseurs vous donnent quarante du cent, j'en ai la preuve... Et vous m'avez dit que vous touchiez dix... Ça fait que sur le million qu'à coûté l'installation de Saint-Mandé, j'ai, moi, mon cinq du cent, soit cinquante mille francs, et vous, vos trente-cinq du cent, c'est-à-dire sept fois cinquante mille francs, c'est-à-dire trois cent cinquante mille francs... trois cent cinquante mille francs... trois cent cinquante...

Il étranglait de rage, ce chiffre en travers de la gorge comme une arête. Tom essayait de le calmer. D'abord tout cela était bien exagéré... Et puis l'agent avait des frais énormes... Son loyer de la rue Royale qu'on venait d'augmenter... Tant de fonds dehors, les rentrées si dures... Sans compter que pour lui ce n'était qu'une affaire en passant, tandis que Lebeau restait là toujours, et dans une maison où l'on dépensait plus de deux cent mille francs par an, les occasions ne devaient pas manquer.

Mais le valet de chambre ne l'entendait pas ainsi. Ses affaires ne regardaient personne, et bien sûr qu'il ne se laisserait pas carotter par une espèce de sale Anglais.

— Monsieur Lebeau, vous êtes une impertinente... Je volé pas plus longtemps parler avec vous...

Et Tom Lévis faisait mine de gagner la porte. Mais l'autre lui barra le passage. « S'en aller sans payer !... Ah ! mais non... » Ses lèvres étaient pâles. Son museau de belette enragée s'avançait, en grelottant, contre l'Anglais, toujours très calme et d'un si exaspérant sang-froid qu'à la fin le valet de chambre, perdant toute mesure, lui mit le poing sous le nez avec une injure grossière. D'un revers de main, vif comme une parade d'épée et qui tenait plus du joueur de savate que du boxeur, l'Anglais lui rabattit le poignet, et avec un accent du plus pur faubourg Antoine :

— Pas de ça, Lisette... ou je cogne, dit-il.

L'effet de ces trois mots fut prodigieux. Lebeau, stupéfié, chercha d'abord machinalement autour de lui pour voir si c'était bien l'Anglais qui avait parlé ; puis son regard, ramené sur Tom Lévis subitement très rouge et les yeux virants, s'alluma d'une gaieté folle où vibraient les soubresauts de sa colère de tout à l'heure et qui finit par gagner l'agent d'affaires lui aussi.

— Oh ! sacré blagueur... sacré blagueur... J'aurais dû m'en douter... On n'est pas si Anglais que ça !...

Ils riaient encore, sans pouvoir reprendre haleine, quand derrière eux la porte de la

sellerie s'ouvrit brusquement, et la reine parut.
Depuis un moment arrêtée dans la salle voisine
où elle venait d'attacher elle-même sa jument
favorite, elle n'avait pas perdu un mot de la
conversation. Partie de si bas, la trahison la
touchait peu. Elle savait de longue main à quoi
s'en tenir sur Lebeau, ce valet tartufe, témoin
de toutes ses humiliations, de toutes ses misères ; l'autre, l'homme au cab, elle le connaissait
à peine, un fournisseur. Mais ces gens-là venaient de lui apprendre des choses graves. Ainsi
l'installation à Saint-Mandé coûtait un million,
leur existence qu'ils croyaient si modeste, si
restreinte, deux cent mille francs par an, et ils
en avaient quarante mille à peine. Comment
était-elle restée si longtemps aveugle sur leur
train de vie, l'insuffisance de leurs vraies ressources !... Qui donc subvenait à toutes ces
dépenses ! Qui donc payait pour eux ce luxe,
maison, chevaux, voitures, même ses toilettes
et ses charités personnelles !... Une honte lui
brûlait les joues à cette pensée, pendant qu'elle
traversait tout droit la cour sous la pluie, franchissait vivement le petit perron de l'intendance.

Rosen, occupé à classer des factures sur lesquelles s'entassaient des piles de louis, eut une
surprise en la voyant, un soubresaut qui le
mit debout.

— Non... Restez... fit-elle, la voix brusque ;
et penchée sur le bureau du duc où s'allongeait

sa main encore gantée pour le cheval, résolue, pressante, autoritaire :

— Rosen, de quoi vivons-nous depuis deux ans ?... Oh ! pas de détours... Je sais que tout ce que je croyais loué a été acheté en notre nom et payé... Je sais que Saint-Mandé tout seul nous coûte plus d'un million, le million que nous avons rapporté d'Illyrie... Vous allez me dire qui nous assiste depuis lors et de quelles mains nous vient l'aumône ?...

La figure bouleversée du vieillard, le tremblement piteux de ses mille petites rides avertit Frédérique.

— Vous !... C'est vous !...

Elle n'y aurait jamais songé. Et pendant qu'il s'excusait, balbutiant les mots « devoir... gratitude... restitution... »

— Duc, dit-elle violemment, le roi ne reprend pas ce qu'il a donné, et l'on n'entretient pas la reine comme une danseuse.

Deux larmes jaillirent de ses yeux en étincelles, larmes d'orgueil qui ne tombèrent pas.

— Oh ! pardon... pardon...

Il était si humble et lui baisait le bout des doigts avec une telle expression de regret triste qu'elle continua un peu radoucie :

— Vous dresserez un état de toutes vos avances, mon cher Rosen. Un reçu vous en sera donné, et le roi s'acquittera le plus tôt possible... Quant aux dépenses à venir, j'entends m'en charger dorénavant; je veillerai à ce qu'elles n'excèdent pas nos revenus... Nous vendrons chevaux, voitures. On diminuera le personnel. Des princes en exil doivent se contenter de peu.

Le vieux duc eut un élan.

— Détrompez-vous, madame... c'est surtout en exil que la royauté a besoin de tout son prestige... Ah! si l'on m'avait écouté, ce n'est pas ici, ce n'est pas dans un faubourg, avec une installation tout au plus convenable pour une saison de bains que Vos Majestés seraient venues vivre. Je les aurais voulues dans un palais, à la face du Paris mondain, convaincu que ce que les rois dépossédés ont le plus à craindre, c'est le laisser-aller qui les gagne, lorsqu'ils sont rentrés dans le rang, les familiarités, le coudoiement de la rue... Je sais... je sais... on m'a trouvé bien des fois ridicule avec mes questions d'étiquette, mon rigorisme enfantin et suranné. Et pourtant ces formes sont plus que jamais importantes; elles aident à garder la fierté de la tenue si facilement perdue dans le malheur. C'est l'armure inflexible qui tient le soldat debout, même quand il est blessé à mort.

Elle resta un moment sans répondre, son front pur traversé d'une réflexion qui lui venait. Puis relevant la tête :

— C'est impossible... Il y a une fierté encore plus haute que celle-là... J'entends que dès ce soir les choses soient transformées comme je l'ai dit.

Alors lui, plus pressant, suppliant presque :

— Mais Votre Majesté n'y songe pas... Une vente de chevaux, de voitures... Une sorte de faillite royale... Quel éclat! Quel scandale!

— Ce qui se passe est encore plus scandaleux.

— Qui le sait?... Qui s'en doute seulement?... Comment supposer que c'est ce vieux ladre de Rosen... Vous-même vous hésitiez tout à l'heure... Oh! madame, madame, je vous en conjure, acceptez ce que vous voulez bien appeler mon dévouement... D'abord ce serait tenter l'impossible... Si vous saviez... Mais vos revenus d'une année suffiraient à peine à la bourse de jeu du roi.

— Le roi ne jouera plus, monsieur le duc.

Ce fut dit d'un ton, avec des yeux!... Rosen n'insista pas. Pourtant il se permit d'ajouter :

— Je ferai ce que désire Votre Majesté. Mais je la supplie de se souvenir que tout ce que je possède est à elle, et que dans un cas de détresse j'ai bien mérité qu'on s'adresse à moi d'abord.

Il avait la certitude que ce serait avant longtemps.

Dès le lendemain, les réformes annoncées commencèrent. La moitié de la valetaille fut congédiée, les voitures inutiles envoyées au Tattershall où elles se vendirent dans d'assez bonnes conditions, excepté les carrosses de gala, d'un tire-l'œil trop gênant pour des particuliers. On s'en défit cependant, grâce à un Cirque Américain qui venait de s'installer à Paris, avec un grand déploiement de réclames ; et ces voitures splendides que Rosen avait fait faire, pour conserver à ses princes un peu de la pompe disparue et dans le lointain espoir d'un retour à Leybach, servirent à des exhibitions de naines chinoises et de singes savants, à des cavalcades historiques et des apothéoses à la Franconi. Vers la fin des représentations, sur le sable foulé de l'arène, aux mesures entraînantes de l'orchestre, on vit ces voitures princières, aux écussons à peine effacés, faire trois fois le tour des gradins, pendant que s'inclinait au bord de leurs glaces relevées quelque figure grimaçante et grotesque, ou la tête abrutie dans sa courte frisure, le buste tendu dans les mailles de soie rose, de quelque fameux gymnaste saluant la foule, le front luisant de pommade et de sueur. Toute cette défroque de sacre, tombée dans le paillon et la haute école, remisée parmi les chevaux et les éléphants prodiges, quel présage pour la royauté !

Cette vente au Tattershall, pendant qu'on annonçait celle des diamants de la reine de

Galice à l'hôtel Drouot, les deux affiches couvrant les murs, fit quelque bruit; mais Paris ne s'arrête pas longtemps aux mêmes préoccupations, ses idées suivent la feuille volante des journaux. On parla des deux ventes pendant vingt-quatre heures. Le lendemain on n'y pensait plus. Christian II accepta sans résistance les réformes voulues par la reine; depuis sa triste équipée, il gardait vis-à-vis d'elle une attitude presque confuse, humiliant encore cet enfantillage volontaire dont il semblait faire une excuse à ses fredaines. Que lui importaient d'ailleurs les réformes de la maison? Sa vie, toute de dissipation et de plaisirs, se passait dehors. Chose étonnante, en six mois il n'eut pas une fois recours à la bourse de Rosen. Cela le relevait un peu aux yeux de la reine, satisfaite aussi de ne plus voir stationner dans un coin de la cour le cab fantastique de l'Anglais, de ne plus rencontrer par les escaliers ce sourire obséquieux de créancier courtisan.

Pourtant le roi dépensait beaucoup, faisant la fête plus que jamais. Où trouvait-il de l'argent? Élisée le sut de la façon la plus singulière par l'oncle Sauvadon, ce brave homme auquel il donnait autrefois « des idées sur les choses, » la seule de ses anciennes relations qu'il eût gardée, depuis son entrée rue Herbillon. De temps en temps il allait déjeuner avec lui à Bercy, lui apporter des nouvelles de

Colette, que le bonhomme se plaignait de ne plus voir. C'était, cette Colette, son enfant d'adoption, la fille d'un frère pauvre tendrement aimé et soutenu jusqu'à la mort. Toujours occupé d'elle, il avait payé ses nourrices et son bonnet de baptême, plus tard l'internat dans le couvent le plus blasonné de Paris. Elle était son vice, sa vanité vivante, le joli mannequin qu'il parait de toutes les ambitions grouillant dans sa tête vulgaire de millionnaire parvenu ; et lorsqu'au parloir du Sacré-Cœur, la petite Sauvadon disait tout bas à son oncle : « Celle-là, sa mère est baronne, ou duchesse, ou marquise... » d'un mouvement de ses grosses épaules, l'oncle millionnaire répondait : « Nous ferons de toi mieux que ça. » Il la fit princesse à dix-huit ans. Les altesses en quête de dots ne manquent pas à Paris ; l'agence Lévis en tient tout un assortiment, il s'agit d'y mettre le prix. Et Sauvadon trouva que deux millions ce n'était pas trop cher pour figurer dans un coin du salon, les soirs où la jeune princesse de Rosen recevait, pour avoir le droit d'épanouir dans une embrasure son large sourire à rebords d'écuelle; entre ses courts favoris aux pompons démodés depuis Louis-Philippe. De petits yeux gris, vifs et madrés, — les yeux de Colette, — atténuaient un peu ce qui sortait de bègue, d'ingénu, d'incorrect, de cette bouche épaisse, inachevée, taillée dans la corne de cheval, et les révélations de ces grosses mains carrées, qui même dans des gants paille se souvenaient d'avoir roulé des futailles sur le quai.

Au commencement il se méfiait, ne parlait guère, étonnait, effrayait les gens par son mutisme. Dame! ce n'est pas à l'entrepôt de Bercy, dans le trafic des vins du midi coupés avec de la fuschine ou du bois de campêche, que l'on apprend le beau langage. Puis, grâce à Méraut, il se forma quelques opinions toutes faites, des aphorismes hardis sur l'événement du jour, le livre à la mode. L'oncle parla, et ne s'en tira pas trop mal, à part quelques formidables pataquès à faire crouler le lustre, et l'effarement qu'éveillaient autour de ce porteur d'eau en gilet blanc certaines théories à la de Maistre pittoresquement exprimées. Mais voilà que les souverains d'Illyrie lui enlevaient à la fois son fournisseur d'idées et le moyen d'en faire parade. Colette, retenue par ses fonctions de dame d'honneur, ne quittait plus Saint-Mandé; et Sauvadon connaissait trop bien le chef de la maison civile et militaire, pour espérer d'être admis là-bas. Il n'en avait même pas parlé. Voyez-vous le duc amenant cela, présentant cela chez l'altière Frédérique! Un marchand de vins de Bercy! Et pas un marchand retiré, mais en pleine activité au contraire; car, malgré ses millions, malgré les supplications de sa nièce, Sauvadon travaillait encore, passait sa vie à l'entrepôt, sur le quai, la plume à l'oreille, son toupet blanc tout ébouriffé, au milieu des charretiers, des mariniers débarquant et chargeant des barriques, ou bien sous les arbres gigantesques du parc ancien, mutilé, dépecé, dans lequel s'alignaient ses richesses sous les hangars, en futailles innombrables. « Je mourrais, si je m'arrêtais, » disait-il. Et il vivait en effet du fracas des barriques roulées et de la bonne odeur de vinaille montant de ces grands magasins, en caveaux humides, où il avait débuté, quarante-cinq ans auparavant, comme garçon tonnelier.

C'est là qu'Élisée venait parfois trouver son ancien élève et savourer un de ces déjeuners qu'on ne sait faire qu'à Bercy, sous les arbres du parc ou la voûte d'un cellier, le vin frais tiré à la pièce, le poisson frétillant dans le vivier, et des recettes locales de matelotes comme au fin fond du Languedoc ou des Vosges. Maintenant il n'était plus question d'idées sur les choses, puisqu'on n'allait plus en soirée chez Colette: mais le bonhomme aimait à entendre causer Méraut, à le voir manger et boire librement, car il avait toujours devant les yeux le taudis de la rue Monsieur-le-Prince et traitait Élisée comme un vrai naufragé de l'existence. Prévenances touchantes d'un homme qui a connu la faim, pour un autre qu'il sait pauvre. Méraut lui donnait des nouvelles de sa nièce, de sa vie à Saint-Mandé, lui apportait le reflet de ces grandeurs qui coûtaient si cher au brave homme et dont il ne serait jamais témoin. Sans doute il était fier de penser à la jeune dame d'honneur dînant avec des rois et des reines, évoluant dans un cérémonial de cour ; seulement le chagrin de ne pas la voir augmentait sa mauvaise humeur, ses rancunes contre le vieux Rosen.

— Qu'a-t-il donc pour être si glorieux? Son nom, son titre?... Mais avec mon argent je me les suis payés... Ses croix, ses cordons, ses crachats?... Eh! je les aurai, quand je voudrai... Au fait, mon cher Méraut, vous ne savez pas... Depuis que je ne vous ai vu, il m'est arrivé une bonne fortune.

— Laquelle, mon oncle?

Il l'appelait « mon oncle » par une familiarité affectueuse, bien du Midi, l'envie de donner une étiquette à la sympathie particulière — sans lien d'esprit — qu'il éprouvait pour ce gros marchand.

— Mon cher, j'ai le Lion d'Illyrie... la croix de commandeur... Le duc qui est si fier avec son grand cordon!... Au jour de l'an, quand j'irai lui faire visite, je me colle ma plaque... Ça lui apprendra...

Élisée n'y voulait pas croire. L'ordre du Lion! un des plus anciens, des plus recherchés en

Europe… donné à l'oncle Sauvadon, à « mon oncle !… » Pourquoi ?… Pour avoir vendu du vin coupé à Bercy ?

— Oh ! c'est bien simple, dit l'autre en frisant ses petits yeux gris, je me suis payé le grade de commandeur comme je m'étais payé le titre de prince… Un peu plus, j'avais le grand cordon de l'ordre, car il était à vendre aussi.

— Où donc ? fit Élisée pâlissant.

— Mais à l'agence Lévis, rue Royale… On trouve de tout chez ce diable d'Anglais… Ma croix m'a coûté dix mille francs… le cordon en valait quinze mille… Et je connais quelqu'un qui se l'est offert… Devinez qui ?… Biscarat, le grand coiffeur, Biscarat du boulevard des Capucines… Mais, mon bon, ce que je vous dis là est connu de tout Paris… Allez-vous-en chez Biscarat, vous verrez au fond de la grande salle où il officie au milieu de ses trente garçons une immense photographie qui le représente en Figaro, le rasoir à la main, et le cordon de l'ordre en sautoir… Le dessin en est reproduit en petit sur tous les flacons de la boutique… Si le général voyait cela, c'est sa moustache qui lui remonterait dans le nez… Vous savez, quand il fait…

Il essayait d'attraper la grimace du général ; mais comme il n'avait pas de moustache, ce n'était pas ça du tout.

— Vous avez votre brevet, mon oncle ?...
Voulez-vous me le montrer ?...

Élisée gardait l'espoir qu'il y avait là-dessous quelque tricherie d'écriture, un faux dont l'agence Lévis trafiquait sans scrupule. Non ! Tout semblait régulier, libellé selon la formule, timbré aux armes d'Illyrie avec la signature de Boscovich et la griffe du roi Christian II.
— Le doute n'était plus possible. Il se faisait un commerce de croix et de cordons, établi avec la permission du roi ; d'ailleurs, pour achever de se convaincre, Méraut, sitôt de retour à Saint-Mandé, n'eut qu'à monter chez le conseiller.

Dans un coin du hall immense qui tenait tout le haut de l'hôtel, servant de cabinet de travail à Christian — lequel ne travaillait jamais — de salle d'armes, de gymnase, de bibliothèque, il trouva Boscovich parmi les casiers, les grosses enveloppes de papier Bull, les feuilles superposées où séchaient l'une sur l'autre les dernières plantes récoltées. Depuis l'exil, le savant s'était fait, dans les bois parisiens de Vincennes et de Boulogne qui contiennent la plus riche flore de France, un commencement de collection. De plus il avait acheté l'herbier d'un fameux naturaliste qui venait de mourir ; et, perdu dans l'examen de ses nouvelles richesses, sa tête exsangue, sans âge, penchée sur le verre grossissant d'une loupe, il soulevait une à une avec précaution les pages lourdes entre lesquelles apparaissaient les plantes, de la corolle aux racines étalées, aplaties, leurs nuances perdues sur les bords. Il poussait un cri de joie, d'admiration, quand le spécimen était intact, bien conservé, le considérait longtemps, la lèvre humide, lisant à haute voix son nom latin, sa notice écrite au bas dans un petit cartouche. D'autres fois une exclamation de colère lui échappait, en voyant la fleur attaquée, perforée par ce ver imperceptible, bien connu des herborisateurs, atome né de la poussière des plantes et vivant d'elle, qui est le danger, souvent la perte des collections. La tige se tenait encore, mais dès qu'on remuait la page, tout tombait, s'envolait, fleurs, racines, en un mince tourbillon.

— C'est le ver... c'est le ver... disait Boscovich, la loupe sur l'œil; et il montrait d'un air à la fois désolé et fier une perforation semblable à celle du taret dans le bois, indiquant le passage du monstre. Élisée ne pouvait garder aucun soupçon. Ce maniaque était incapable d'une infamie, mais aussi de la moindre résistance. Au premier mot des décorations, il se mit à trembler, regardant de côté par-dessus sa loupe, craintif et méfiant... Que venait-on lui dire là? Sans doute le roi, ces derniers temps, lui avait fait préparer une quantité de brevets de tous grades, avec le nom en blanc;

mais il ne savait rien de plus, ne se serait jamais permis de rien demander.

— Eh bien! monsieur le conseiller, dit Élisée gravement, je vous préviens, moi, que Sa Majesté fait commerce de ses croix avec l'agence Lévis.

Là-dessus il lui conta l'histoire du barbier gascon dont s'amusait tout Paris. Boscovich poussa un de ses petits cris de femme. Au fond, très peu scandalisé : tout ce qui n'était pas sa manie ne l'intéressait guère. Son herbier laissé à Leybach représentait pour lui la patrie, celui qu'il préparait — l'exil en France.

— Voyons, mais c'est indigne... Un homme comme vous... prêter la main à d'aussi hideux tripotages!

Et l'autre, désespéré qu'on lui ouvrît les yeux de force sur ce qu'il n'avait pas voulu voir :

— *Ma che...*, *ma che...*, qu'est-ce que j'y peux faire, mon bon monsieur Méraut?... Le roi, c'est le roi... Quand il dit : Boscovich, écris ça... ma main obéit sans penser... surtout que Sa Majesté est si bonne pour moi, si généreuse. C'est elle qui, me voyant désespéré de la perte de mon herbier, m'a fait cadeau de celui-ci... Quinze cents francs, une occasion magnifique... Et j'ai eu par-dessus le marché l'*Hortus Cliffortianus* de Linnée, édition princeps.

Naïvement, cyniquement, le pauvre diable

mettait sa conscience à nu. Tout était sec et mort, couleur d'herbier. La manie, cruelle comme le ver imperceptible des naturalistes, avait tout perforé, rongé de part en part. Il ne s'émut que lorsque Élisée le menaça d'avertir la reine. Alors seulement le maniaque lâcha sa loupe, et, à voix basse, avec de gros soupirs de dévote à confesse, il fit des aveux. Bien des choses se passaient sous ses yeux, qu'il ne pouvait défendre, qui le désolaient... Le roi était mal entouré... *E poi... che volete ?* Il n'avait pas la vocation de régner... pas le goût du trône... Il ne l'avait jamais eue... Ainsi, tenez ! je me rappelle... il y a bien longtemps de ça... du vivant de feu Léopold... lorsque le roi eut sa première attaque en sortant de table, et qu'on vint dire à Christian qu'il allait sans doute succéder à son oncle, l'enfant — il avait douze ans à peine et jouait au crocket dans le *patio* de la résidence, — l'enfant se mit à pleurer, à pleurer... une vraie crise de nerfs... Il disait : « Je ne veux pas être roi... je ne veux pas être roi... Qu'on mette mon cousin Stanislas à ma place... » Je me suis rappelé bien souvent, en la retrouvant dans les yeux de Christian II, l'expression effarée et peureuse qu'il avait ce matin-là, cramponné de toutes ses forces à son maillet, comme s'il avait peur qu'on l'emportât dans la salle du trône, et criant : « Je ne veux pas être roi !... »

Tout le caractère de Christian s'expliquait par cette anecdote. Eh! non, sans doute, ce n'était pas un méchant homme, mais un homme enfant, marié trop jeune, avec des passions bouillonnantes et des vices d'hérédité. La vie qu'il menait, les nuits au cercle, les filles, les soupers, c'est dans un certain monde le train normal des maris. Tout s'aggravait de ce rôle de roi qu'il ne savait pas tenir, de ces responsabilités au-dessus de sa taille et de ses forces, et surtout de cet exil qui le démoralisait lentement. De plus solides natures que la sienne ne savent pas résister à ce désarroi des habitudes rompues, de l'incertitude renouvelée, avec l'espoir insensé, les angoisses, l'énervement de l'attente. Comme la mer, l'exil a sa torpeur; il abat et engourdit. C'est une phase de transition. On n'échappe à l'ennui des longues traversées que par des occupations fixes ou des heures d'étude régulières. Mais à quoi peut s'occuper un roi qui n'a plus de peuple, de ministres, ni de conseil, rien à décider, à signer, et beaucoup trop d'esprit ou de scepticisme pour s'amuser au simulacre de toutes ces choses; beaucoup trop d'ignorance pour tenter une diversion vers quelque autre travail assidu? Puis l'exil, c'est la mer, mais c'est aussi le naufrage, jetant les passagers des premières, les privilégiés, pêle-mêle avec les passagers du pont et de la belle étoile. Il faut un fier prestige, un vrai tempérament de roi, pour ne pas se laisser envahir par les familiarités, les promiscuités dégradantes dont on aura plus tard à rougir et à souffrir, pour se garder roi au milieu des privations, des détresses, des souillures qui mêlent et confondent les rangs dans une misérable humanité.

Hélas! cette bohème de l'exil dont le duc de Rosen l'avait si longtemps préservée au prix de grands sacrifices, commençait à envahir la maison d'Illyrie. Le roi en était aux expédients pour payer les frais de « sa fête. » Il commençait par faire des billets comme un fils de famille, trouvant cela tout aussi simple et même plus commode, J. Tom Lévis aidant, que ces « bons sur notre cassette » qu'il adressait autrefois au chef de la maison civile et militaire. Les billets arrivaient à l'échéance, s'augmentaient d'une foule de renouvellements, jusqu'au jour où Tom Lévis, se trouvant à sec, inventait ce joli trafic des brevets, le métier de roi sans peuple ni liste civile ne présentant pas d'autre ressource. Le pauvre lion d'Illyrie, dépecé comme un vil bétail, fut séparé en quartiers et en tranches, vendu à la criée et à l'étal, à tant la crinière et la noix, le plat de côte et les griffes. Et ce n'était que le commencement. Dans le cab de Tom Lévis, le roi n'allait pas s'arrêter en si belle route. C'est ce que se disait Méraut en descendant de chez Boscovich. Il voyait bien qu'on ne pouvait faire aucun fond sur le conseiller, facile à prendre comme tous les gens qui ont une manie. Lui-même était trop nouveau, trop étranger dans la maison pour avoir quelque autorité sur l'esprit de Christian. S'il s'adressait au vieux Rosen ? Mais aux premiers mots du précepteur, le duc lui lança le terrible regard des religions offensées. Le roi, si bas tombé qu'il pût être, restait toujours le roi pour celui-là. Nulle ressource non plus du côté du moine, dont le fauve visage n'apparaissait qu'à de longs intervalles, entre deux voyages, chaque fois plus hâlé et plus maigre...

La reine ?... Mais il la voyait si triste, si fiévreuse depuis quelques mois, son beau front discret, toujours nuagé d'un souci, quand elle arrivait aux leçons qu'elle n'écoutait plus que distraitement, l'esprit absent, le geste suspendu sur son ouvrage. De graves préoccupations l'agitaient, étranges pour elle et l'atteignant d'en bas, des préoccupations d'argent, l'humiliation de toutes ces mains tendues qu'elle ne pouvait plus remplir. Fournisseurs, nécessiteux, compagnons d'exil et d'infortune, ce triste métier de souverain a des charges, même alors qu'il n'a plus de droits. Tous ceux qui avaient appris le chemin de la maison prospère attendaient maintenant pendant des heures aux antichambres, et souvent, fatigués d'attendre, s'en allaient avec des mots que la reine devi-

nait, sans les entendre, dans leur démarche de
mécontents, dans leur lassitude de gens trois
fois renvoyés. C'est qu'elle essayait vraiment
de mettre de l'ordre dans leur nouveau train
de vie ; mais le malheur s'en mêlait, de mauvais placements, des valeurs paralysées. Il fallait attendre ou *tout perdre*. Pauvre reine Frédérique qui croyait tout connaître en fait de
souffrances, il lui manquait ces détresses qui
fanent, le contact dur et blessant de la vie
banale et quotidienne. Il y avait des fins de
mois auxquelles elle songeait la nuit, en frissonnant, comme un chef de maison de commerce. Parfois, les gages des domestiques se
trouvant arriérés, elle craignait de comprendre,
dans le retard d'un ordre, dans un regard un
peu *moins humble*, le mécontentement d'un
serviteur. Enfin elle connaissait la dette, la
dette peu à peu harcelante et qui force de l'insolence de ses poursuites les portes les plus
hautes, les mieux dorées. Le vieux duc, grave
et muet, épiait toutes les angoisses de sa reine,
rôdait autour d'elle comme pour lui dire : « Je
suis là. » Mais elle était bien décidée à tout
épuiser avant de reprendre sa parole, avant de
s'adresser à celui qu'elle avait écrasé d'une
aussi fière leçon.

Un soir, on veillait au grand salon, veillée
monotone et toujours la même, qui se passait
du roi comme à l'ordinaire. Sous les flambeaux

d'argent la table de whist s'installait, ce qu'on appelait le jeu de la reine : le duc, en face de Sa Majesté, avec madame Éléonore et Boscovich pour adversaires. La princesse pianotait en sourdine quelques-uns de ces « échos d'Illyrie » que Frédérique ne se lassait jamais d'entendre, et qu'au moindre signe satisfait la musicienne accentuait en chant de guerre ou de bravoure. Ces évocations de la patrie, amenant sur le visage des joueurs un sourire mouillé, une expression héroïque, rompaient seules l'atmosphère d'exil résigné, d'habitudes prises, dans ce riche salon de bourgeois abritant des Majestés.

Dix heures sonnèrent.

La reine, au lieu de remonter dans ses appartements comme tous les soirs, donnant par son départ le signal de la retraite, promena un regard distrait autour d'elle :

— Vous pouvez vous retirer. J'ai à travailler avec M. Méraut.

Élisée, occupé à lire près de la cheminée, s'inclina en fermant la brochure qu'il feuilletait et passa dans la salle d'étude pour prendre des plumes, de l'encre, de quoi écrire.

Quand il revint, la reine était seule, écoutant les voitures rouler dans la cour, pendant que se refermait le grand portail et que, par les couloirs, les escaliers de l'hôtel, sonnaient les allées et venues qui précédent dans une maison nombreuse l'heure du repos. Le silence se fit enfin, le silence agrandi de deux lieues de bois amortissant dans le bruit du vent, dans les feuilles, les rumeurs lointaines qu'envoyait Paris. Le salon désert, encore tout éclairé dans ce calme de solitude, semblait prêt pour quelque scène tragique. Frédérique, accoudée à la table, repoussa de la main le buvard préparé par Méraut :

— Non... non... Nous ne travaillons pas ce soir, fit-elle... C'était un prétexte... Asseyez-vous et causons...

Puis, plus bas :

— J'ai quelque chose à vous demander...

Mais ce qu'elle avait à dire lui coûtait probablement beaucoup, car elle se recueillit une minute, la bouche et les yeux mi-clos, avec cette expression profondément vieillie et douloureuse qu'Élisée lui avait vue quelquefois et qui lui faisait paraître ce beau visage encore plus beau, marqué de tous les dévouements, de tous les sacrifices, creusé dans ses lignes pures par les plus purs sentiments de la reine et de la femme. C'était un respect religieux qu'elle lui inspirait ainsi... Enfin, reprenant tout son courage, très bas, timidement, en mettant ses mots l'un après l'autre comme des pas craintifs, Frédérique lui demanda s'il ne savait pas à Paris un de ces... de ces endroits où l'on... prêtait sur gages...

Demander cela à Élisée, à ce grand bohème

qui connaissait tous les monts-de-piété parisiens, s'en était servi depuis vingt ans comme de réserves où il mettait l'hiver ses vêtements d'été, l'été ses vêtements d'hiver!... S'il connaissait le *clou!* s'il connaissait *ma tante!*... Dans ses souvenirs de jeunesse cet argot de misère revenant le faisait un moment sourire. Mais la reine continuait, en essayant de raffermir sa voix :

— Je voudrais vous confier quelque chose pour porter là... des bijoux... On a des moments difficiles...

Et ses beaux yeux, levés maintenant, découvraient un profond abîme de douleur calme et surhumaine.

Cette misère de rois, tant de grandeur humiliée!... Est-ce que c'était possible!...

Méraut fit signe de la tête qu'il était prêt à se charger de ce qu'on voudrait.

S'il avait dit un mot, il aurait sangloté, s'il avait fait un geste, c'eût été pour tomber aux pieds de cette auguste détresse. Et pourtant son admiration commençait à s'attendrir de pitié. La reine, à présent, lui semblait un peu moins haute, un peu moins au-dessus des vulgarités de l'existence, comme si, dans le triste aveu qu'elle venait de faire, il avait senti passer un accent de bohème, quelque chose qui était le commencement d'une chute et la rapprochait de lui.

Tout à coup, elle se leva, alla prendre dans

la boîte de cristal de roche l'antique relique oubliée qu'elle posa sur le tapis de la table, comme une poignée de joyaux de tous rayons.

Élisée tressaillit... La couronne !...

— Oui, la couronne... Voilà six cents ans qu'elle est dans la maison d'Illyrie... Des rois sont morts, des flots de sang gentilhomme ont coulé pour la défendre... A présent, il faut qu'elle nous aide à vivre. Il ne nous reste plus que cela...

C'était, en vieil or fin, un magnifique diadème fermé dont les cercles, rehaussés d'ornements, venaient se rejoindre au-dessus de la calotte en velours incarnat. Sur les cercles, sur le bandeau de filigrane torsadé, au cœur de chaque fleuron imitant les fibres de la feuille du trèfle, à la pointe des arcades festonnées à jour et supportant ces fleurons, s'enchâssaient toutes les variétés de pierres connues, le bleu transparent des saphirs, le bleu velouté des turquoises, l'aurore des topazes, la flamme des rubis orientaux, et les émeraudes comme des gouttes d'eau sur des feuilles, et l'opale cabalistique, et les perles d'iris laiteux ; mais les surpassant tous, les diamants partout jetés résumaient dans leurs facettes ces mille feux nuancés, et comme une poussière lumineuse dispersée, un nuage traversé de soleil, fondaient, adoucissaient l'éclat du diadème déjà poncé par les siècles avec des rayonnements doux de lampe de vermeil au fond d'un sanctuaire.

La reine posa son doigt tremblant, là et là :

— Il faudrait faire sauter quelques pierres... les plus grosses...

— Avec quoi?

Ils parlaient à voix basse comme deux criminels. Mais ne voyant rien dans le salon qui pût convenir :

— Éclairez-moi..., dit Frédérique.

Ils passèrent dans la vérandah vitrée, où la haute lampe promenée découpait des ombres fantastiques et une longue traînée de lumière allant se perdre sur les pelouses, dans la nuit du jardin.

— Non... non..., pas des ciseaux, murmurait-elle en le voyant se diriger vers sa corbeille à ouvrage... Ce n'est pas assez fort... J'ai essayé.

Enfin ils découvrirent sur la caisse d'un grenadier dont les fins branchages cherchaient contre la vitre le clair de lune, un sécateur de jardinier. Revenus tous deux au salon, Élisée essaya d'enlever avec la pointe de l'instrument un énorme saphir ovale que la reine lui désignait ; mais le cabochon, solidement serti, résistait, glissait sous le fer, inébranlable dans sa griffe. D'ailleurs la main de l'opérateur, craignant d'abîmer la pierre ou de dessouder le chaton qui portait en rayures sur son or les traces de précédentes tentatives, n'était ni forte ni sûre. Le royaliste souffrait, s'indignait de l'outrage qu'on lui faisait faire à la couronne. Il la sentait frémir, résister, se débattre...

— Je ne peux pas... Je ne peux pas..., dit-il en essuyant la sueur qui mouillait son front.

La reine répondit :

— Il le faut...

— Mais cela va se voir !

Elle eut un fier sourire d'ironie :

— Se voir !... Est-ce qu'on la regarde seulement ?... Qui donc y songe, qui s'en occupe ici, excepté moi ?...

Et tandis qu'il reprenait sa tâche, la tête penchée toute pâle, ses grands cheveux dans les yeux, broyant entre ses genoux le royal diadème que le sécateur dépeçait, déchiquetait, Frédérique, la lampe haute, surveillait l'attentat, aussi froide que ces pierres qui luisaient avec des morceaux d'or sur le tapis de la table, intactes et splendides malgré l'arrachement.

Le lendemain, Élisée, qui était resté dehors tout le matin, rentra après le premier coup du déjeuner, s'assit à table, ému, troublé, se mêlant à peine à la conversation dont il était ordinairement la lumière et l'entrain. Cette agitation gagna la reine sans altérer en rien son sourire ni la sérénité de son contralto ; et le repas fini, ils furent longtemps encore avant de se rapprocher, de pouvoir causer entre eux librement, gardés à vue par l'étiquette et les règlements de vie installés dans la maison, le service de la dame d'honneur, la jalouse surveillance de madame de Silvis. Enfin la leçon arriva. Pendant que le petit prince installait, préparait ses livres :

— Qu'avez-vous ?... demanda-t-elle. Que m'arrive-t-il encore ?...

— Ah ! madame... toutes les pierres sont fausses...

— Fausses !...

— Et très soigneusement imitées en clinquant... Comment cela s'est-il fait ?... Quand ? par qui ?... Il y a donc un malfaiteur dans la maison !

Elle avait pâli atrocement à ce mot de malfaiteur. Soudain, les dents serrées, avec un coup de colère et de désespoir dans les yeux :

— C'est vrai. Il y a un malfaiteur ici... Et vous et moi nous le connaissons bien...

Puis d'un geste de fièvre, prenant violemment le poignet d'Élisée comme pour un pacte connu d'eux seuls :

— Mais nous ne le dénoncerons jamais, n'est-ce pas ?

— Jamais..., dit-il en détournant les yeux ; car, d'un mot, ils s'étaient compris.

VII

JOIES POPULAIRES

C'ÉTAIT l'après-midi d'un premier dimanche de mai, journée splendide, lumineuse, en avance d'un mois sur la saison, et si chaude qu'on avait découvert le landau où la reine Frédérique, le petit prince et son gouverneur, se promenaient dans le bois de Saint-Mandé. Cette première caresse du printemps, venue au travers des branches nouvelles, avait réchauffé le cœur de la reine, comme elle éclairait son visage sous la soie tendue et bleue de l'ombrelle. Elle se sentait heureuse, sans raison, et pour quelques heures oubliant au milieu de la clémence universelle la dureté des jours, blottie en un coin de la lourde voiture, son enfant serré contre elle, s'abandonnait dans l'intimité, la sécurité d'une causerie familière avec Élisée Méraut, assis en face d'eux.

— C'est singulier, lui disait-elle, il me semble que nous nous étions vus déjà avant de nous connaître. Votre voix, votre figure ont éveillé en moi tout de suite l'impression d'un ressouvenir. Où donc avions-nous pu nous rencontrer la première fois ?

Le petit Zara s'en souvenait bien, lui, de cette première fois. C'était au couvent, là-bas, dans cette église sous terre, où M. Élisée lui avait fait si grand'peur. Et dans l'œil timide et doux que l'enfant tournait vers son maître, on sentait bien encore un peu de cette crainte superstitieuse... Mais non ! même avant ce soir de Noël, la reine avait la conviction d'une autre rencontre :

— A moins que ce ne soit dans une vie antérieure, ajouta-t-elle, presque sérieuse.

Élisée se mit à rire :

— En effet, Votre Majesté ne se trompe pas. Elle m'avait vu, non dans une autre vie, mais à Paris, le jour même de son arrivée. J'étais en face de l'*hôtel des Pyramides*, monté sur le soubassement de la grille des Tuileries.

— Et vous avez crié : Vive le roi !... Mainte-

nant je me rappelle... Ainsi c'était vous. Oh !
que je suis contente... C'est vous qui le premier nous avez souhaité la bienvenue... Si
vous saviez comme votre cri m'a fait du
bien...

— Et à moi donc ! reprit Méraut... Si longtemps que je n'avais eu l'occasion de le pousser, ce cri triomphant de : Vive le roi !... Si
longtemps qu'il me chantait au bord des lèvres... C'est un cri de famille, associé à toutes
mes joies d'enfance, de jeunesse, où nous
résumions à la maison nos émotions et nos
croyances. Ce cri-là me redonne — en passant — l'accent méridional, le geste et la voix
de mon père ; il me fait monter dans les yeux
le même attendrissement que je lui ai vu tant
de fois... Pauvre homme ! c'était instinctif
chez lui, une profession de foi dans un mot...
Un jour, traversant Paris au retour d'un voyage
à Frohsdorff, le père Méraut passait sur la place
du Carrousel comme Louis-Philippe allait sortir. Du peuple attendait, collé aux grilles, indifférent et même hostile, un peuple de fin de
règne. Mon père, en apprenant que le roi va
passer, bouscule, écarte tout le monde, et se
met au premier rang pour voir de près, toiser,
accabler de son mépris ce brigand, ce gueux
de Louis-Philippe qui avait volé la place de la
légitimité... Tout à coup le roi paraît, traverse
la cour déserte, au milieu d'un silence de

mort, un silence lourd, écrasant tout le palais, et dans lequel il semblait qu'on entendît distinctement les fusils de l'émeute s'armer, et craquer les ais du trône... Louis-Philippe était déjà vieux, bien bourgeois, s'avançait vers la clôture à petits pas bedonnants, son parapluie à la main. Rien du souverain, rien du maître. Mais mon père ne le vit pas ainsi ; et de penser que dans le grand palais des rois de France, tout pavé de glorieux souvenirs, le représentant de la monarchie s'en allait à travers cette effrayante solitude que fait aux princes la haine des peuples, quelque chose s'émut et se révolta en lui, il oublia toutes ses rancunes, se découvrit brusquement, instinctivement, et cria, sanglota plutôt un « Vive le roi ! » si vibrant, si convaincu, que le vieillard tressaillit et le remercia d'un long regard plein d'émotion.

— J'ai dû vous remercier ainsi..., dit Frédérique, et ses yeux fixaient Méraut avec une telle reconnaissance attendrie que le pauvre garçon se sentit pâlir. Presque aussitôt elle reprit, toute au récit qu'elle venait d'entendre :

— Votre père n'était pourtant pas un homme de la noblesse ?

— Oh ! non, madame... tout ce qu'il y a de plus roturier, de plus humble... un ouvrier tisseur.

— C'est singulier..., fit-elle, rêveuse.

Et lui ripostant, leur éternelle discussion recommença. La reine n'aimait pas, ne comprenait pas le peuple, en avait une sorte d'horreur physique. Elle le trouvait brutal, effrayant dans ses joies comme dans ses revanches. Même aux fêtes du sacre, pendant la lune de miel de son règne, elle avait eu peur de lui, de ses mille mains tendues pour l'acclamer et dont elle se sentait prisonnière. Jamais ils n'avaient pu s'entendre ; grâces, faveurs, aumônes étaient tombées d'elle vers lui, comme ces moissons maudites qui ne peuvent germer, sans qu'il soit permis d'accuser positivement la dureté de la terre ou la stérilité des semences.

Il y avait, parmi les contes bleus dont madame de Silvis vaporisait l'esprit du petit prince, l'histoire d'une jeune demoiselle de Syrie mariée à un lion, et qui éprouvait de son fauve mari une crainte horrible, de ses rugissements, de ses façons violentes de secouer sa crinière. Il était pourtant plein d'attentions, de délicatesses amoureuses, ce pauvre lion ; il rapportait à sa femme-enfant des gibiers rares, des rayons de miel, veillait pendant qu'elle dormait, imposait silence à la mer, aux forêts, aux animaux. N'importe ! Elle gardait sa répulsion, sa peur offensante, jusqu'au jour où le lion se fâchait, lui rugissait un terrible « va-t'en ! » la gueule ouverte et la crinière flamboyante, comme s'il avait eu autant d'envie de la dévorer que de lui rendre la clef des champs. C'était un peu l'histoire de Frédérique et de son peuple ; et depuis qu'Élisée vivait à ses côtés, il essayait en vain de lui faire admettre la bonté cachée, le dévouement chevaleresque, les susceptibilités farouches de ce grand lion qui rugit tant de fois pour plaisanter avant d'entrer dans ses fortes colères. Ah ! si les rois avaient voulu... S'ils s'étaient montrés moins méfiants... Et comme Frédérique agitait son ombrelle d'un air incrédule :

— Oui, je le sais bien... le peuple vous fait peur... Vous ne l'aimez pas, ou plutôt vous ne le connaissez pas... Mais que Votre Majesté regarde autour d'elle, dans ces allées, sous ces arbres... C'est pourtant le plus terrible faubourg de Paris qui se promène et s'amuse ici, celui d'où les révolutions descendent à travers les rues dépavées... Comme tous ces gens ont l'air simple et bon, naturel et naïf !... Comme ils savourent le bien-être d'un jour de repos, d'une saison de soleil...

De la grande allée où le landau passait au pas, on voyait en effet, sous les fourrés encore grêles et tout violets des premières jacinthes sauvages, des déjeuners installés par terre, les assiettes blanches faisant tache, les paniers couvercle béant, et les verres épais des comptoirs de marchands de vin enfouis dans la verdeur des pousses comme de grosses pivoines ; des châles et des blouses pendus aux branches, les femmes en taille, les hommes en bras de chemise ; des lectures, des siestes, de laborieuses coutures accotées à des troncs d'arbres ; des clairières joyeuses où voltigeaient des bouts d'étoffe pas chère, pour une partie de volants, de colin-maillard ou quelque quadrille improvisé au son d'un orchestre invisible arrivant par bouffées. Et des enfants, des quantités d'enfants faisant communiquer les tablées et les jeux, courant ensemble d'une famille à l'autre, avec des bonds, des cris, unissant tout le bois dans un immense gazouillis d'hirondelles, dont leurs allées et venues sans fin avaient aussi la rapidité, le caprice, le noir envolement dans le clair des branches. En contraste au bois de Boulogne, soigné, peigné, défendu par ses petites barrières rustiques, ce bois de Vincennes, toutes avenues libres, semblait bien préparé pour les ébats d'un peuple en fête, avec ses gazons verts et foulés, ses arbres ployés et résistants, comme si la nature ici se faisait plus clémente, plus vivace.

Tout à coup, au détour de l'allée, la brusque prise d'air et de lumière du lac écartant le bois tout autour de ses berges gazonnées, arracha à l'enfant royal une exclamation d'enthousiasme. C'était superbe, comme la mer découverte subitement après le dédale en pierres sèches d'un village breton, amenant le flux juste au pied de la dernière ruelle. Des barques pavoisées, remplies de canotiers en notes vives de bleu et de rouge, sillonnaient le lac en tous sens avec la coupure d'argent des avirons, leur blanche éclaboussure dans le pétillement d'ablette des petites vagues. Et des bandes de canards nageaient poussant des cris, des cygnes d'allure plus large suivaient le long circuit du bord, la plume légère, gonflée de brise, tandis que tout au fond, massée dans le vert rideau d'une île, la musique envoyait à tout le bois des rhythmes joyeux auxquels la surface du lac servait de tremplin. Sur tout cela un désordre gai, l'animation du vent et du flot, le claquement des banderolles, les appels des bateliers, et l'entourage sur les talus de groupes assis, d'enfants qui couraient, de deux petits cafés bruyants, bâtis presque dans l'eau, au plancher de bois sonore comme un pont, tenant à la fois dans leurs murs à claires-voies du bateau de bains et du paquebot... Peu de voitures au bord du lac. De temps en temps un fiacre à galerie, charriant le lendemain d'une noce de faubourg reconnaissable au drap neuf des redingotes, aux arabesques voyantes des châles; ou bien des chars-à-bancs du commerce promenant leur enseigne en lettres dorées, chargés de grosses dames en chapeaux à fleurs qui regardaient d'un air de pitié les passants foulant le sable. Mais ce qu'on voyait surtout, c'était ces petites voitures de bébés; premier luxe de l'ouvrier en ménage, ces berceaux qui marchent, où de petites têtes encadrées de bonnets à ruches dodelinent bienheureusement, attendent le sommeil, les yeux levés vers l'entrelacement des branches sur le bleu.

Parmi toutes ces promenades de petites gens, l'équipage aux armes d'Illyrie, avec son attelage et sa livrée, ne passait pas sans exciter un certain étonnement, Frédérique n'étant jamais venue là qu'en semaine. On se poussait du coude; les familles d'ouvriers en bandes, silencieuses dans la gêne de l'endimanchement, s'écartaient au bruit des roues, se retournaient ensuite, ne ménageant pas leur enthousiasme à la hautaine beauté de la reine près de l'aristocratique enfance de Zara. Et quelquefois une petite mine effrontée sortait du taillis pour crier : « Bonjour, Madame... » Était-ce les paroles d'Élisée, la splendeur du temps, la gaieté répandue jusque vers ce fond d'horizons que les usines éteintes laissaient limpides et vraiment champêtres, ou la cordialité de ces rencontres ? Frédérique ressentait une espèce de sympathie pour ce dimanche d'ouvriers, paré presque partout d'une propreté touchante, étant donné les durs travaux et la rareté des loisirs. Quant à Zara, il ne tenait pas en place, trépignait, frémissait dans la voiture ; il aurait voulu descendre, se rouler avec les autres sur les pelouses, monter dans les barques.

Maintenant, le landau arrivait à des allées moins bruyantes, où des gens lisaient, dormaient sur des bancs, où passaient le long des massifs des couples étroitement serrés. Ici l'ombre gardait un peu de mystère, une fraîcheur de source, de vrais effluves de forêt. Des oiseaux pépiaient dans les branches. Mais à mesure qu'on s'éloignait du lac, qui concentrait tous les bruits, l'écho d'une autre fête arrivait distinctement : coups de feu, roulements de caisses et de tambours, sonneries de trompettes et de cloches, se détachant d'une grande clameur qui tout à coup passait sur le soleil comme une fumée. On eût dit le sac d'une ville.

— Qu'est-ce que c'est?... Qu'est-ce qu'on entend? demandait le petit prince.

— La foire aux pains d'épices, Monseigneur, dit le vieux cocher, se retournant sur son siège ; et comme la reine consentait à se rapprocher de la fête, la voiture sortie du parc fila par une foule de ruelles, de voies à demi-construites, où des maisons neuves à six étages montaient à côté de misérables taudis, entre un ruisseau d'étable et le jardin d'un maraîcher. Partout des guinguettes avec leurs tonnelles, les petites tables, les montants de la balançoire, du même vilain vert de peinture. Cela dégorgeait de monde ; et les militaires étaient en foule, les shakos d'artilleurs, les gants blancs. Peu de bruit. On écoutait le harpiste ou le violoniste ambulant qui, sur une permission de jouer entre les tables, raclait un air de la *Favorite* ou du *Trouvère;* car ce blagueur de peuple de Paris adore la musique sentimentale, et prodigue l'aumône quand il s'amuse.

Subitement le landau s'arrête. Les voitures ne vont pas plus loin que l'entrée de ce large cours de Vincennes le long duquel la foire est installée, ayant comme fond vers Paris les deux colonnes de la barrière du Trône qui montent dans une poudreuse atmosphère de banlieue. Ce qu'on voyait de là, un fourmillement de foule libre au milieu d'une véritable rue d'immenses baraques, allumait d'un tel appétit d'enfant curieux les yeux de Zara, que la reine proposa de descendre. C'était si extraordinaire, ce désir de la fière Frédérique, s'en aller à pied dans la poussière d'un dimanche; Élisée en était tellement surpris qu'il hésitait.

— Il y a donc du danger?

— Oh! pas le moindre, madame... Seulement, si nous allons sur le champ de foire, il vaut mieux que personne ne nous accompagne. La livrée nous ferait trop remarquer.

Sur un ordre de la reine, le grand valet de

pied qui se disposait à les suivre reprit sa place sur le siège, et l'on convint que la voiture attendrait. Bien sûr, ils ne comptaient pas faire toute la foire, seulement quelques pas devant les premières baraques.

C'étaient, à l'entrée, de petits établis volants, une table recouverte d'une serviette blanche, des tirs au lapin, des tourniquets. Les gens passaient, dédaigneux, sans s'arrêter. Puis des fritureries en plein vent, entourées d'une odeur âcre de graisse brûlée, de grandes flammes montant roses dans le jour, autour desquelles s'activaient des marmitons vêtus de blanc derrière des piles de beignets sucrés. Et le fabricant de pâte de guimauve, allongeant, tordant en gigantesques anneaux la pâte blanche qui sent l'amande!... Le petit prince regardait avec stupeur. Cela était si nouveau pour lui, oiseau de volière, élevé dans les hautes chambres d'un château, derrière les grilles dorées d'un parc, et grandi au milieu des terreurs, des méfiances, ne sortant qu'accompagné, n'ayant jamais vu le populaire que du haut d'un balcon ou d'une voiture entourée de gardes. D'abord intimidé, il marchait serré contre sa mère en lui tenant la main très fort; mais peu à peu il se grisait au bruit, à l'odeur de la fête.. Les ritournelles des orgues l'excitaient. Il y avait une envie folle de courir dans la façon dont il entraînait Frédérique, combattu par le besoin de s'arrêter partout et celui d'aller toujours en avant, toujours plus loin, là-bas, où le bruit était plus grand, la foule plus compacte.

Ainsi, sans s'en apercevoir, ils s'éloignaient du point de départ, avec ce manque de sensation du nageur que l'eau porte à la dérive, et d'autant plus facilement que personne ne les remarquait, que parmi toutes ces toilettes criardes le svelte costume de la reine, de plusieurs tons fauves, robe, manteau, coiffure assortis, passait inaperçu comme l'élégance discrète de Zara dont le grand col empesé, les mollets nus, la courte jaquette faisaient seulement dire à quelques bonnes femmes : « C'est un Anglais... » Il marchait entre sa mère et Élisée qui se souriaient par-dessus sa joie. « Oh ! mère, voyez ça... Monsieur Élisée, qu'est-ce qu'on fait là-bas ?... Allons voir !... » Et d'un côté de l'avenue à l'autre, en zigzags curieux, on s'enfonçait toujours plus avant dans la foule épaissie, en suivant son mouvement de flot.

— Si nous revenions !... propose Élisée ; mais l'enfant est comme ivre. Il supplie, tire la main de sa mère, et elle est si heureuse de voir son petit endormi sorti de sa torpeur, elle-même surexcitée par cette fermentation populaire, que l'on avance encore, et encore...

La journée devient plus chaude, comme si le soleil, en descendant, ramassait du bout de ses rayons une brume d'orage ; et à mesure que le ciel change, la fête avec ses mille couleurs prend un aspect féerique. C'est l'heure des parades. Tout le personnel des cirques et des baraques est dehors, sous les tendelets de l'entrée, en avant de ces toiles d'enseignes dont le gonflement semble faire vivre les animaux gigantesques, les gymnasiarques, les Hercules qu'on y a peints. Voici la parade de la grande pièce militaire, un étalement de costumes Charles IX et Louis XV, arquebuses, fusils, perruques et panaches mêlés, la *Marseillaise* sonnant dans les cuivres de l'orchestre, tandis qu'en face les jeunes chevaux d'un cirque, au bout de rênes blanches, comme des chevaux de mariée, exécutent sur l'estrade des pas savants, calculent du sabot, saluent du poitrail, et qu'à côté, la vraie baraque de saltimbanques exhibe son paillasse en veste à carreaux, ses petits astèques étriqués dans leur maillot collant et une grande fille à tête hâlée, toute vêtue d'un rose de danseuse et qui jongle avec des boules d'or et d'argent, des bouteilles, des couteaux à lames d'étain luisant, tintant, se croisant au-dessus de sa coiffure échafaudée par des épingles en verroterie.

Le petit prince se perd en des contemplations sans fin devant cette belle personne, quand une reine, une vraie reine des contes bleus, avec un diadème brillant, une tunique courte en gaze argentée, les jambes croisées l'une sur l'autre, lui apparaît penchée à la balustrade. Il ne se serait pas lassé de la regarder, mais l'orchestre lui donne des distractions, un orchestre extraordinaire, composé non pas de gardes-françaises ni d'Hercules en maillot rose, mais de véritables gens du monde, un monsieur à favoris courts, crâne luisant et bottes molles, daignant jouer du cornet à piston, tandis qu'une dame, mais une vraie dame, ayant un peu de la solennité de madame de Silvis, en mantelet de soie, le chapeau garni de fleurs tremblantes, tapait de la grosse caisse en regardant d'un air détaché à droite et à gauche, avec de brusques tours de bras qui secouaient jusque dans les roses du chapeau les franges chenillées de son mantelet. Qui sait? Quelque royale famille tombée elle aussi dans le malheur... Mais le champ de foire présentait bien d'autres choses étonnantes.

Dans un panorama infini et perpétuellement varié, dansaient des ours au bout de leurs chaînes, des nègres en pagne de toile, des diables, des diablesses en étroit serre-tête de pourpre; gesticulaient des lutteurs, tombeurs fameux, un poing sur la hanche, balançant au-dessus de la foule le caleçon destiné à l'amateur, une maîtresse d'escrime au corsage en cuirasse, aux bas rouges à coins d'or, le visage couvert du masque, la main dans le gant d'armes à crispin de cuir, un homme vêtu de velours noir qui ressemblait à Colomb ou à Copernic décrivant des cercles magiques avec une cravache à pomme de diamant, pendant que derrière l'estrade, dans une odeur fade de poils et d'écurie, on entendait rugir les fauves de la ménagerie Garel. Toutes ces curiosités vivantes se confondaient avec celles que représentaient seulement des images, femmes géantes en tenue de bal, les épaules à l'air, les bras en édredon rose de la manche courte au gant étroitement boutonné, silhouettes de somnambules assises, regardant l'avenir, les yeux bandés, près d'un docteur à barbe noire, monstres, accidents de nature, toutes les excentricités, toutes les bizarreries, quelquefois abritées seulement de deux grands draps soutenus d'une corde, avec la tirelire de la recette sur une chaise.

Et partout, à chaque pas, le roi de la fête, le pain d'épices sous tous les aspects, toutes les formes, dans ses boutiques drapées de rouge et crépinées d'or, vêtu de papier satiné à images, noué de faveurs, décoré de sucreries et d'amandes grillées, le pain d'épices en bonshommes de plate et grotesque tournure représentant les célébrités parisiennes, l'amant d'Amanda, le prince Queue-de-Poule avec son inséparable Rigolo, le pain d'épices porté sur des corbeilles, des établis volants, répandant un bon goût de miel et de fruits cuits à travers la foule lente, étroitement serrée, où la circulation commence à devenir bien difficile.

Impossible à présent de retourner sur ses pas. Il faut suivre ce courant despotique, avancer, reculer, inconsciemment poussé vers cette baraque, vers cette autre, car le flot vivant qui se presse au milieu de la fête cherche à déborder des côtés, sans possibilité d'une issue. Et des rires éclatent, des plaisanteries, dans ce coudoiement continuel et forcé. Jamais la reine n'a vu le peuple d'aussi près. Frôlée presque par son haleine et le rude contact de ses fortes épaules, elle s'étonne de ne ressentir ni dégoût ni terreur, avance avec les autres, de ce pas de foule hésitant qui semble le chuchotement d'une marche et garde quand même, les voitures absentes, une sorte de solennité. La bonne humeur de tous ces gens la rassure, et aussi la gaieté exubérante de son fils, et cette quantité de petites voitures de bébés continuant à circuler au plus épais. « Poussez donc pas... Vous voyez ben qu'y a un enfant ! » Non pas un, mais dix, mais vingt, mais des centaines d'enfants, portés en nourrissons par les mères, sur le dos des pères ; et Frédérique croise un sourire aimable, quand elle voit passer l'âge de son fils sur une de ces petites têtes populacières. Élisée, lui, commence à s'inquiéter. Il sait ce que c'est qu'une foule, si calme qu'elle soit en apparence, et le danger que présentent ses remous et ses marées. Qu'un de ces gros nuages de là-haut crève en pluie, quel désordre, quelle panique ! Et son imagination toujours bouillante lui représente la scène, l'horrible étouffement corps à corps, ces écrasements de la place Louis XV, ce tassement sinistre de tout un peuple au milieu d'un Paris trop grand, à deux pas d'immenses avenues désertes, mais inabordables...

Entre sa mère et son précepteur qui le soutiennent, le protègent, le petit prince a bien chaud. Il se plaint de ne plus rien voir. Alors, comme ces ouvriers autour d'eux, Élisée enlève Zara sur son épaule ; et c'est une nouvelle explosion de joie, car de là-haut le coup d'œil de la fête est splendide. Sur un ciel de couchant traversé de jets de lumière et de grandes ombres flottantes, dans la longue perspective, entre les deux colonnes de la barrière, ce sont des palpitations de drapeaux et d'oriflammes, des claquements de toile aux frontons des baraques. Les roues légères de gigantesques escarpolettes enlèvent un à un leurs petits chars remplis de monde, un immense « chevaux-de-bois » à triple étage, vernissé, colorié comme un joujou, tourne mécaniquement avec ses lions, léopards, tarasques fantastiques sur lesquels les enfants ont aussi des raideurs de petits pantins. Plus près, des envolements de ballons rouges en grappes; d'innombrables virements de moulins en papier jaune ressemblant à des soleils d'artifice, et dominant la foule, des quantités de petites têtes, droites, aux cheveux de fumée blonde, comme ceux de Zara. Les rayons du couchant un peu pâlis trouvent sur les nuages des reflets de plaques brillantes éclairant les objets, les assombrissant tour à tour, et cela mouvemente encore la perspective. Ils frappent ici un Pierrot et une Colombine, deux taches blanches, se trémoussant en face l'un de l'autre, pantomime à la craie sur le fond noir du tréteau; là-bas un pitre long et courbé, coiffé d'un chapeau pointu de berger grec, faisant le geste d'enfourner, de pousser à l'intérieur de sa baraque la foule en coulée noire sur l'escalier. Il a la bouche grande ouverte, ce pitre, il doit crier, mugir; mais on ne l'entend pas, pas plus qu'on n'entend cette cloche furieusement secouée au coin d'une estrade ou les coups d'arquebuse dont on voit l'armement et la fumée. C'est que tout se perd dans l'immense clameur de la foire, clameur d'élément faite d'un « tutti » discordant et général, crécelles, mirlitons, gongs, tambours, porte-voix, mugissements de bêtes fauves, orgues de Barbarie, sifflets de machines à vapeur. C'est à qui emploiera pour attirer la foule, comme on prend les abeilles au bruit, l'instrument le plus infatigable, le plus bruyant; et des balançoires, des escarpolettes, tombent aussi des cris aigus, tandis que, de dix minutes en dix minutes, les trains de ceinture, passant à niveau du champ de foire, coupent et dominent de leurs sifflements ce vacarme enragé.

Tout à coup la fatigue, l'odeur étouffante de cette foulée humaine, l'éblouissement d'un soleil de cinq heures, oblique et chaud, où tournent tant de choses vibrantes et brillantes, étourdissent la reine, la font défaillir dans une halte. Elle n'a que le temps de saisir le bras d'Élisée pour ne pas tomber, et pendant qu'elle s'appuie, se cramponne, droite et pâle, de murmurer bien bas : « Rien... ce n'est rien... » Mais sa tête où les nerfs battent douloureusement, tout son corps, qui perd le sentiment de l'être, s'abandonnent une minute... Oh! il ne l'oubliera jamais, cette minute-là...

C'est fini. Maintenant Frédérique est forte. Un souffle de fraîcheur sur son front l'a vite ranimée; pourtant elle ne quitte plus le bras protecteur, et ce pas de reine qui s'accorde au sien, ce gant qui s'appuie en tiédeur, causent à Élisée un trouble inexprimable. Le danger, la foule, Paris, la fête, il ne songe plus à rien. Il est au pays impossible où les rêves se réalisent avec toutes leurs magies et leurs extravagances de rêves. Enfoui dans cette mêlée de peuple, il va sans l'entendre, sans la voir, porté par un nuage qui l'enveloppe jusqu'aux yeux, le pousse, le soutient, l'amène insensiblement hors de l'avenue... Et c'est là seulement qu'il reprend terre, se reconnaît... La voiture de la reine est loin. Nul moyen de la rejoindre. Il leur faut revenir à pied vers la rue Herbillon, suivre dans le jour tombant de larges allées, des rues bordées de cabarets pleins et de passants en goguette. C'est une véritable escapade, mais aucun d'eux ne songe bien à l'étrangeté du retour. Le petit Zara parle, parle, comme tous les enfants après une fête, pressés de traduire par une petite bouche tout ce qu'ils ont amassé d'images, d'idées, d'événements par les yeux. Élisée et la reine silencieux. Lui, tout frémissant encore, cherche à se rappeler tour à tour et à fuir la minute délicieuse et pénétrante qui lui a révélé le secret, le triste secret de sa vie. Frédérique songe à tout ce qu'elle vient de voir d'inconnu, de nouveau. Pour la première fois elle a senti battre le cœur du peuple; elle a mis sa tête sur l'épaule du lion. Il lui en est resté une impression puissante et douce, comme une étreinte de tendresse et de protection.

VIII

LE GRAND COUP

LA porte battit brusquement, autocratiquement, fit courir d'un bout à l'autre de l'agence un coup de vent qui gonfla les voiles bleus, les mackintosh, agita les factures aux doigts des employés et les petites plumes des toques voyageuses. Des mains se tendirent, des fronts s'inclinèrent: J. Tom Lévis venait d'entrer. Un sourire circulaire, deux ou trois ordres très brefs à la comptabilité, le temps de demander avec une intonation extraordinairement exultante « si l'on avait fait l'envoà de Mgr le prince de Galles, » il était déjà dans son cabinet et les employés se signalaient l'un à l'autre par des clignements d'yeux l'étonnante bonne humeur du patron. Bien sûr il se passait quelque chose de nouveau. La paisible Séphora elle-même comprit cela derrière son grillage et s'informa doucement, en voyant entrer Tom :

— Qu'est-ce qu'il y a ?

— Des choses !... dit l'autre dans un large rire silencieux, avec son tournoiement d'yeux des grandes occasions.

Il fit signe à sa femme :

— Viens !...

Et tous deux descendirent les quinze marches étroites et raides, doublées de cuivre, qui menaient à un petit boudoir en sous-sol fort coquettement tapissé et tendu, avec un divan, une toilette-princesse, éclairé au gaz presque constamment, le petit hublot par lequel l'endroit prenait jour sur la rue Royale restant fermé d'un verre dépoli épais comme un morceau de corne. De là on communiquait avec les caves et la cour, ce qui permettait à Tom d'entrer, de sortir, sans être vu, d'éviter les fâcheux et les créanciers, ce qu'en argot parisien on appelle les « pavés, » c'est-à-dire des personnes ou des choses qui gênent la circulation. Avec des affaires aussi compliquées que celles de l'agence, ces ruses de Comanche sont indispensables. Sans quoi la vie s'userait en querelles, en contestations.

Les plus vieux employés de Tom, des gens qui le servaient depuis des cinq et six mois, n'étaient jamais descendus dans ce mystérieux sous-sol où Séphora avait seule le droit de pénétrer. C'était le coin intime de l'agent, son dedans, sa conscience, le cocon d'où il sortait chaque fois transformé, quelque chose comme une loge de comédien, à laquelle du reste le boudoir ressemblait fort en ce moment, avec ses becs de gaz éclairant le marbre, les tentures falbalassées de la toilette et la mimique singulière à laquelle se livrait J. Tom Lévis, agent des étrangers. D'un tour de main il ouvrit sa longue redingote anglaise, l'envoya loin, puis un gilet, puis un autre, les gilets multicolores de l'homme du cirque, désentortilla les dix mètres de mousseline blanche qui formaient sa cravate, les bandes de flanelle superposées autour de sa taille, et de cette majestueuse et apoplectique rotondité qui courait Paris dans le premier, le seul cab connu à cette époque, sortit tout à coup, avec un « ouf! » de satisfaction, un petit homme sec et nerveux, pas plus gros qu'une bobine dévidée, un affreux voyou de Paris quinquagénaire, qu'on eût dit sauvé du feu, tiré d'un four à plâtre, avec les rides, les cicatrices, les tonsures dévastatrices de l'échaudement, et malgré tout, un air jeunet, gaminaille, d'ancien mobile de 48, le véritable Tom Lévis, c'est-à-dire Narcisse Poitou, fils d'un menuisier de la rue de l'Orillon.

Grandi dans les copeaux de l'établi paternel jusqu'à dix ans, de dix à quinze élevé par la Mutuelle et par la rue, cette incomparable école à ciel ouvert, Narcisse avait senti s'éveiller en lui de bonne heure l'horreur du peuple et des métiers manuels, en même temps une imagination dévorante que le ruisseau parisien avec ce qu'il charrie d'hétéroclite alimentait mieux que n'importe quelle traversée au long cours. Tout enfant, il combinait des projets, des affaires. Plus tard, cette mobilité du rêve l'empêchait de fixer ses forces, de les rendre productives. Il voyagea, entreprit mille métiers. Mineur en Australie, squatter en Amérique, comédien à Batavia, recors à Bruxelles, après avoir fait des dettes dans les deux mondes, laissé des pavés aux quatre coins de l'univers, il s'installa agent d'affaires à Londres, où il vécut assez longtemps, où il aurait pu réussir, sans sa terrible imagination insatiable, toujours en quête, imagination de voluptueux en perpétuelle avance sur le plaisir prochain, qui le rejeta à la noire misère britannique. Cette fois il roula très bas, fut ramassé la nuit dans Hyde Park, comme il braconnait les cygnes du bassin. Quelques mois de prison achevèrent de le dégoûter de la libre Angleterre, et il revint à l'état d'épave échouer le long du trottoir parisien d'où il était parti.

Ce fut encore un caprice fantasque, joint à ses instincts de pitre, de comédien, qui le fit se naturaliser Anglais en plein Paris, ce qui lui était facile avec sa connaissance des mœurs, de la langue et de la mimique anglo-saxonnes. Cela lui vint d'instinct, subitement, à sa première affaire, à son premier « grand coup » d'entremetteur.

— Qui faut-il que j'annonce?... lui demandait insolemment un grand coquin en livrée.

Poitou se vit si râpé, si triste, dans la vaste antichambre, tremblant d'être éconduit avant qu'on eût pu l'entendre; il éprouva le besoin de relever tout cela par quelque chose d'anormal et d'étranger.

Aôh!... annoncez sir Tom Lévis!

Et tout de suite il se sentit d'aplomb sous ce nom improvisé à la minute, dans cette nationalité d'emprunt, s'amusa à en perfectionner les particularités, les manies, sans compter que la surveillance attentive de son accent, de sa tenue, corrigea bien vite sa verve exubérante, lui permit d'inventer des trucs tout en ayant l'air de chercher ses mots.

Chose singulière. Des innombrables combinaisons de ce cerveau plein de trouvailles, celle-là, la moins cherchée de toutes, lui réussit le mieux. Il lui dut la connaissance de Séphora, qui tenait alors, aux Champs-Élysées, une sorte de « *Family Hôtel,* » logis coquet à trois étages, rideaux roses, petit perron sur l'avenue d'Antin, entre de larges asphaltes égayés de verdure et de fleurs. La maîtresse de maison, toujours en tenue, présentait à une fenêtre du rez-de-chaussée son profil calme et divin penché sur quelque ouvrage ou sur son livre de caisse. Là-dedans, une société, bizarrement exotique : clowns, bookmakers, écuyers, marchands de chevaux, la bohème anglo-américaine, la pire de toutes, l'écume des placers et des villes de jeu. Le personnel féminin se recrutait parmi les quadrilles de Mabille, dont les violons s'entendaient tout près les soirs d'été, mêlés au bruit des disputes du *family,* à l'écroulement des jetons et des louis, car on jouait gros jeu après dîner. Si parfois quelque honnête famille étrangère, trompée par le mensonge de la façade, venait pour s'installer chez Séphora, l'étrangeté des convives, le ton des conversations la chassaient bien vite, le premier jour, éperdue, les malles à peine défaites.

Dans ce milieu d'aventuriers, de faiseurs, maître Poitou, ou plutôt Tom Lévis, ce petit locataire logé sous les combles, conquit bien vite une situation par sa gaieté, sa souplesse, sa pratique des affaires, de toutes les affaires.

Il plaçait l'argent des domestiques, gagnait par eux la confiance de leur maîtresse. Comment ne l'aurait-il pas eue avec cette bonne figure ouverte et souriante, cet entrain infatigable qui faisait de lui le convive précieux de la table d'hôte, allumant le client, amorçant la nappe, boute-en-train des paris et des consommations. Si froide, si fermée pour tous, la belle hôtesse du *family* n'avait d'abandon qu'avec M. Tom. Souvent, l'après-midi, en rentrant, en sortant, il s'arrêtait dans le petit bureau de l'hôtel, proprêt, tout en glaces et en sparterie. Séphora lui racontait ses affaires, lui montrait ses bijoux et ses livres, le consultait sur le menu du jour ou sur les soins à donner au grand arum à fleurs en cornet qui baignait auprès d'elle dans une faïence de Minton. Ils riaient ensemble des lettres d'amour, des propositions de toute sorte qu'elle recevait; car c'était une beauté que le sentiment n'altérait pas. Sans tempérament, elle gardait son sang-froid partout et toujours, traitait la passion comme une affaire. On dit qu'il n'y a que le premier amant qui compte; celui de Séphora, le sexagénaire choisi par le père Leemans, lui avait gelé le sang pour jamais et perverti l'amour. Elle n'y voyait que l'argent, et puis aussi l'intrigue, les ruses, le trafic, cette admirable créature étant née dans la brocante et seulement pour la brocante. Peu à peu entre

elle et Tom un lien se formait, une amitié
d'oncle à pupille. Il la conseillait, la guidait,
toujours avec une adresse, une fertilité d'imagination qui ravissaient cette nature posée et
méthodique où le fatalisme juif se mêlait au
lourd tempérament des Flandres. Jamais elle
n'inventait, n'imaginait rien, toute à la minute
présente, et le cerveau de Tom, cette pièce
d'artifice toujours allumée, devait l'éblouir. Ce
qui l'acheva, ce fut d'entendre son pensionnaire, un soir qu'il avait baragouiné de la
façon la plus comique pendant le dîner, lui
dire à l'oreille en prenant sa clef dans le bureau
du *family* :

— Et vous savez, pas Anglais du tout.

Dès ce jour elle s'éprit ou plutôt — car les
sentiments ne valent que par l'étiquette — elle
se toqua de lui, comme une femme du monde
se toque du comédien qu'elle est seule à connaître, loin de la rampe, du fard, du costume,
tel qu'il est et non tel qu'il paraît aux autres ;
l'amour voudra toujours des privilèges. Puis
tous deux sortaient du même ruisseau parisien.
Il avait sali le bas des jupes de Séphora, et
Narcisse s'y était roulé ; mais ils en gardaient
également la souillure et le goût de vase.
L'empreinte faubourienne, le pli crapuleux qui
sert de ficelle à la physionomie en guignol du
voyou et qui soulevait parfois un coin du
masque de l'Anglais, Séphora les laissait voir

par éclairs dans les lignes bibliques de son visage, les retrouvait dans l'ironie, dans le rire canaille de sa bouche de Salomé.

Cet amour singulier de la belle et du monstre ne fit que s'accroître à mesure que la femme entra mieux dans la vie du pitre, dans la confidence de ses trucs, de ses singeries, depuis l'invention du cab jusqu'à celle des gilets multiples à l'aide desquels J. Tom Lévis, ne pouvant se grandir, essayait au moins de paraître majestueux; à mesure qu'elle s'associait à cette existence imprévue, tourbillonnante, de projets, de rêves, de grands et de petits coups. Et ce singe d'homme était si fort qu'après dix années de ménage légitime et bourgeois, il l'amusait, la charmait encore comme au premier temps de leur rencontre. Il aurait suffi pour s'en convaincre, de la voir ce jour-là renversée sur le divan du petit salon se tordre, se rouler de rire en disant d'un air ravi, extasié : « Est-il bête !... est-il bête !... » pendant que Tom, en collant et tricot de couleur, réduit à son expression la plus sobre, chauve, anguleux, osseux, se livrait devant elle à une gigue frénétique, avec des gestes en bois et des trépignements enragés. Quand tous deux furent las, elle de rire et lui de gigoter, il se jeta à son côté sur le divan, approcha sa face simiesque de cette tête angélique, et lui soufflant sa joie dans la figure :

— Enfoncés les Spricht!... Dégotée la Spricht-taille!... J'ai trouvé mon coup, le grand coup.

— Bien sûr?... Qui donc ça?...

Le nom qu'il dit amena sur les lèvres de Séphora une jolie moue de dédain :

— Comment! ce grand serin?... Mais il n'a plus le sou... Nous l'avons tondu, rasé, lui et son lion d'Illyrie... Il ne lui reste pas ça de duvet sur le dos.

— Blague pas le lion d'Illyrie, ma fille... Rien que la peau vaut deux cents millions, dit Tom, reprenant son flegme.

Les yeux de la femme flambèrent. Il répéta en appuyant sur chaque syllabe !

— Deux cents millions!...

Puis froidement, nettement, il lui expliqua le coup. Il s'agissait d'amener Christian II à accepter les propositions de la Diète, et à céder ses droits à la couronne pour le beau prix qu'on lui offrait. En somme, quoi? une signature à donner, pas davantage. Christian, seul, se serait décidé depuis longtemps. C'est l'entourage, la reine surtout qui l'arrêtait, l'empêchait de signer cette renonciation. Il faudrait bien en venir là pourtant un jour ou l'autre. Plus le sou à la maison. On devait dans tout Saint-Mandé, au boucher, au marchand d'avoine — car, malgré la misère des maîtres, il y avait encore des chevaux à l'écurie. Et toujours maison montée, table mise, les apparences du

luxe avec des privations sinistres par-dessous.
Le linge royal, portant couronne, se trouvait
dans les armoires et on ne le remplaçait pas.
Les écuries étaient vides, les plus grosses pièces
d'argenterie engagées ; et le service à peine
suffisant restait souvent plusieurs mois impayé.
Tous ces détails, Tom les tenait de Lebeau, le
valet de chambre, qui lui avait appris aussi
l'histoire des deux cents millions proposés par
la Diète de Leybach et la scène à laquelle ils
avaient donné lieu.

Depuis que le roi se savait deux cents millions, là tout près, contre une becquée d'encre,
il n'était plus le même, ne riait plus, ne parlait plus, gardait toujours cette idée fixe comme
un point névralgique au même côté du front.
Il avait des humeurs de dogue, de gros soupirs silencieux. Pourtant rien n'était changé à
son service particulier : secrétaire, valet de
chambre, cocher, valets de pied. Le même luxe
coûteux d'ameublement et de tenue. Cette
Frédérique, enragée d'orgueil, croyant masquer
à tous sa détresse à force de hauteur, n'aurait
jamais permis que le roi fût privé de rien.
Quand il mangeait par hasard rue Herbillon,
la table devait être luxueusement servie. Ce
qui manquait par exemple, ce qu'elle ne pouvait pas fournir, c'était l'argent de poche, pour
le club, le jeu, les demoiselles. Évidemment le
roi succomberait par là. Un beau matin, après

quelque longue veillée au baccarat, à la bouillotte, ne pouvant pas payer, ne voulant pas devoir, — voyez-vous Christian d'Illyrie affiché au Grand-Club ! — il prendrait sa belle plume et signerait d'un trait sa démission de monarque. La chose serait même déjà arrivée sans le vieux Rosen qui, secrètement, malgré la défense de Frédérique, recommençait à payer pour Monseigneur. Aussi le plan était-il de lui faire dépasser le niveau des petites dettes courantes, de l'entraîner aux vraies dépenses, à des engagements multiples dépassant les ressources du vieux duc. Cela demandait une avance d'argent considérable.

— Mais, disait Tom Lévis, l'affaire est si belle que les fonds ne nous manqueront pas. Le mieux serait d'en parler au père Leemans et d'opérer en famille. Seulement, ce qui m'inquiète, c'est le grand ressort, c'est la femme.

— Quelle femme? demanda Séphora, élargissant son regard ingénu.

— Celle qui se chargera de passer la corde au cou du roi... Il nous faut une mangeuse pour de bon, une fille sérieuse et d'estomac solide, qui s'attaque tout de suite aux gros morceaux.

— Amy Férat peut-être?...

— Ah! ouiche!... usée, archi-usée... Et puis pas assez sérieuse. Ça soupe, ça chante, ça fait la noce en vraie jeunesse... Pas la femme à roustir son petit million par mois, paisiblement, sans avoir l'air d'y toucher, tenant sa dragée haute, se débitant au détail, au centimètre carré, et plus cher qu'un terrain sur la rue de la Paix.

— Oh! je sens bien comme il faudrait mener la chose, dit Séphora rêveuse... Mais qui?

— Ah! voilà... Qui?

Et le rire muet qu'ils croisèrent valait une association.

— Va! puisque tu as déjà commencé...

— Comment! tu sais donc?...

— Est-ce que je ne vois pas son jeu quand il te regarde, et ses stations près du grillage aussitôt qu'il me croit sorti?... D'ailleurs il n'en fait pas mystère et raconte son amour à qui veut l'entendre... Il l'a même écrit et contresigné sur le livre du Club.

En apprenant l'histoire du pari, la tranquille Séphora s'émut :

— Ah! vraiment... Deux mille louis qu'il coucherait... Par exemple, c'est trop fort!...

Elle se leva, fit quelques pas pour secouer sa colère, puis revenant vers son mari :

— Tu sais, Tom, voilà plus de trois mois que j'ai ce grand nigaud pendu après ma chaise... Eh bien! tiens!... pas seulement ça.

On entendit le craquement d'une petite griffe contre une dent qui ne demandait qu'à mordre.

Elle ne mentait pas. Depuis le temps qu'il lui faisait la chasse, il en était encore à lui toucher le bout des doigts, à mordiller après elle ses porte-plumes, à se griser au frôlement de sa jupe. Jamais pareille chose n'était arrivée à ce Prince Charmant, gâté des femmes, assailli de sourires quêteurs et de lettres parfumées. Sa jolie tête frisée, où restait l'empreinte d'une couronne, la légende héroïque savamment entretenue par la reine, et sur toute chose le parfum de séduction qui enveloppe les êtres aimés, lui avaient valu dans le faubourg de vrais succès. Plus d'une jeune femme aurait pu montrer, pelotonné sur un divan de boudoir aristocratique, un ouistiti de la cage royale; et dans le monde des coulisses, en général monarchique et bien pensant, cela posait tout de suite une demoiselle d'avoir sur son album à souvenir le portrait de Christian II.

Cet homme habitué à sentir les yeux, les lèvres, les cœurs aller vers lui, à ne jamais jeter son regard sans que quelque chose frémît au bout, se morfondait depuis des mois en face de la nature la plus paisible, la plus froide. Elle jouait à la caissière modèle, comptait, chiffrait, tournait les pages lourdes, ne montrant au soupirant que la rondeur veloutée de son profil avec le frisson d'un sourire en coin finissant à l'œil, au bord des cils. Le caprice du

Slave s'amusa d'abord de cette lutte, l'amour-propre s'en mêlait aussi, tous les yeux du Grand-Club visés sur lui ; et cela finit en vraie passion, alimentée par le vide de cette existence inoccupée où la flamme montait droit sans obstacle. Il venait tous les jours vers cinq heures, le beau moment des journées de Paris, l'heure des visites, où se décident les plaisirs du soir ; et peu à peu tous les jeunes gens du Club qui lunchaient à l'agence et rôdaient autour de Séphora, cédaient respectueusement la place. Cette désertion, diminuant le chiffre des petites affaires courantes, augmenta la froideur de la dame ; et comme le lion d'Illyrie ne rapportait plus rien, elle commençait à faire sentir à Christian qu'il la gênait, qu'il accaparait trop royalement l'angle entr'ouvert de son grillage, quand tout cela changea subitement, d'un jour à l'autre, au lendemain de sa conversation avec Tom.

— On a vu Votre Majesté, hier soir, aux Fantaisies ?...

A cette demande, appuyée d'un regard anxieux et triste, Christian II se sentit délicieusement troublé.

— En effet... J'y étais...
— Pas seul ?...
— Mais...
— Ah !... il y a des femmes heureuses...

Tout de suite pour atténuer la provocation

de sa phrase, elle ajouta que depuis longtemps elle avait une envie folle d'aller dans ce petit théâtre « voir cette danseuse suédoise, vous savez... » Mais son mari ne la menait nulle part.

Il lui proposa de la conduire.

— Oh ! vous êtes trop connu...

— En restant bien cachés au fond d'une baignoire...

Bref, on prit rendez-vous pour le lendemain ; car justement Tom passait sa soirée dehors. Quelle délicieuse escapade! Elle, sur le devant de la loge, en toilette savante et discrète, épanouie d'une joie d'enfant à regarder la danse de cette étrangère qui eut à Paris son heure de célébrité, une Suédoise au mince visage, aux gestes anguleux, montrant sous ses bandeaux blonds des yeux brillants et noirs tenant l'iris entier, des yeux de rongeur, et, dans ses élans, dans ses bonds silencieux, tout de noir vêtue, l'effarement aveugle d'une grande chauve-souris.

— Que je m'amuse!... que je m'amuse!... disait Séphora.

Et le roi viveur, immobile derrière elle, une boîte de fondants sur les genoux, ne se souvenait pas d'une volupté plus douce que le frôlement de ce bras nu sous la dentelle, de cette haleine fraîche qui se tournait vers lui. Il voulut la reconduire jusqu'à la gare Saint-Lazare, puisqu'elle repartait pour la campagne, et dans la voiture eut un élan emporté, l'attira à pleins bras contre son cœur.

— Oh! dit-elle tristement, vous allez me gâter tout mon plaisir.

L'immense salle d'attente du premier était déserte, mal éclairée. Assis tous les deux sur un banc, Séphora, frissonnante, s'abritait dans l'ample fourrure de Christian. Ici elle n'avait plus peur, s'abandonnait, parlait au roi, bas, dans l'oreille. De temps en temps passait un employé balançant sa lanterne, ou quelque bande de comédiens habitant la banlieue et rentrant après le théâtre. Parmi eux, le mystère d'un couple enlacé, marchant à l'écart.

— Qu'ils sont heureux! murmurait-elle... Ni liens, ni devoirs... Suivre l'élan de son cœur... Tout le reste est une duperie...

Elle en savait quelque chose, hélas! Et soudain, comme entraînée, elle lui racontait sa triste existence avec une sincérité qui le toucha, les embûches, les tentations des rues de Paris pour une fille que l'avarice de son père faisait pauvre, à seize ans le sinistre marché, la vie finie, les quatre ans passés près de ce vieillard pour qui elle n'avait été qu'une garde-malade; ensuite, ne voulant plus retomber dans la boutique trafiquante du père Leemans, la nécessité d'un guide, d'un soutien, qui lui avait fait épouser ce Tom Lévis, un homme d'argent. Elle s'était donnée, dévouée, privée de tout plaisir, terrée vive à la campagne, puis mise à ce travail d'employé, et cela sans un merci, sans une grâce de cet ambitieux tout à ses affaires, qui, à la moindre velléité de révolte, au moindre désir de vivre, opposait toujours ce passé dont elle n'était pas responsable.

— Ce passé, dit-elle en se levant, qui m'a valu le sanglant outrage paraphé de votre nom sur le livre du Grand-Club.

La cloche, sonnant le départ, arrêta juste où il le fallait ce petit effet théâtral. Elle s'éloigna de son pas glissant que suivaient les noires légèretés de sa jupe, envoya à Christian un salut des yeux, de la main, et le laissa stupéfait, immobile, étourdi de ce qu'il venait d'entendre... Elle savait donc?... Comment?... Oh! qu'il s'en voulait de sa lâcheté, de sa forfanterie... Il passa sa nuit à écrire, à demander pardon dans un français semé de toutes les fleurs de sa poésie nationale qui compare la bien-aimée aux colombes roucoulantes, au fruit rosé de l'azerole.

Merveilleuse invention de Séphora, ce reproche du pari. Cela lui donnait barre en plein sur le roi, et pour longtemps. Cela expliquait aussi ses longues froideurs, ses accueils presque ennemis, et le marchandage savant qu'elle allait faire de toute sa personne. Un homme ne doit-il pas tout supporter de celle à qui il a fait un affront pareil? Christian devint le servant timide et docile à tous les caprices, le sigisbée en titre, au vu et au su de tout Paris; et si la beauté de la dame pouvait lui servir d'excuse aux yeux du monde, l'amitié, la familiarité du mari n'avaient rien de réjouissant. « Mon ami Christian II... » disait J. Tom Lévis, redressant sa petite taille. Il eut une fois la fantaisie de le recevoir à Courbevoie, histoire de causer aux Spricht une de ces rages jalouses qui hâtaient les jours de l'illustre couturier. Le roi parcourut la maison et le parc, monta dans le yacht, consentit à se laisser photographier sur le perron au milieu des châtelains qui voulaient éterniser le souvenir de cette inoubliable journée; et le soir, pendant qu'on tirait en l'honneur de Sa Majesté un feu d'artifice dont les fusées tombaient doublées par la Seine, Séphora, appuyée au bras de Christian, lui disait le long des charmilles, toute blanche d'un reflet de flamme de Bengale :

— Oh! comme je vous aimerais, si vous n'étiez pas roi!...

C'était un premier aveu, et bien adroit. Toutes les maîtresses qu'il avait eues jusqu'ici adoraient en lui le souverain, le titre glorieux, la lignée d'ancêtres. Celle-là l'aimait bien pour lui-même. « Si vous n'étiez pas roi... » Il l'était si peu, il lui aurait si volontiers sacrifié le lambeau de pourpre dynastique qui lui tenait à peine aux épaules!

Une autre fois, elle s'expliquait mieux encore. Comme il s'inquiétait de la trouver pleurante et pâlie :

— J'ai bien peur que nous ne nous voyions plus bientôt, répondit-elle.

— Et pourquoi?

— Il m'a déclaré tout à l'heure que les affaires allaient trop mal pour les continuer en France, qu'il faudrait fermer boutique, aller s'installer ailleurs...

— Il vous emmène?

— Oh! je ne suis qu'une gêne à son ambition... Il m'a dit : « Viens, si tu veux... » Mais il faut que je le suive... Que deviendrais-je toute seule ici?

— Méchante, est-ce que je ne suis pas là?

Elle le regarda fixement, droit dans les yeux.

— Oui, c'est vrai, vous m'aimez, vous... Et moi aussi je vous aime... Je pourrais être à vous, sans honte... Mais non, c'est impossible.

— Impossible? demanda-t-il, tout haletant du paradis entrevu.

— Vous êtes trop haut pour Séphora Lévis, Monseigneur...

Et lui, avec une fatuité adorable :

— Mais je vous élèverai jusqu'à moi... Je vous ferai comtesse, duchesse. C'est un des droits qui me restent ; et nous trouverons bien quelque part dans Paris un nid d'amoureux où je vous installerai d'une façon digne de votre rang, où nous vivrons tout seuls, rien que nous...

— Oh! ce serait trop beau.

Elle rêvait, levant ses yeux de petite fille, candides et mouillés. Puis vivement :

— Mais non... vous êtes roi... Un jour, en plein bonheur, vous me quitteriez...

— Jamais.

— Et si l'on vous rappelle...

— Où donc?... En Illyrie?... Mais c'est fini, à jamais rompu... J'ai manqué l'an dernier une de ces occasions qui ne reviennent pas deux fois.

— Bien vrai? dit-elle avec une joie qui n'était pas feinte... Oh! si j'en étais sûre!...

Il eut aux lèvres pour la convaincre un mot qu'il ne dit pas, mais qu'elle entendit bien ; et le soir, J. Tom Lévis, que Séphora tenait au courant de tout, déclara solennellement que « ça y était... qu'il fallait prévenir le père... »

Séduit comme sa fille par l'imagination, la verve communicative, l'inventif bagou de Tom Lévis, Leemans avait mis plusieurs fois de l'argent dans les coups de l'agence. Après avoir gagné, il avait perdu, suivant en cela les chances du jeu ; mais lorsqu'il se fut fait rouler — comme il disait — deux ou trois fois, le bonhomme prit une attitude. Il ne récrimina pas, ne s'emporta pas, connaissant trop bien les affaires et détestant les paroles inutiles ; seulement, quand son gendre vint encore lui parler de commandites pour un de ces merveilleux châteaux en Espagne que son éloquence élevait jusqu'aux cieux, le brocanteur eut un sourire dans sa barbe, signifiant très net : « N, i, ni... c'est fini... » et un abaissement des paupières qui semblait ramener à la raison, au niveau des choses faisables les extravagances de Tom. L'autre savait cela ; et comme il tenait sagement à ce que l'affaire d'Illyrie ne sortît pas de la famille, il dépêcha Séphora vers le brocanteur, qui s'était pris en vieillissant d'une sorte d'affection pour son unique enfant, chez qui d'ailleurs il se sentait revivre.

Depuis la mort de sa femme, Leemans avait cédé son magasin de curiosités de la rue de la Paix, se contentant de sa brocante. C'est là que Séphora vint le trouver un matin de bonne heure, pour être sûre de le rencontrer, car il restait peu chez lui, le vieux. Immensément riche et retiré du trafic, au moins en apparence, il continuait à fureter dans Paris du matin au soir, courait les marchands, suivait les ventes, cherchant l'odeur, le frottis des affaires et surtout surveillant avec une acuité merveilleuse la foule de petits brocanteurs, industriels, marchands de tableaux, de bibelots qu'il commanditait, sans l'avouer, de peur qu'on soupçonnât sa fortune.

Séphora, par un caprice, un ressouvenir de sa jeunesse, vint à pied rue Eginhard de la rue Royale, suivant à peu près la route qui la ramenait jadis du magasin. Il n'était pas huit heures. L'air était vif, les voitures encore rares, et vers la Bastille il restait de l'aube une nuée orange où le génie doré de la colonne avait l'air de tremper ses ailes. De ce côté, par toutes les rues dépendantes, sortait un joli peuple de filles de faubourg s'en allant au travail. Si le prince d'Axel s'était levé assez tôt pour guetter la descente, il eût été content ce matin-là. Par deux, par trois, causantes, alertes, marchant très vite, elles regagnaient les fourmillants ateliers des rues Saint-Martin, Saint-Denis, Vieille-du-Temple, et quelques rares élégantes les magasins des boulevards, plus éloignés, mais plus tard ouverts.

Ce n'était pas l'animation du soir, quand, la tâche finie, la tête pleine d'une journée de Paris, on s'en retourne au gîte, avec du train, des rires, souvent le regret d'un luxe entrevu qui fait paraître la mansarde plus haute et l'escalier plus sombre. Mais s'il restait encore du sommeil dans ces jeunes têtes, le repos les avait parées d'une sorte de fraîcheur que complétaient les cheveux soigneusement coiffés, le bout de ruban noué dans les nattes, sous le menton, et le coup de brosse donné avant le jour aux robes noires. Çà et là un bijou faux au bord d'une oreille rose de froid, un peigne rutilant, le clinquant d'une boucle à la taille, la ligne blanche d'un journal plié dans la poche d'un waterproof. Et quelle hâte ! quel courage ! Des manteaux légers, des jupes minces, la marche mal assurée sur des talons trop hauts que les courses nombreuses ont tournés. Chez toutes le désir, la vocation de la coquetterie, une façon de s'en aller le front levé, les yeux en avant, avec la curiosité de ce qu'apportera cette journée commencée ; des natures toutes prêtes pour le hasard, comme leur type parisien, qui n'en est pas un, est prêt pour toutes les transformations.

Séphora n'était pas sentimentale et ne voyait jamais rien en dehors de la chose et de l'heure présentes ; pourtant ce piétinement confus, ce bruissement hâtif autour d'elle l'amusait. Sur tous ces minois elle retrouvait sa jeunesse, dans ce ciel matinal, dans ce vieux quartier si curieux dont chaque rue porte à son angle, sur un cadre, le nom des notables commerçants, et qui n'avait pas changé depuis quinze ans. En passant sous la voûte noire servant d'entrée à la rue Eginhard, du côté de la rue Saint-Paul, elle rencontra la longue robe du rabbin qui se rendait à la synagogue voisine ; deux pas plus loin, le tueur de rats avec sa gaule et sa planchette à laquelle pendent les cadavres velus, type de l'ancien Paris qu'on ne trouve plus qu'en ce pâté de maisons moisies, où tous les rats de la ville ont leur quartier général ; plus loin encore un cocher de remise que tous les matins de sa vie d'ouvrière elle avait vu s'en aller ainsi, lourd dans ses grosses bottes peu habituées à la marche, tenant précieusement à la main — tout droit comme un cierge de communiant — ce fouet qui est l'épée du cocher, l'insigne de son grade et ne le quitte jamais. A la porte des deux ou trois boutiques composant toute la rue et dont on ôtait les volets, elle vit les mêmes loques pendues en tas, entendit le même baragouin hébraïque et tudesque, et lorsque, après avoir franchi le porche bas de la maison paternelle, la petite cour et les quatre marches menant à la brocante, elle tira le cordon de la crécelle fêlée, il lui sembla qu'elle avait quinze ans de moins sur les épaules, quinze ans d'ailleurs qui ne lui pesaient guère.

Comme à cette époque, la Darnet vint lui ouvrir, une robuste Auvergnate dont la face luisante et colorée avec des dessous sombres, le châle à pois étroitement noué, la coiffe noire liserée de blanc semblaient porter le deuil d'une boutique à charbon. Son rôle à la maison était visible rien qu'à sa manière d'ouvrir la porte à Séphora, rien qu'au sourire à lèvres pincées que face à face échangèrent les deux femmes.

— Mon père est là ?

— Oui, madame... Dans l'atelier... Je vas l'appeler.

— C'est inutile... Je sais où c'est...

Elle traversa l'antichambre, le salon, ne fit que trois enjambées du jardin, — un puits noir entre deux grands murs où montaient quelques arbres, — encombré dans ses allées étroites par d'innombrables vieilleries, ferrailles, plomberies, rampes ouvragées, fortes chaînes dont le métal oxydé et noirci s'accordait bien avec les buis tristes, le ton verdâtre de vieille fontaine du jardin. D'un côté, un hangar débordant de débris, carcasses de meubles cassés de tous les temps, avec des entassements de tapisseries roulées dans les coins; de l'autre, un atelier tout en vitres dépolies pour échapper aux indiscrétions des étages voisins. Là, montait jusqu'au plafond, dans un apparent désordre, un assemblage de richesses, connues seulement du vieux à leur juste valeur, lanternes, lustres, torchères, panoplies, brûle-parfums, bronzes antiques ou exotiques. Au fond, deux fourneaux de forgeron, des établis de menuisier, de serrurier. C'est là que le brocanteur retapait, copiait, rajeunissait les vieux modèles avec une habileté prodigieuse et des patiences de bénédictin. Autrefois le vacarme était grand du matin au soir, cinq ou six ouvriers entourant le maître; on n'entendait plus maintenant que le cliquetis d'un marteau sur le métal fin, un grignotement de lime, éclairé le soir d'une lampe unique témoignant que la brocante n'était pas morte.

Quand sa fille entra, le vieux Leemans en grand tablier de cuir, les manches de sa chemise retroussées sur des bras velus et blonds comme s'ils avaient ramassé des parcelles de cuivre à l'établi, était en train de forger à l'étau un chandelier Louis XIII dont il avait le modèle sous les yeux. Au bruit de la porte il releva sa tête rubiconde, perdue dans une chevelure et une barbe d'un blanc roux, et fronça ses épais sourcils inégaux, où son regard se démêlait comme entre les poils retombants d'un griffon.

— B'jour, pa....., dit Séphora qui feignit de ne pas voir le geste embarrassé du bonhomme essayant de dissimuler le flambeau qu'il tenait; car il n'aimait pas à être dérangé ni aperçu dans son travail.

— C'est toi, petite ?

Il frotta son vieux museau sur les deux joues délicates.

— Qu'est-ce qu'il t'arrive ?... demanda-t-il en la poussant dans le jardin... Pourquoi t'es-tu levée de si bonne heure ?...

— J'ai à vous dire quelque chose de très important...

— Viens !

Il l'entraînait vers la maison.

— Oh! mais vous savez, je ne veux pas que la Darnet soit là...

— Bon... bon... dit le vieux, souriant dans ses broussailles ; et en entrant il cria à la servante en train de faire reluire les glaces d'un miroir de Venise, toujours essuyant, fourbissant, le front lisse comme un parquet :

— Darnet, tu iras voir dans le jardin si j'y suis.

Et le ton dont ce fut dit prouvait que le vieux pacha n'avait pas encore abdiqué aux mains de l'esclave favorite. Ils restèrent, le père et la fille, tous deux seuls dans le petit salon soigné, bourgeois, dont le meuble couvert de housses blanches, les petits tapis de laine au pied des chaises contrastaient avec le tohu-bohu des richesses poussiéreuses dans le hangar et l'atelier. Comme ces fins cuisiniers qui n'aiment que les mets les plus simples, le père Leemans, si expert et curieux aux choses d'art, n'en possédait pas chez lui la moindre bribe, et montrait bien en cela le marchand qu'il était, estimant, trafiquant, échangeant, sans passion ni regret, non comme ces artistes du bibelot qui avant de céder une rareté s'inquiètent de la façon dont l'amateur pourra l'entourer, la faire valoir. Seulement aux murs son grand portrait en pied signé Wattelet, et le représentant au milieu de ses ferrailles, en pleine forge. C'était bien lui, un peu moins blanc, mais pas changé, toujours maigre, toujours voûté, toujours sa tête d'homme-chien à la barbe rutilante et plate, aux cheveux longs, en salade, ne laissant voir de la figure qu'un nez rougi par une inflammation perpétuelle, et qui donnait une face d'ivrogne à ce sobre buveur de thé. Le tableau était la seule marque caractéristique de la salle, avec un livre de messe posé la tranche à plat sur la cheminée. Leemans lui devait quelques bonnes affaires, à ce livre; par là il se distinguait de ses concurrents, ce vieux mécréant de Schwalbach, la mère Esaü et les autres, avec leurs origines de Ghetto, tandis qu'il était, lui, chrétien, marié par amour à une juive, mais chrétien, même catholique. Cela le servait près de sa haute clientèle; il entendait la messe dans l'oratoire de ces dames, chez la comtesse Mallet, chez l'aînée des Sismondo, se montrait le dimanche à Saint-Thomas-d'Aquin, à Sainte-Clotilde, où allaient ses meilleurs clients, tandis que par sa femme il tenait les maisons des grands traitants israélites. En vieillissant, cette grimace religieuse était devenue un pli, une habitude, et souvent le matin, partant à ses affaires, il entrait à Saint-Paul *prendre* — comme il disait sérieusement — *un petit bout de messe*, ayant remarqué que tout lui réussissait mieux ces jours-là...

— Et alors?... dit-il en regardant sa fille sournoisement.

— Une grosse affaire, pa...

Elle tira de son sac une liasse de billets, de traites portant la signature de Christian.

— Il faudrait escompter ça... Veux-tu ?

Rien qu'en voyant l'écriture, le vieux eut une grimace qui fronça toute sa figure, la fit disparaître presque en entier dans sa toison avec le mouvement d'un hérisson en défense.

— Du papier d'Illyrie !... Merci, je connais ça... Il faut que ton mari soit fou pour te charger d'une commission pareille... Voyons, vraiment, vous en êtes là ?

Sans s'émouvoir de cet accueil auquel elle s'attendait :

— Écoute..., dit-elle, et de son air posé, elle lui conta la chose, le grand coup, en détail, avec preuves à l'appui, le numéro du « Quernaro » où se trouvait la séance de la Diète, des lettres de Lebeau les tenant au courant de la situation... Le roi, amoureux fou, s'occupait d'installer son bonheur. Un hôtel superbe avenue de Messine, maison montée, équipages, il voulait tout cela pour la dame, prêt à signer autant de billets qu'il faudrait, au taux que l'on voudrait... Leemans ouvrait maintenant les deux oreilles, faisait des objections, demandait, furetait dans tous les coins de cette affaire si savamment manigancée.

— A combien les traites ?
— A trois mois.
— Alors dans trois mois?...
— Dans trois mois!...

Elle eut le geste de serrer un nœud coulant, un pli de la bouche amincissant sa lèvre calme.

— Et l'intérêt?
— Aussi gros que tu voudras... Plus les traites seront lourdes, mieux ça nous ira... Il faut qu'il n'ait pas d'autres ressources que de signer son renoncement.

— Et une fois signé?
— Alors ça regarde la femme... Elle a devant elle un monsieur de deux cents millions à grignoter.

— Et si elle garde tout pour elle? Il faut une femme dont on soit diantrement sûr...

— Nous en sommes sûrs...
— Qui est-ce?
— Tu ne la connais pas, dit Séphora sans sourciller, remettant toutes les paperasses dans son petit sac de plaideuse.

— Laisse donc ça... fit le vieux vivement... C'est beaucoup d'argent, sais-tu... Une mise de fonds considérable... J'en parlerai à Pichery.

— Prenez garde, p'pa... Il ne faudrait pas se mettre trop de monde dessus... Il y a déjà nous, Lebeau, puis vous... Si vous allez encore en chercher d'autres!...

— Seulement Pichery... Tu penses, à moi

tout seul je ne pourrais pas... C'est beaucoup d'argent... beaucoup d'argent.

Elle répondit froidement :

— Oh ! il en faudra bien davantage...

Un silence. Le vieux réfléchissait, abritant sa pensée sous ses poils.

— Enfin, voilà..., dit-il... Je fais l'affaire ; mais à une condition. Cette maison de l'avenue de Messine... Il va falloir la meubler chiquement... Eh bien ! c'est moi qui fournirai le bibelot...

Dans les trafics de l'usurier, le brocanteur montrait sa patte. Séphora partit d'un éclat de rire à trente-deux dents :

— Oh ! la vieille fripe... la vieille fripe... disait-elle, se servant d'un mot qu'elle retrouvait soudain dans l'air de la brocante et qui jurait avec sa distinction de toilette et de tenue ; — allons, c'est convenu, pa... Vous fournirez le bibelot... mais rien de la collection de maman, par exemple !

Sous cette étiquette hypocrite : « Collection de Mme Leemans » le brocanteur avait groupé un ramassis d'objets tarés, invendables, dont il se défaisait magnifiquement grâce à cette grimace sentimentale, ne détachant du précieux lot des reliques de sa chère défunte que ce qu'on lui payait au poids de l'or.

— Vous m'entendez, vieux... pas de carottes, pas de pannes... La dame s'y connaît.

— Tu crois... qu'elle s'y connaît?... fit le vieux chien dans ses moustaches.

— Comme vous et moi, je vous dis.

— Mais enfin...

Il approchait son museau du joli minois; et sur tous deux le brocantage était écrit, sur le vieux parchemin et sur le duvet de feuille de rose.

— ... Mais enfin, qu'est-ce que c'est que cette femme?... Tu peux bien me le dire, maintenant que j'en suis.

— C'est...

Elle s'arrêta un moment, rattacha les larges brides de son chapeau sous l'ovale fin du visage, jeta au miroir un regard satisfait de jolie femme, où se mêlait un nouvel orgueil.

— C'est la comtesse de Spalato... dit-elle gravement.

IX

A L'ACADÉMIE

Le classique palais qui dort sous le plomb de sa coupole, au bout du pont des Arts, à l'entrée du Paris d'étude, avait ce matin-là un air de vie insolite et semblait s'avancer à l'alignement du quai. Malgré la pluie, une pluie de juin crépitante, arrivant par ondées, la foule se pressait sur les marches de la grande porte, se déroulait en queue de théâtre le long des grilles, des murailles, coulait sous la voûte de la rue de Seine, une foule gantée, bien tenue, discrète, qui se morfondait patiemment, sachant qu'elle entrerait, qu'elle allait entrer comme en témoignaient les petites cartes de différentes couleurs, éclatantes dans l'averse, dont chacun était muni. Le plus régulièrement aussi, les voitures prenaient la file sur le quai désert de la Monnaie, tout ce que Paris contient de luxueux équipages, — livrées coquettes ou splendides, démocratiquement abritées de parapluies et d'imperméables, — laissant voir les perruques à marteaux, la dorure des galons, et sur les panneaux alignés, les armoiries, les grands blasons de France et d'Europe, même des devises royales, comme les planches d'un d'Hozier mouvant et gigantesque en étalage au long de la Seine. Quand un rayon glissait, une échappée de ce soleil parisien qui a la grâce du sourire sur un sérieux visage, tout s'éclairait en reflets de luisants mouillés, les harnais, les casquettes des gardes, la lanterne du dôme, les lions de fonte de l'entrée, d'habitude poussiéreux et ternes, redevenus d'un beau noir lavé.

De loin en loin, aux jours de réceptions solennelles, le vieil Institut a de ces subits et intéressants réveils d'une après-midi. Mais ce matin-là, il ne s'agissait pas de réception. La saison était bien trop avancée ; et les récipiendaires, coquets comme des comédiens, ne consentiraient jamais à débuter, le prix de Paris déjà couru, le salon fermé, les malles faites pour le voyage. Simplement une distribution de prix académiques, cérémonie sans grand éclat et qui n'attire d'ordinaire que les familles des lauréats. Ce qui valait cette affluence exceptionnelle, cette poussée aristocratique aux portes de l'Institut, c'est qu'au nombre des ouvrages couronnés se trouvait le *Mémorial du siège de Raguse* par le prince de Rosen, et que la coterie monarchique en avait profité pour organiser une manifestation contre le gouvernement sous la protection de ses sergents de ville. Par une chance extraordinaire ou le fait de ces intrigues qui creusent mystérieusement en chemins de taupes les terrains officiels ou académiques, le secrétaire perpétuel se trouvant malade, le rapport sur les ouvrages couronnés devait être lu par le noble duc de Fitz-Roy, et l'on savait que, légitimiste jusqu'au blanc exsangue, il soulignerait, ferait valoir les passages les plus ardents du livre d'Herbert, de ce beau pamphlet historique autour duquel s'étaient groupés tous les dévouements, toutes les ferveurs du parti. En somme une de ces protestations malicieuses que l'Académie osait même sous l'Empire, et qu'autorisait l'indulgence bonne fille de la République.

Midi. Les douze coups sonnant à la vieille horloge occasionnent une rumeur, un mouvement dans la foule. Les portes sont ouvertes.

On avance lentement, méthodiquement, vers les entrées de la place et de la rue Mazarine, tandis que les voitures armoriées tournant dans la cour déposent leurs maîtres, porteurs de cartes privilégiées, sous le portique où s'agite au milieu d'huissiers à chaînes l'affable chef du secrétariat, galonné d'argent, souriant et empressé comme le bon majordome du palais de la Belle-au-Bois-Dormant, le jour où après un sommeil de cent ans la princesse s'éveilla sur son lit de parade. Les portières battent, les valets de pied balourds, en longues lévites, sautent de leurs sièges ; et les saluts, les révérences à grandes traînes, les sourires, les chuchotements d'un monde d'habitués s'échangent et se perdent avec un bruit de soie frôlée, dans l'escalier tendu d'un tapis menant aux tribunes réservées, ou dans l'étroit couloir en pente et comme tassé sous le piétinement des siècles, qui conduit à l'intérieur du palais.

La salle se remplit en amphithéâtre sur le côté réservé au public. Les gradins, noircis un à un, montent jusqu'au cintre où les derniers rangs debout découpent des silhouettes sur le vitrage arrondi. Pas une place vide. Un entassement houleux de têtes qu'éclaire un jour d'église ou de musée refroidi encore par les stucs jaunes et lisses des murailles et le marbre de grandes statues méditatives, Descartes, Bossuet, Massillon, toute la gloire du grand siècle figée dans un geste immobile. En face de l'hémicycle débordant, quelques gradins inoccupés, une petite table verte avec le verre d'eau traditionnel, attendent l'Académie et son bureau qui entreront tout à l'heure par ces hautes portes surmontées d'une inscription dorée et tombale : « LETTRES, SCIENCES, ARTS. » Tout cela est antique, froid et pauvre, et contraste avec les toilettes de primeur dont la salle est vraiment fleurie. Étoffes claires, défaillantes, des gris duvetés, des roses d'aurore, sur la coupe nouvelle un peu serrée et tendue des étincellements de jais et d'acier, et des coiffures légères en fouillis de mimosas et de dentelles, des reflets d'oiseaux des îles parmi des nœuds de velours et des pailles couleur de soleil, là-dessus le battement régulier, continuel, de larges éventails dont les odeurs fines font cligner le grand œil de l'aigle de Meaux. Écoutez donc, ce n'est pas une raison, parce qu'on est la vieille France, pour sentir le moisi, et se mettre à faire peur.

Tout ce qu'il y a dans Paris de chic, de bien né, de bien pensant s'est donné rendez-vous ici, se sourit, se reconnaît à de petits signes maçonniques, la fleur des clubs, la crème du Faubourg, une société qui ne se prodigue pas, ne se mêle guère, qu'on ne lorgne jamais aux premières représentations, qu'on ne voit qu'à certains jour d'Opéra ou de Conservatoire, monde ouaté, discret, qui ferme à grand renfort de rideaux tombants ses salons au jour et au bruit de la rue et ne fait parler de lui que de temps à autre, par une mort, un procès en séparation, ou l'excentrique aventure d'un de ses membres, héros du « Persil » et de la Gomme. Parmi ce choix, quelques nobles familles illyriennes, ayant suivi leurs princes en exil, beaux types d'hommes et de femmes, un peu trop accentués, trop exotiques dans ce milieu raffiné ; puis, groupés à de certains points apparents, les salons académiques qui longtemps d'avance préparent les élections, pointent les voix, et dont la fréquentation vaut mieux pour un candidat que son pesant de génie. D'illustres décavés de l'Empire se faufilent dans ces « vieux partis » pour lesquels ils ont épuisé jadis leurs ironies de parvenus ; et même, si triée que soit l'assemblée, quelques grignoteuses « des premières, » célèbres par leurs attaches monarchiques, s'y sont glissées en toilettes simples, avec deux ou trois actrices à la mode, frimousses connues de tout Paris, visions d'autant plus banales et obsédantes que d'autres femmes, et de tous les mondes, s'ingénient à les copier. Et puis des journalistes, des reporters de feuilles étrangères, armés de buvards, de porte-crayons perfectionnés, outillés de pied en cap comme pour un voyage au centre de l'Afrique.

En bas, dans le petit cercle réservé au pied des gradins, on se montre la princesse Colette de Rosen, la femme du lauréat, délicieuse en toilette bleu verdâtre, cachemire de l'Inde et moire antique, l'air triomphant, épanouie sous les effilochures de ses cheveux de lin fou. Près d'elle, un gros homme à visage commun, le père Sauvadon, très fier d'accompagner sa nièce, mais qui dans son zèle ignorant, son désir de faire honneur à la cérémonie solennelle, s'est mis en tenue de soirée. Cela le rend très malheureux ; gêné par sa cravate blanche comme par une cangue, il guette tous les gens qui entrent, espérant trouver un compère à son habit. Il n'y en a pas.

De ce papillotement de couleurs et de figures animées monte bientôt un bruissement de voix très fort, rhythmé mais distinct, et qui établit un courant magnétique d'un bout à l'autre de la salle. Le moindre léger rire s'égrène, se communique ; le moindre signe, le geste muet de deux mains écartées qui d'avance se préparent à applaudir, s'aperçoit du haut en bas des gradins. C'est l'émotion montée, la bienveillance curieuse d'une belle première représentation où le succès serait certain ; et lorsque de temps en temps prennent place des célébrités, le frémissement de toute cette foule va vers elles, éteignant seulement sur leur passage sa rumeur curieuse ou admirative...

Voyez-vous là-haut, au-dessus de Sully, ces deux femmes qui viennent d'entrer, accompagnées d'un enfant, et tiennent tout le devant de la loge? C'est la reine d'Illyrie et la reine de Palerme. Les deux cousines, le buste droit et fier, vêtues de même en faille mauve avec filets de broderies anciennes, et sur les cheveux blonds ou les nattes brunes la même caresse de longues plumes ondoyantes autour de chapeaux en diadème, forment une opposition charmante de deux types nobles parfaitement différenciés. Frédérique a pâli, la douceur de son sourire s'attriste d'un pli vieillissant; et le visage de sa brune cousine marque aussi les inquiétudes, les détresses de l'exil. Entre elles, le petit comte de Zara secoue les boucles blondes de ses cheveux repoussés sur une petite tête chaque jour plus droite, plus vigoureuse, où le regard, la bouche ont pris une assurance. Vraie graine de roi qui commence à fleurir.

Le vieux duc de Rosen tient le fond de la loge avec un autre personnage, non pas Christian II, — qui s'est dérobé à une ovation certaine, — mais un grand garçon à l'épaisse crinière en broussaille, un inconnu dont le nom ne sera pas une fois prononcé pendant la cérémonie et pourtant devrait être dans toutes les bouches. C'est en son honneur que cette fête est donnée, c'est lui qui a occasionné ce glorieux *requiem* de la monarchie, assisté par les derniers gentilshommes de France et les familles royales réfugiées à Paris; car ils sont tous là, les exilés, les dépossédés du trône, venus pour faire honneur à leur cousin Christian, et ça n'a pas été une petite affaire de placer ces couronnes selon l'étiquette. Nulle part, les questions de préséance ne sont plus difficiles à résoudre qu'en exil, où les vanités s'aigrissent, où les susceptibilités s'enveniment en véritables blessures.

Dans la tribune Descartes, — toutes les tribunes portent le nom de la statue au-dessous d'elles, — le roi de Westphalie garde une attitude hautaine que rend encore plus frappante la fixité de ses yeux, des yeux qui regardent mais ne voient pas. De temps en temps il sourit dans une direction, s'incline vers une autre. C'est sa préoccupation constante de cacher une cécité irrémédiable ; et sa fille l'aide à cela de tout son dévouement, cette grande et mince personne qui semble pencher la tête sous le poids des tresses dorées dont elle a toujours caché la nuance à son père. Le roi aveugle n'aime que les brunes. « Si tu avais été blonde, dit-il parfois en caressant les cheveux de la princesse, je crois que je t'aurais moins aimée. » Couple admirable faisant sa route d'exil avec la dignité, le calme fier d'une promenade dans les parcs royaux. Quand la reine Frédérique a des heures de défaillance, elle pense à cet infirme guidé par cette innocente et se réconforte au charme si pur qui vient d'eux.

Plus loin, voici, sous un turban d'éclatant satin, l'épaisse reine de Galice qui ressemble, les joues massives, le teint soulevé, à une orange rouge à grosse peau. Elle mène grand train, souffle, s'évente, rit et cause avec une femme, encore jeune, coiffée d'une mantille blanche, physionomie triste et bonne, sillonnée de ce pli des larmes qui va des yeux légèrement rougis à la bouche pâle. C'est la duchesse de Palma, excellente créature bien peu faite pour les secousses, les terreurs que lui donne l'aventureux monarque de grand chemin auquel sa vie est liée. Il est là, lui aussi, le grand diable, et passe familièrement entre les deux femmes sa barbe noire luisante, sa tête de bellâtre bronzée par la dernière expédition aussi coûteuse, aussi désastreuse que les précédentes. Il a joué au roi, il a eu une cour, des fêtes, des femmes, des *Te Deum*, des entrées jonchées de fleurs. Il a caracolé, décrété, dansé, fait parler l'encre et la poudre, versé du sang, semé de la haine. Et la bataille perdue, le sauve-qui-peut jeté par lui, il vient se refaire en France, chercher de nouvelles recrues à risquer, de nouveaux millions à fondre, gardant un costume de voyage et d'aventure, la redingote serrée à la taille, garnie de boutons et de brandebourgs qui lui donnent l'air d'un tzigane. Toute une jeunesse bruyante s'évertue, parle haut dans cette loge avec le sans-gêne d'une cour de reine Pomaré; et la langue nationale, rude et rauque, en morceaux de biscaïens, bondit des uns aux autres, s'accompagnant de familiarités, de tutoiements dont le secret se chuchote dans la salle.

Chose étrange, en un jour où les bonnes places sont si rares qu'on se montre des princes du sang perdus dans l'amphithéâtre, une petite loge, la loge Bossuet, reste vide. Chacun se demande qui doit venir là, quel grand dignitaire, quel souverain de passage à Paris tarde si longtemps a paraître, va laisser commencer la séance sans lui. Déjà la vieille horloge sonne une heure. Une voix brève retentit dehors : « Portez, armes ! » et dans le cliquetis automatique des fusils maniés, par les hautes portes grandes ouvertes, les Lettres, les Sciences, les Arts font leur apparition.

Ce qu'il y a de remarquable chez ces illustres, tous alertes et vifs, conservés — dirait-on — par un principe, une volonté de tradition, c'est que les plus vieux affectent une allure jeunette, un entrain frétillant, tandis que les jeunes s'efforcent de paraître d'autant plus graves et sérieux qu'ils ont les cheveux moins grisonnants. L'aspect général manque de grandeur, avec l'étriquement moderne de la coiffure, du drap noir et de la redingote. La perruque de Boileau, de Racan dont la grande levrette mangeait les discours, devait avoir plus d'autorité, s'enlever plus dignement dans le sens de la coupole. En fait de pittoresque, deux ou trois fracs palmés de vert s'installent tout en haut devant la table et le verre d'eau sucrée; et c'est un de ceux-là qui prononce la phrase consacrée : « La séance est ouverte. » Mais il a beau dire que la séance est ouverte, on ne le croit pas, il ne le croit pas lui-même. Il sait bien que la vraie séance n'est pas ce rapport sur les prix Montyon qu'un des plus diserts de l'Assemblée détaille et module en fine cantilène.

Un modèle de discours académique, écrit en style académique, avec des « un peu, » des « pour ainsi dire, » qui font à tout moment revenir la pensée sur ses pas comme une dévote qui a oublié des péchés à confesse, un style orné d'arabesques, de paraphes, de beaux coups de plume de maître à écrire courant entre les phrases pour en masquer, en arrondir le vide, un style enfin qui doit s'apprendre et que tout le monde endosse ici en même temps que l'habit à palmes vertes. En toute autre circonstance, le public ordinaire du lieu se serait pâmé devant cette homélie; vous l'auriez vu piaffer, hennir de joie à des petits tortillons de phrases dont il eût deviné le trait final. Mais aujourd'hui on est pressé, on n'est pas venu pour cette petite fête littéraire. Il faut voir de quel air d'ennui méprisant l'aristocratique assemblée assiste à ce défilé d'humbles dévouements, de fidélités à toute épreuve, existences cachées, trottinantes, courbées en deux, qui passent dans cette phraséologie surannée, tatillonne, comme dans les étroits couloirs de province carrelés et sans feu où elles eurent à évoluer. Noms plébéiens, soutanes râpées, vieux sarraux bleus passés au soleil et à l'eau, coins de bourgades reculées dont on découvre une seconde le clocher pointu, les murs bas cimentés de crottin de vache, tout cela se sent honteux, mal à l'aise d'être évoqué de si loin, au milieu d'un si beau monde, sous la lumière froide de l'Institut indiscrète comme un vitrage de photographe. La noble société s'étonne qu'il y ait tant de braves gens dans le commun... Encore?... Encore?... Ils n'en ont donc pas fini de souffrir, de se dévouer, d'être héroïques!... Les clubs déclarent ça crevant. Colette de Rosen respire son flacon ; tous ces vieux, tous ces pauvres dont on parle, elle trouve que « ça sent la fourmi. » L'ennui perle sur les fronts, transpire aux stucs de la muraille. Le rapporteur commence à comprendre qu'il fatigue, et précipite le défilé.

Ah! pauvre Marie Chalaye d'Ambérieux-les-Combes, toi que les gens du pays appellent la

Sainte, qui pendant cinquante ans as soigné ta vieille tante paralytique, mouché, couché, doté dix-huit petits cousins ; et vous, digne abbé Bourillou, desservant de Saint-Maximin-le-Haut, qui vous en alliez par des temps de loup porter secours et consolation aux fromagers de la montagne, vous ne vous doutiez pas que l'Institut de France, après avoir couronné vos efforts d'une récompense publique, aurait de vous honte et mépris, et que vos noms bousculés, bredouillés, s'en iraient à peine distincts dans l'inattention, le susurrement des conversations impatientes ou ironiques ! Cette fin de discours est une déroute. Et comme pour courir plus vite le fuyard jette son sac et ses armes, ici ce sont des traits d'héroïsme, d'angéliques abnégations que le rapporteur abandonne au fossé, sans le moindre remords, car il sait que les journaux de demain reproduiront son discours en entier et que pas une ne sera perdue de ces jolies phrases tortillées en papillotes. Enfin le voici au bout. Quelques bravos, des « ah ! » soulagés. Le malheureux se rassied, s'éponge, reçoit des félicitations de deux ou trois confrères, les dernières vestales du style académique. Puis il y a cinq minutes d'entr'acte, un ébrouement général de la salle qui se remet, s'étire.

Tout à coup grand silence. Un autre habit vert vient de se lever.

C'est le noble Fitz-Roy ; et chacun a le droit de l'admirer, pendant qu'il met en ordre ses paperasses sur le tapis de la petite table. Mince, voûté, rachitique, les épaules étroites, le geste étriqué par des bras trop longs tout en coudes, il a cinquante ans, mais il en paraît soixante-dix. Sur ce corps usé, mal bâti, une toute petite tête aux traits déformés, d'une pâleur bouillie, entre des favoris maigres et quelques touffes de cheveux à l'oiseau. Vous rappelez-vous dans *Lucrèce Borgia* ce Montefeltro, qui a bu le poison du pape Alexandre et qu'on voit passer au fond de la scène, plumé, cassé, grelottant, honteux de vivre ! Le noble Fitz-Roy pourrait très bien figurer ce personnage. Non pas qu'il ait jamais rien bu, pauvre homme, pas plus le poison des Borgia qu'autre chose ; mais il est l'héritier d'une famille horriblement ancienne qui ne s'est jamais croisée dans ses descendances, le rejeton d'un plant à bout de sève et qu'il n'est plus temps de mésallier. Le vert des palmes le blêmit encore, accentue sa silhouette de chimpanzé malade. L'oncle Sauvadon le trouve divin. Un si beau nom, monsieur !... Pour les femmes, il est distingué. Un Fitz-Roy !...

C'est ce privilège du nom, cette longue généalogie où les sots et les pieds plats certes n'ont pas manqué, qui l'ont fait entrer à l'Académie, bien que ses études historiques, compilation indigente, dont le premier volume seul montrait de la valeur. Il est vrai qu'un autre l'avait écrit pour lui; et si le noble Fitz-Roy apercevait là-haut, dans la tribune de la reine Frédérique, la tête fulgurante et solide d'où son meilleur ouvrage est sorti, peut-être ne ramasserait-il pas les feuillets de son discours dans sa main de cet air de suprême et dédaigneuse hargnerie, ne commencerait-il pas sa lecture avec ce hautain regard circulaire qui domine tout et ne voit rien. D'abord il déblaye adroitement et légèrement les menues œuvres que l'Académie vient de couronner; et pour bien marquer combien cette besogne est au-dessous de lui, le touche peu, il estropie à plaisir les noms et les titres des livres. Ce qu'on s'amuse!... Arrive enfin le prix Roblot, destiné au plus bel ouvrage historique publié pendant les cinq dernières années. « Ce prix, Messieurs, vous le savez, a été décerné au prince Herbert de Rosen pour son magnifique *Mémorial du siège de Raguse...* » Une formidable volée d'applaudissements salue ces simples paroles jetées d'une voix retentissante avec un geste de bon semeur. Le noble Fitz-Roy laisse passer ce premier coup d'enthousiasme, puis usant d'un effet d'opposition naïf mais sûr, reprend doucement, posément : « Messieurs... » Il s'arrête, promène son regard sur cette foule qui attend, qui halète, qui est à lui, qu'il tient là dans sa main. Il a l'air de dire : « Hein ! si je ne voulais plus parler maintenant. Qui serait attrapé ? » Et c'est lui qui est attrapé, car, lorsqu'il s'apprête à continuer, personne n'écoute plus...

Une porte a battu là-haut, dans la tribune jusqu'alors restée déserte. Une femme est entrée, s'est assise sans embarras, mais s'imposant tout de suite à l'attention. La toilette sombre, coupée par le grand faiseur, garnie de broderies en œil de paon, le chapeau bordé d'une dentelle d'or retombante, enserrent délicieusement la taille souple, l'ovale en pâleur rosée de cette Esther sûre de son Assuérus. Le nom se chuchote ; tout Paris la connaît, depuis trois mois il n'est bruit que de ses amours et de son luxe. Son hôtel de l'avenue de Messine rappelle par les splendeurs de l'installation le plus beau temps de l'Empire. Les journaux ont donné les détails de ce scandale mondain, la hauteur des écuries, le prix des peintures de la salle à manger, le nombre des équipages, la disparition du mari qui, plus honnête qu'un autre Ménélas célèbre n'a pas voulu vivre de son déshonneur, est allé bouder à l'étranger en époux trompé du grand siècle. Il n'y a que le nom de l'acquéreur que ces chroniques ont laissé en blanc. Au théâtre, la dame est toujours seule au premier rang des avant-scènes, escortée d'une paire de fines moustaches dissimulées dans la pénombre. Aux courses, au Bois, seule encore, la place vide des coussins occupée par un énorme bouquet, et sur les panneaux autour d'un blason mystérieux la devise niaise toute fraîche — *mon droit, mon roy* — dont son amant vient de la doter ainsi que d'un titre de comtesse...

Cette fois, la favorite est consacrée. L'avoir mise là, un jour pareil, à ces places d'honneur réservées aux Majestés, en lui donnant comme escorte Wattelet l'homme-lige de Christian et le prince d'Axel toujours prêt quand il s'agit de faire quelque folie compromettante, c'est la reconnaître aux yeux de tous, la marquer publiquement aux armes d'Illyrie. Et pourtant sa présence n'excite aucun sentiment indigné. Il y a toutes sortes d'immunités pour les rois; leurs plaisirs sont sacrés comme leurs personnes, surtout dans ce monde aristocratique où la tradition s'est conservée des maîtresses de Louis XIV, ou de Louis XV, montant dans les carrosses de la reine ou la supplantant aux grandes chasses. Quelques pimbêches comme Colette de Rosen prennent des airs pudibonds, s'étonnant que l'Institut reçoive des espèces pareilles; mais soyez sûrs que chacune de ces dames doit avoir chez elle un joli petit ouistiti en train de mourir de la poitrine. En réalité, l'impression est excellente. Les clubs disent : « Très chic. » Les journalistes : « C'est crâne !... »

On sourit avec bienveillance ; et les immortels eux-mêmes lorgnent complaisamment l'adorable fille qui se tient sans affectation au bord de sa loge, ayant seulement dans ses yeux de velours cette fixité voulue des femmes assiégées par l'attention des lorgnettes.

On se tourne aussi, curieusement, du côté de la reine d'Illyrie pour voir comment elle prend la chose. Oh! fort bien. Pas un trait de son visage, pas une plume de son chapeau n'a frémi. Ne se mêlant en rien aux fêtes courantes, Frédérique ne peut pas connaître cette femme ; elle ne l'a jamais vue et ne la regarde d'abord que comme une toilette en regarde une autre. « Qui est-ce ? » demande-t-elle à la reine de Palerme qui lui répond très vite : « Je ne sais pas... » Mais dans une tribune voisine, un nom très haut prononcé, répété plusieurs fois, la frappe au cœur. « Spalato... comtesse de Spalato... »

Depuis quelques mois, ce nom de Spalato la hante en mauvais rêve. Elle le sait porté par une nouvelle maîtresse de Christian qui s'est souvenu qu'il était roi pour affubler d'un des plus grands titres de la patrie absente la créature de son plaisir. Cela lui a rendu la trahison sensible entre mille autres. Mais voici qui comble la mesure. Là, en face d'elle et de l'enfant royal, cette fille installée à un rang de reine, quel outrage ! Et sans que Frédérique

s'en rende bien compte, la beauté sérieuse et
fine de la créature le lui fait sentir plus vivement. Le défi est clair dans ces beaux yeux, ce
front est insolent de netteté, l'éclat de cette
bouche la brave... Mille pensées se heurtent
dans sa tête... Leur grande détresse... les
humiliations de tous les jours... Hier encore
ce carrossier qui criait sous ses fenêtres et que
Rosen a payé, car il a bien fallu en venir là...
Où Christian prend-il l'argent qu'il donne à
cette femme ?... Depuis la supercherie des
fausses pierres, elle sait de quoi il est capable ;
et quelque chose lui dit que cette Spalato sera
le déshonneur du roi, de la race. Un instant,
une seconde, dans cette nature violente passe
la tentation de se lever, de sortir, l'enfant par
la main, d'échapper brutalement à un infâme
voisinage, à une rivalité dégradante. Mais elle
songe qu'elle est reine, femme et fille de roi,
que Zara sera roi aussi ; et elle ne veut pas
donner à leurs ennemis la joie d'un tel scandale. Une dignité, plus haute que sa dignité de
femme, et dont elle a fait la règle désespérée
et fière de toute sa vie, la maintient à son rang,
ici en public, comme dans le secret de sa
maison dévastée. O cruel destin de ces reines
qu'on envie ! L'effort qu'elle fait est si violent
que des pleurs vont lui jaillir des yeux, comme
l'eau calme d'un étang jaillit sous un coup de
rame. Vite, pour qu'on ne la voie pas, elle a

saisi sa lorgnette, et regarde obstinément, fixement, à travers les miroirs embués, l'inscription dorée et reposante LETTRES, SCIENCES, ARTS, qui s'allonge et s'irise dans ses larmes, au-dessus de la tête de l'orateur.

Le noble Fitz-Roy poursuit sa lecture. C'est dans un style gris comme un habit de prison l'éloge pompeux du *Memorial*, ce livre d'histoire éloquente et brutale, écrite par ce jeune prince Herbert de Rosen, « qui se sert de la plume comme de l'épée, » l'éloge surtout du héros qui l'a inspiré, « de ce chevaleresque Christian II en qui se résument la grâce, la noblesse, la force, la séduction de belle humeur qu'on est toujours certain de trouver sur les marches du trône. » (Applaudissements et petits cris d'extase.) Un bon public décidément, sensible, allumé, saisissant au vol et fixant les allusions les plus fugitives... Quelquefois, au milieu de ces périodes cotonneuses, une note saisissante et vraie, une citation de ce *Memorial*, dont la reine a fourni tous les documents, partout substituant le nom du roi au sien, s'anéantissant au profit de Christian II... O Dieu de justice, et voilà comme il la récompense !... La foule salue au passage des mots d'une bravoure insouciante et hautaine, des actes héroïques très simplement accomplis, enchâssés par l'écrivain dans une prose imagée où ils ressortent en épiques récits du vieux temps; et ma foi! devant l'enthousiaste accueil fait à ces citations, le noble Fitz-Roy, qui n'est point sot, renonce à sa littérature et se contente de feuilleter le livre aux plus belles pages.

Dans l'étroit monument classique, c'est un coup d'aile enlevant, vivifiant; il semble que les murailles s'élargissent et que par la coupole soulevée entre un souffle frais du dehors. On respire, les éventails ne battent plus rhythmant l'attention indifférente. Non, toute la salle est debout, toutes les têtes levées vers la tribune de Frédérique; on acclame, on salue la monarchie vaincue mais glorieuse, dans la femme et le fils de Christian II, le dernier roi, le dernier chevalier. Le petit Zara, que le bruit, les bravos grisent comme tous les enfants, applaudit naïvement, ses petites mains gantées écartant ses boucles blondes, tandis que la reine se rejette un peu en arrière, gagnée elle-même par cet enthousiasme communicatif, savourant la joie, l'illusion d'une minute, qu'il lui donne. Ainsi elle est parvenue à entourer d'une auréole ce simulacre de roi derrière lequel elle se cache, à enrichir d'un éclat nouveau cette couronne d'Illyrie que son fils doit porter un jour, et d'un éclat dont personne ne pourra jamais trafiquer. Alors qu'importent l'exil, les trahisons, la misère? Il est de ces minutes éblouies qui noient toute l'ombre environnante... Soudain elle se retourne, songeant à faire hommage de sa joie à celui qui, là tout près d'elle la tête accotée au mur, les yeux perdus vers la coupole, écoute ces phrases magiques en oubliant qu'elles sont de lui, assiste à ce triomphe, sans regret, sans amertume, sans se dire un seul instant que toute cette gloire lui est volée. Comme ces moines du moyen âge vieillissant à construire des cathédrales anonymes, le fils du bourgadier se contente de faire son œuvre, de la voir se dresser, solide, en plein soleil. Et pour l'abnégation, le détachement de son sourire d'illuminé, pour ce qu'elle sent en lui de pareil à elle, la reine lui tend la main avec un doux : « Merci... merci... » Rosen, plus rapproché, croit qu'on le félicite du succès de son fils. Il saisit au passage cette mimique reconnaissante, frotte contre le gant royal sa rude moustache en brosse ; et les deux victimes heureuses de la fête en sont réduites à échanger de loin dans un regard ces pensées inexprimées qui nouent les âmes de liens mystérieux et durables.

C'est fini. La séance est levée. Le noble Fitz-Roy, applaudi, complimenté, a disparu comme par une trappe ; les « LETTRES, SCIENCES, ARTS » l'ont suivi, laissant le bureau vide. Et par toutes les issues, la foule qui se presse commence à répandre ces rumeurs de fin d'assemblée ou de sortie de théâtre qui demain formeront l'opinion de tout Paris. Parmi ces bonnes gens qui s'en vont, beaucoup, poursuivant leur rêve rétrograde, croient trouver des chaises à porteurs devant le palais de l'Institut, et c'est la pluie qui les attend, ruisselant dans le fracas des omnibus et le carnavalesque bouquin des tramways. Seuls les privilégiés, dans l'allure connue de leurs attelages, continueront à bercer la douce illusion monarchique.

Sous le grand porche à colonnettes, tandis qu'un crieur appelle les équipages royaux par la cour mouillée et luisante, c'est plaisir d'entendre toute cette aristocratique société caqueter avec animation, en attendant la sortie des Majestés!... Quelle séance!... Quel succès!... Si la République s'en relève!... La princesse de Rosen est très entourée : « Vous devez être bien heureuse. — Oh! oui, bien heureuse. » Et jolie, et caracolant, et saluant à droite et à gauche comme une petite pouliche de manège. L'oncle s'évertue à côté d'elle, toujours gêné par sa cravate blanche et son plastron de maître d'hôtel qu'il essaie d'abriter derrière son chapeau, mais très fier tout de même du succès de son neveu. Certes il sait mieux que personne à quoi s'en tenir sur le bon teint de ce succès-là, et que le prince Herbert n'a pas écrit une ligne de l'ouvrage couronné; mais en ce moment il n'y songe pas. Colette non plus, je vous jure. Vraie Sauvadon pour la vanité, les apparences lui suffisent; et lorsqu'elle voit

pointer, dans un groupe de gommeux qui le
félicitent, le bout ciré des grandes moustaches
de son Herbert venu au-devant d'elle, il faut
qu'elle se retienne pour ne pas lui sauter au
cou, là, devant tout le monde, tellement elle est
convaincue qu'il a fait le siège de Raguse, écrit le
Mémorial, que ses belles moustaches ne cachent
pas une mâchoire d'imbécile. Et si le bon
garçon est ravi, confus des ovations qu'on lui
fait, des œillades qu'on lui adresse, — le
noble Fitz-Roy vient de lui dire solennellement:
« Quand vous voudrez, prince, vous serez des
nôtres, » — rien ne lui est plus précieux que
l'accueil inespéré de sa Colette, l'abandon
presque amoureux dont elle s'appuie à son
bras, ce qui ne lui était pas arrivé depuis le
jour de leur mariage et le défilé à grands coups
d'orgue dans le chœur de Saint-Thomas-d'Aquin.

Mais la foule s'écarte, se découvre respectueusement. Les hôtes des tribunes descendent,
toutes ces Majestés tombées qui vont rentrer
dans la nuit après cette résurrection de quelques heures. Un vrai défilé d'ombres royales, le
vieil aveugle appuyé sur sa fille, la Galicienne
avec son beau neveu, un froissement d'étoffes
raides comme sur le passage d'une madone
Péruvienne. Enfin la reine Frédérique, sa cousine et son fils. Le landau s'approche du
perron; elle y monte dans un frémissement
admiratif et contenu, belle, le front haut,

rayonnante. La reine de la main gauche et des escaliers dérobés est partie avant la fin avec d'Axel et Wattelet, de sorte que rien ne trouble cette sortie en pleine gloire... Maintenant on n'a plus rien à se dire, rien à voir. Les grands valets se précipitent avec leurs parapluies. Pendant une heure, ce sont des piaffements, des roulements, des bruits de portières mêlés à des ruissellements d'eau, des noms criés, répétés par ces échos de pierre qui hantent les anciens monuments et qu'on ne trouble pas souvent au *vieil Institut de France.*

Ce soir-là, les coquettes allégories de Boucher peintes sur les trumeaux de la chambre d'Herbert, à l'hôtel Rosen, durent réveiller leurs poses alanguies et leurs couleurs de vie un peu passées, en entendant une petite voix gazouiller : « C'est moi... c'est Colette... » C'était Colette enveloppée dans un manteau de nuit aux flottantes malines et qui venait dire bonsoir à son héros, son preux, son homme de génie... A peu près à la même heure, Élisée se promenait seul dans le jardin de la rue Herbillon, sous les verdures légères, pénétrées par un ciel lavé, éclairci, un de ces ciels de juin où reste des longs jours une lumière écliptique, découpant très net les ombrages sur le tournant blafard des allées et faisant la maison blanche et morte, toutes ses persiennes closes. Seulement, au dernier étage, la lampe du roi qui veillait. Nul bruit qu'un égouttement d'eau dans les vasques du bassin, le trille perdu d'un rossignol auquel d'autres rossignols répondaient. Cela errait avec de pénétrants effluves de magnolias, de roses, de citronnelle après la pluie. Et la fièvre qui depuis deux mois, depuis la fête de Vincennes, ne quittait pas Élisée, qui brûlait son front et ses mains, au lieu de se calmer dans cette éclosion de parfums et de chants, battait, vibrante aussi, lui envoyait ses ondes jusqu'au cœur.

— Ah! vieux fou... vieux fou... dit une voix près de lui, sous la charmille. Il s'arrêta interdit. C'était si vrai, si juste, si bien ce qu'il se répétait depuis une heure.

— Fou, misérable maniaque... On devrait te jeter au feu, toi et ton herbier.

— C'est vous, monsieur le conseiller?

— Ne m'appelez pas conseiller... Je ne le suis plus... Rien, plus rien... Ni honneur, ni intelligence... Ah! *porco*...

Et Boscovich, sanglotant avec une fougue tout italienne, secouait sa tête falotte, bizarrement éclairée par la lumière qui tombait entre les grappes des tilleuls. Le pauvre homme était un peu détraqué, depuis quelque temps. Tantôt très gai, très bavard, il ennuyait tout le monde de son herbier, son fameux herbier de Leybach, en possession duquel il devait bientôt

rentrer, disait-il ; puis tout à coup au milieu de
ce délire de paroles, il s'interrompait, vous
jetait un regard en dessous, et l'on ne pouvait
plus lui décrocher un mot. Cette fois Élisée
crut qu'il devenait absolument fou, quand il le
vit après cette explosion enfantine bondir vers
lui, saisir son bras en criant dans la nuit comme
on appelle à l'aide :

— C'est impossible, Méraut... Il faut empêcher ça.

— Empêcher quoi, monsieur le conseiller ?
disait l'autre essayant de dégager son bras de
cette étreinte nerveuse.

Et Boscovich, tout bas, haletant :

— L'acte de renonciation est prêt... dressé
par moi... En ce moment Sa Majesté le signe...
Jamais je n'aurais dû... *Ma che, ma che...* Il
est le roi... Et puis mon herbier de Leybach qu'il
promettait de me faire rendre... Des pièces
magnifiques...

Le maniaque était lâché, mais Élisée ne
l'écoutait pas, étourdi sous ce coup terrible.
Sa première, son unique pensée fut pour la
reine. Voilà donc le prix de son dévouement,
de son abnégation, la fin de cette journée de
sacrifice !... Quel néant que toute cette gloire
tressée autour d'un front qui ne voulait plus
de couronne d'aucune sorte !... Dans le jardin
subitement obscurci, il ne voyait plus rien que
cette lumière, là-haut, éclairant le mystère

d'un crime. Que faire? Comment l'empêcher?... La reine seule... Mais pourrait-il arriver jusqu'à elle?... Le fait est que la femme de chambre de service, madame de Silvis en pleins rêves féeriques, la reine elle-même, tout le monde crut à un feu subit menaçant l'hôtel endormi, quand Élisée demanda à parler à Sa Majesté. On entendit par les chambres un caquetage de femmes affairées, de volière éveillée avant l'heure. Enfin Frédérique parut dans le petit salon où le précepteur l'attendait, enveloppée d'un long peignoir bleu moulant des bras et des épaules admirables. Jamais Élisée ne s'était senti si près de la femme.

— Qu'y a-t-il? demanda-t-elle très-bas, très vite avec ce clignement de paupières qui attend et voit venir le coup. Au premier mot, elle bondit:

« Cela ne se peut pas... Cela ne sera pas, moi vivante!... »

La violence du mouvement ébranla les masses phosphorescentes de sa chevelure, et pour les rattacher d'un tour de main elle eut un geste tragique et libre qui fit glisser sa manche jusqu'au coude.

« Éveillez son Altesse, » dit-elle à mi-voix dans l'ombre ouatée de la chambre voisine; puis sans ajouter une parole, elle monta chez le roi.

X

SCÈNE DE MÉNAGE

Toute la magie de cette nuit de juin entrait par le vitrail large ouvert du grand hall, où un seul candélabre allumé laissait assez de mystère pour que le clair de lune s'abattît aux murailles, en voie lactée, fît reluire la barre polie d'un trapèze, l'archet en forme d'arc d'une guzla suspendue, ou la vitrine d'une bibliothèque assez mal garnie, que les casiers de Boscovich achevaient d'emplir en exhalant l'odeur fade et fanée d'un cimetière de plantes sèches. Sur la table, en travers de paperasses

poussiéreuses, gisait un Christ d'argent noirci ;
car si Christian II n'écrivait guère, il se souvenait de son éducation catholique, s'entourait
d'objets de piété, et parfois, faisant la fête
chez les filles, tandis que sonnaient autour de
lui les fanfares essoufflées du plaisir, égrenait
dans sa poche, d'une main déjà moite d'ivresse,
le rosaire en corail qui ne le quittait jamais.
A côté du Christ une large et lourde feuille de
parchemin, chargée d'une grosse écriture un
peu tremblée. C'était l'acte de décès de la
royauté, tout dressé. Il n'y manquait que la
signature, un trait de plume, mais une décision violente de volonté ; et c'est pourquoi le
faible Christian II tardait, les deux coudes
appuyés à la table, immobile sous le feu des
bougies préparées pour le sceau royal.

Près de lui, inquiet, fureteur, velouté comme
un sphinx de nuit ou l'hirondelle noire des
ruines, Lebeau, le valet intime, le guettait,
l'excitait muettement, arrivé enfin à cette minute décisive que la bande attendait depuis
des mois, avec des hauts, des bas, tous les
battements de cœur, toutes les incertitudes
d'une partie aux mains de ce chiffon de roi.
Malgré le magnétisme de ce désir oppressant,
Christian, la plume aux doigts, ne signait toujours pas. Plongé, enfoncé dans son fauteuil,
il regardait le parchemin et rêvait. Ce n'est
pas qu'il y tînt à cette couronne qu'il n'avait

jamais désirée ni aimée, qu'enfant il trouvait trop lourde, et dont il avait senti plus tard les dures attaches, les responsabilités écrasantes. S'en décharger, la poser dans un coin du salon où il n'entrait plus, l'oublier dehors tant qu'il pouvait, c'était chose faite ; mais la détermination à prendre, le parti excessif l'épouvantaient. Nulle autre façon pourtant de se procurer l'argent indispensable à sa nouvelle existence, trois millions de billets signés de lui qui circulaient avec des échéances prochaines et que l'usurier, un certain Pichery, marchand de tableaux, ne voulait pas renouveler. Pouvait-il laisser tout saisir à Saint-Mandé ? Et la reine, et l'enfant royal, que deviendraient-ils ensuite ? Scène pour scène, — car il prévoyait l'épouvantable retentissement de ses lâchetés, — ne valait-il pas mieux en finir tout de suite, affronter d'un coup les colères et les récriminations ? Et puis, et puis tout cela n'était pas encore la raison déterminante.

Il avait promis à la comtesse de signer ce renoncement ; et devant cette promesse, Séphora avait consenti à laisser son mari partir seul pour Londres, accepté l'hôtel de l'avenue de Messine, ce titre et ce nom qui l'affichaient au bras de Christian, réservant d'autres complaisances pour le jour où le roi lui apporterait l'acte lui-même, signé de sa main. Elle donnait à cela des raisons de fille amoureuse :

peut-être voudrait-il plus tard retourner en Illyrie, l'abandonner pour le trône et le pouvoir ; elle ne serait pas la première que les terribles raisons d'État auraient fait trembler et pleurer. Et d'Axel, Wattelet, tous les gommeux du Grand-Club ne se doutaient guère, quand le roi, sortant de l'avenue de Messine, venait les rejoindre au cercle, les yeux battus et fiévreux, qu'il avait passé la soirée sur un divan, toujours repoussé et repris, vibrant et tendu comme un arc, se roulant aux pieds d'une volonté implacable, d'une souple résistance qui laissait à ses étreintes folles la glace de deux petites mains de Parisienne habiles à se dégager, à se défendre, et sur ses lèvres la brûlure d'une parole délirante : « Oh ! quand tu ne seras plus roi... A toi, toute, toute !... » Car elle le faisait passer par les intermittences si dangereuses de la passion et de la froideur ; et parfois au théâtre, après un abord glacé, à l'immobile sourire, elle avait une certaine façon lente de quitter ses gants en le regardant. Elle ne se dégantait pas, elle mettait sa main toute nue, en première offrande à ses baisers...

... — Alors, mon pauvre Lebeau, tu dis que ce Pichery ne veut rien faire...

— Rien, sire... Si l'on ne paye pas, les traites iront chez l'huissier.

Il fallait entendre le geignement désespéré

dont fut souligné ce mot d'huissier pour bien faire sentir toutes les formalités sinistres qu'il entraînait après lui : papier timbré, saisie, la maison royale profanée, mise à la rue. Christian ne voyait pas cela, lui. Il arrivait là-bas au milieu de la nuit, anxieux et frissonnant, montait à pas de loup l'escalier mystérieusement drapé, entrait dans la chambre où la lampe en veilleuse s'alanguissait sous les dentelles. « C'est fait... je ne suis plus roi... A moi, toute, toute... » Et la belle se dégantait.

— Allons, dit-il avec le sursaut de sa vision qui fuyait.

Et il signa.

La porte s'ouvrit, la reine parut. Sa présence chez Christian, à cette heure, était si nouvelle, si imprévue, depuis si longtemps ils vivaient loin l'un de l'autre, que ni le roi en train de parapher son infamie, ni Lebeau qui le surveillait, ne se retournèrent au léger bruit. On crut que Boscovich remontait du jardin. Glissante et légère comme une ombre, elle était déjà près de la table, sur les deux complices, quand Lebeau l'aperçut. Elle lui donna un ordre de silence, le doigt aux lèvres, et continuait à avancer, voulant saisir le roi en pleine trahison, éviter les détours, les subterfuges, les dissimulations inutiles ; mais le valet brava sa défense par une alarme à la d'Assas : » La reine, sire !... » Furieuse, la Dalmate frappa droit devant elle avec sa paume solide d'écuyère dans ce mufle de bête méchante; et droite, elle attendit que le misérable eût disparu, pour s'adresser au roi.

— Que vous arrive-t-il donc, ma chère Frédérique, et qui me vaut ?...

Debout, à demi renversé dans la table qu'il essayait de lui cacher, dans une pose souple que faisait valoir sa veste de foulard brodée de rose, il souriait, les lèvres un peu pâles, mais la voix calme, la parole aisée, avec cette grâce de politesse dont il ne se départait jamais vis-à-vis de sa femme et qui mettait entre eux comme des arabesques fleuries et compliquées sur la laque dure d'un écran. D'un mot, d'un geste, elle écarta cette barrière où il s'abritait:

— Oh! pas de phrases... pas de grimaces... Je sais ce que tu écrivais là!... n'essaye pas de me mentir...

Puis se rapprochant, dominant de sa taille fière cet abaissement craintif :

— Écoute, Christian... Et cette familiarité extraordinaire dans sa bouche donnait à ses paroles quelque chose de sérieux, de solennel... Écoute... tu m'as fait bien souffrir depuis que je suis ta femme... Je n'ai rien dit qu'une fois, la première, tu te rappelles... Après, quand j'ai vu que tu ne m'aimais plus, j'ai laissé faire. En n'ignorant rien, par exemple... pas une de tes trahisons, de tes folies. Car il faut que tu sois

fou vraiment, fou comme ton père qui s'est
épuisé d'amour sur Lola, fou comme ton aïeul
Jean mort dans un honteux délire, écumant et
râlant des baisers, avec des mots qui faisaient
pâlir les sœurs de garde... Va! C'est bien le
même sang brûlé, la même lave d'enfer qui
te dévore. A Raguse, les nuits de sortie, c'est
chez la Fœdor qu'on allait te chercher... Je le
savais, je savais qu'elle avait quitté son théâtre
pour te suivre... Je ne t'ai jamais rien reproché. L'honneur du nom restait sauf... Et quand
le roi manquait aux remparts, j'avais soin que
sa place ne fût pas vide... Mais à Paris... à
Paris...

Jusqu'ici elle avait parlé lentement, froidement, gardant au bout de chaque phrase une
intonation de pitié et de gronderie maternelle
qu'inspiraient bien les yeux baissés du roi, sa
boudeuse mine d'enfant vicieux qu'on sermonne. Mais ce nom de Paris la mit hors d'elle.
Ville sans foi, ville railleuse et maudite, pavés
sanglants, toujours levés pour la barricade et
l'émeute! Et quelle rage avaient-ils donc tous,
ces pauvres rois tombés, de se réfugier dans
cette Sodome! C'est elle, c'est son air empesté
de fusillades et de vices qui achevait les grandes
races; elle qui avait fait perdre à Christian ce
que les plus fous de ses ancêtres savaient toujours garder chez eux, le respect et la fierté du
blason. Oh! dès le jour de l'arrivée, dès leur

première soirée d'exil, en le voyant si gai, si excité, tandis que tous pleuraient secrètement, Frédérique avait deviné les humiliations et les hontes qu'il allait lui falloir subir... Alors, d'une haleine, sans débrider, avec des mots cinglants qui marbraient de rouge la face blême du royal noceur, la zébraient en coups de cravache, elle lui rappela toutes ses fautes, sa glissade rapide du plaisir au vice et du vice à plat dans le crime :

— Tu m'as trompée, sous mes yeux, dans ma maison... l'adultère à ma table et touchant ma robe... Quand tu en as eu assez de cette poupée frisée qui ne m'a pas même caché ses larmes, tu es allé au ruisseau, à la boue des rues, y vautrant effrontément ta paresse, nous rapportant tes lendemains d'orgie, tes remords éreintés, toute la souillure de cette vase... Rappelle-toi comme je t'ai vu, trébuchant et bégayant, ce matin où tu as pour la seconde fois perdu le trône... Que n'as-tu pas fait, Sainte Mère des anges!... Que n'as-tu pas fait!... tu as trafiqué du sceau royal, vendu des croix, des titres...

Et d'une voix plus basse comme si elle eût craint que le silence et la nuit pussent l'entendre :

— Tu as volé aussi... tu as volé!... Ces diamants, ces pierres arrachées, c'était toi... Et j'ai laissé soupçonner et partir mon vieux Grœb...

Il fallait bien, le vol étant connu, trouver un faux coupable pour éviter qu'on devinât le vrai... Car ç'a été ma préoccupation unique et constante, maintenir le roi debout, intact, tout accepter pour cela, même des hontes qui aux yeux du monde finiront bien par me salir moi-même... Je m'étais fait un mot d'ordre de combat qui m'excitait, me soutenait, aux heures d'épreuve : Pour la couronne !... Et maintenant tu veux la vendre, cette couronne qui m'a coûté tant d'angoisses et de larmes, tu veux la troquer contre de l'or pour ce masque de juive morte que tu as eu l'impudeur de mettre aujourd'hui devant moi, face à face...

Il écoutait sans rien dire, aplati, rentrant la tête. L'injure à celle qu'il aimait le redressa. Et regardant la reine fixement, avec ses coups de sangle en croix sur la figure, il lui dit, toujours poli mais très ferme :

— Eh bien ! vous vous trompez... La femme dont vous parlez n'est pour rien dans la résolution que j'ai prise... Ce que je fais, c'est pour vous, pour moi, notre repos à tous... Voyons, vous n'êtes pas lasse de cette vie d'expédients, de privations !... Croyez-vous que j'ignore ce qui se passe ici, que je ne souffre pas de vous voir cette meute de fournisseurs, de créanciers sur les talons... L'autre fois, quand cet homme criait dans la cour, je rentrais, je l'ai entendu... Sans Rosen, je l'écrasais sous la roue de mon phaéton. Et vous guettiez son départ derrière le rideau de votre chambre. Beau métier pour une reine!... Nous devons à tout le monde. Ce n'est qu'un cri contre nous. La moitié de vos gens attendent leurs gages... Ce précepteur, voilà dix mois qu'il n'a rien reçu... Madame de Silvis se paye de porter majestueusement vos vieilles robes. Et, des jours qu'il y a, Monsieur le conseiller préposé aux sceaux de la couronne emprunte à mon valet de chambre de quoi s'acheter du tabac à priser... Vous voyez que je suis au courant... Et vous ne connaissez pas mes dettes. J'en suis criblé... Tout va craquer bientôt. Ça sera du propre. Vous le verrez vendre, votre diadème, avec de vieux couverts et des couteaux, sous une porte...

Peu à peu, entraîné par sa nature railleuse et les habitudes de blague de son milieu, il quittait le ton réservé du début, et de sa petite voix de nez insolente détaillait des drôleries parmi lesquelles beaucoup devaient être du cru de Séphora qui ne perdait jamais l'occasion de démolir à coups moqueurs les derniers scrupules de son amant.

— Vous m'accusez de faire des phrases, ma chère, mais c'est vous qui vous étourdissez de mots. Qu'est-ce après tout que cette couronne d'Illyrie dont vous me parlez toujours? Cela ne vaut que sur une tête de roi; sinon c'est une chose encombrante, inutile, qu'on cache pour la fuite dans un carton de modiste ou qu'on expose sous un globe, comme des lauriers de comédien ou des fleurs d'oranger de concierge... Il faut bien vous persuader de ceci, Frédérique. Un roi n'est roi que sur le trône, le pouvoir en main ; tombé, moins que rien, une loque... Vainement nous nous attachons à l'étiquette, à nos titres, mettant de la Majesté partout, aux panneaux des voitures, à nos boutons de manchettes, nous empêtrant d'un cérémonial demodé. Tout cela, c'est hypocrisie de notre part, politesse et pitié chez ceux qui nous entourent, des amis, des serviteurs. Ici je suis le roi Christian II, pour vous, pour Rosen, quelques fidèles. Sitôt dehors, je redeviens un homme pareil aux autres. M. Christian Deux... Pas même de nom, rien qu'un prénom... Christian, comme un cabotin de la Gaîté...

Il s'arrêta, à court d'haleine, ne se souvenant pas d'avoir parlé si longtemps debout... Des notes aiguës d'engoulevent, des trilles pressés de rossignols piquaient le silence de la nuit. Un gros phalène, qui s'était écourté les ailes aux lumières, allait se cognant partout. On n'entendait que cette détresse voletante et les sanglots étouffés de la reine qui savait bien tenir tête aux colères, aux violences, mais que la raillerie, prenant à faux sa nature sincère, trouvait sans armes, comme un vaillant soldat qui s'attend aux coups droits et se sent harcelé de piqûres. La voyant faible, Christian la crut vaincue ; et pour l'achever, mit le dernier trait à son tableau burlesque des monarchies en exil. Quelle piteuse figure ils avaient tous, ces pauvres princes *in partibus*, figurants de la royauté, se drapant de la friperie des premiers rôles, continuant à déclamer devant les banquettes vides et pas un sou de recette ! Ne feraient-ils pas mieux de se taire, de rentrer dans la vie commune et l'obscurité ?... Passe encore pour ceux qui ont de la fortune. C'est du luxe aussi, cet entêtement aux grandeurs... Mais les autres, mais leurs pauvres cousins de Palerme, par exemple, entassés dans une maison trop petite avec leur sacrée cuisine italienne ! Ça sent toujours l'oignon chez eux, quand on entre... Dignes, certes, mais quelle existence ! Et ce ne sont pas encore les plus malheureux... L'autre jour un Bourbon, un vrai Bourbon, courait après l'omnibus. « Complet, monsieur. » Il courait toujours. « Puisqu'on vous dit que c'est plein, mon pauvre vieux. » Il s'est fâché, il aurait voulu qu'on l'appelât Monseigneur. Comme si ça se voyait aux cravates. « Des rois d'opérette, je vous dis, ma chère. Et c'est pour sortir de cette situation ridicule, pour nous mettre à l'abri dans une existence assurée et digne que j'ai pris le parti de signer ceci... »

Il ajouta, montrant tout à coup le Slave tortueux élevé par les jésuites :

— Remarquez, d'ailleurs, que c'est une plaisanterie, cette signature... On nous rend nos biens, après tout, et je ne me considère nullement comme engagé... Qui sait? Ces millions-là vont peut-être nous aider à reconquérir le trône.

La reine releva la tête impétueusement, le fixa une seconde à le faire loucher, puis haussant les épaules :

— Ne te fais donc pas plus vil que tu n'es... Tu sais bien qu'une fois signé... Mais non. La vérité, c'est que la force te manque, c'est que tu désertes ton poste de roi au moment le plus périlleux, quand la nouvelle société, qui ne veut plus ni Dieu ni maître, poursuit de sa haine les représentants du droit divin, fait trembler le ciel sur leurs têtes et le sol sous leurs pas. Le couteau, les bombes, les balles, tout est bon... On trahit, on assassine... En plein cortège de procession ou de fête, les meilleurs comme les pires, pas un de nous qui ne tressaille quand un homme se détache de la foule... Tout placet recouvre un poignard... En sortant de son palais, qui peut être sûr d'y rentrer ?... Et voilà l'heure que tu choisis, toi, pour t'en aller de la bataille...

— Ah! s'il ne s'agissait que de se battre, dit Christian II vivement... Mais lutter comme nous contre le ridicule, la misère, tout le fumier de la vie, sentir qu'on y enfonce chaque jour davantage...

Elle eut une flamme d'espoir dans les yeux.

— Vrai ?... tu te battrais ?... Alors, écoute...

Haletante, elle lui raconta en quelques paroles brèves l'expédition qu'Élisée et elle préparaient depuis trois mois, envoyant lettres sur lettres, discours, dépêches, le Père Alphée toujours en route par les villages et la montagne ; car cette fois ce n'est pas à la noblesse qu'on s'adressait, mais au bas peuple, les muletiers, les portefaix de Raguse, les maraîchers du Breno, de la Brazza, les gens des îles qui viennent au marché sur des felouques, la nation primitive et traditionnelle, prête à se lever, à mourir pour le roi, mais à condition de le voir à sa tête... Les compagnies se formaient, le mot d'ordre circulait déjà, on n'attendait plus qu'un signal. Et la reine, précipitant les mots en charge vigoureuse sur la faiblesse de Christian, eut un saisissement douloureux à le voir secouer la tête, plus indifférent encore que découragé. Peut-être au fond se joignait-il à cela le dépit que tout se fût préparé sans lui. Mais il ne croyait pas le projet réalisable. On ne pourrait avancer dans le pays, il faudrait tenir les îles, mettre une belle contrée à sac avec si peu de chances de réussir ; l'aventure du duc de Palma, une effusion de sang inutile.

— Non, voyez-vous, ma chère amie, le fanatisme de votre chapelain et ce Gascon à tête brûlée vous égarent... J'ai mes rapports, moi

aussi, et de plus certains que les vôtres... La
vérité, c'est qu'en Dalmatie comme ailleurs la
monarchie a fait son temps... Ils en ont assez,
là !... Ils n'en veulent plus...

— Ah ! je sais bien, moi, le lâche qui n'en
veut plus..., dit la reine.

Puis elle sortit précipitamment, laissant
Christian très étonné que la scène eût tourné
si court. Il ramassa bien vite l'acte dans sa
poche, prêt à s'en aller, lui aussi, quand Frédérique revint, cette fois accompagnée du petit
prince.

Saisi au milieu du sommeil, habillé en toute
hâte, Zara — qui venait de passer des mains
de la femme de chambre dans celles de la
reine sans qu'un mot fût prononcé — ouvrait
de grands yeux sous ses boucles fauves, mais
ne questionnait pas, se souvenant confusément, dans sa petite tête encore bourdonnante, de réveils semblables pour des fuites
précipitées, au milieu de figures pâlies et
d'exclamations haletantes. C'est là qu'il avait
pris l'habitude de s'abandonner, de se laisser
conduire, pourvu que la reine l'appelât de sa
voix grave et résolue, qu'il sentît l'enveloppement tendre de ses bras et son épaule toute
prête à ses fatigues d'enfant. Elle lui avait dit :
« Viens ! » et il venait avec confiance, étonné
seulement de tout ce calme auprès d'autres
nuits grondantes, couleur de sang, où mon-

taient des flammes, des bruits de canon, des fusillades.

Il vit le roi debout, non pas ce père insouciant et bon, qui parfois le surprenait au lit ou traversait la salle d'étude avec un sourire encourageant, mais une physionomie ennuyée et sévère, qui s'accentua durement à leur entrée. Frédérique, sans dire un mot, entraîna l'enfant jusqu'aux pieds de Christian II, et s'agenouillant d'un mouvement brusque, le mit debout devant elle, joignit ses petits doigts dans ses deux mains jointes :

— Le roi ne veut pas m'écouter, il vous écoutera peut-être, Zara... Allons, dites avec moi... « Mon père... »

La voix timide répéta : « Mon père... »

— Mon père, mon roi, je vous conjure... ne dépouillez pas votre enfant, ne lui enlevez pas cette couronne qu'il doit porter un jour... Songez qu'elle n'est pas à vous seul, qu'elle vient de loin, de haut, qu'elle vient de Dieu qui l'a mise, il y a six cents ans, dans la maison d'Illyrie... Dieu veut que je sois roi, mon père... C'est mon héritage, mon bien, vous n'avez pas le droit de me le prendre.

Le petit prince suivait, avec le murmure fervent, les regards d'imploration d'une prière; mais Christian détournait la tête, haussait les épaules, et furieux, quoique toujours poli, mâchonnait quelques mots entre ses dents...

« Exaltation... scène inconvenante... tourner la tête de cet enfant... » Puis il se dégageait et gagnait la porte. D'un bond la reine fut debout, regarda la table vide du parchemin étalé, et comprenant bien que l'acte infâme était signé, qu'il le tenait, eut un véritable rugissement :

— Christian !...

Il continuait à marcher.

Elle fit un pas, le geste de ramasser sa robe pour une poursuite, puis subitement :

— Eh bien ! soit...

Il s'arrêta, la vit toute droite devant la fenêtre ouverte, le pied sur l'étroit balcon de pierre, d'un bras emportant son fils dans la mort, et de l'autre menaçant le lâche qui fuyait. Toute la lumière nocturne éclairait du dehors cet admirable groupe.

— A roi d'opérette, reine de tragédie ! dit-elle, grave et terrible... Si tu ne brûles pas à l'instant ce que tu viens de signer, avec le serment sur la croix que tu ne recommenceras jamais plus... ta race est finie, broyée... La femme... l'enfant... là, sur ce perron !...

Et l'on sentait dans ses paroles, dans son beau corps tendu au vide une telle lancée que le roi, terrifié, s'élança pour la retenir :

— Frédérique !...

Au cri de son père, au tressaillement du bras qui le portait, l'enfant — tout entier hors de la fenêtre — crut que c'était fini, qu'on mourait. Il n'eut pas un mot, pas une plainte, puisqu'il partait avec sa mère. Seulement ses petites mains se cramponnèrent au cou de la reine, et renversant sa tête d'où s'allongèrent ses cheveux de victime, il ferma ses beaux yeux à l'épouvante de sa chute.

Christian ne résista plus... Cette résignation, ce courage d'enfant-roi qui de son futur métier savait déjà cela : bien mourir !... Son cœur éclatait dans sa poitrine. Il jeta sur la table l'acte froissé qu'il tenait, qu'il tourmentait depuis une minute, et tomba, sanglotant, dans un fauteuil. Frédérique, toujours méfiante, parcourut la pièce de la première ligne à la signature, puis l'approcha d'une bougie, la fit brûler jusqu'à ses doigts, en secoua sur la table les débris noirs, et s'en alla coucher son fils, qui commençait à s'endormir dans son héroïque pose de suicide.

XI

LA VEILLÉE D'ARMES

C'EST la fin d'un repas d'amis dans le parloir de la brocante. Le vieux Leemans, quand il est seul, casse une croûte au bout de la table de cuisine en face de la Darnet, sans nappe, sans serviette ; lorsqu'il a du monde comme ce soir, la soigneuse Auvergnate enlève en maugréant les housses blanches, serre précieusement les petits tapis de pied, et dresse la table devant le portrait de « monsieur, » dans le paisible et proplet salon de curé livré pour quelques heures à des odeurs de fricot à l'ail et à des discussions très-montées aussi, dans l'argot des bas tripotages d'argent.

Depuis que le « Grand Coup » s'apprête, ces dîners à la brocante sont fréquents. Il est bon pour ces affaires en compte à demi de se voir souvent, de se concerter; et nulle autre part on ne le ferait aussi sûrement qu'au fond de cette petite rue Eginhard perdue dans le passé du vieux Paris. Ici, du moins, on peut parler haut, discuter, combiner... C'est que le but est proche. Dans quelques jours, comment! dans quelques heures, la renonciation va être signée, et l'affaire qui a dévoré déjà tant d'argent, commencera à en rapporter beaucoup. La certitude d'une réussite allume les yeux et la voix des convives d'une allégresse dorée, fait la nappe plus blanche, le vin meilleur. Un vrai dîner de noce présidé par le père Leemans et Pichery, son inséparable, — une tête de bois roide et pommadée à la hongroise au-dessus d'un col de crin, quelque chose de militaire et de pas franc, l'aspect d'un officier dégradé. Profession : usurier en tableaux, métier neuf, compliqué, bien approprié aux manies d'art de notre temps. Quand un fils de famille est à sec, rasé, ratissé, il va chez Pichery, marchand de tableaux, somptueusement installé rue Laffitte.

— Avez-vous un Corot, un chouette Corot?... je suis toqué de ce peintre-là.

— Ah! Corot!... dit Pichery fermant ses yeux de poisson mort, avec une admiration béate; puis, tout à coup, changeant de ton : « J'ai justement votre affaire... » et, sur un grand chevalet, roulé en face de lui, il montre un fort joli Corot, un matin tout tremblant de brumes argentées et de danses de nymphes sous les saules. Le gandin met son monocle, fait semblant d'admirer :

— Chic!... très chic!... Combien?

— Cinquante mille francs, dit Pichery sans sourciller. L'autre ne sourcille pas non plus.

— A trois mois?

— A trois mois..., avec des garanties.

Le gandin fait son billet, emporte le tableau chez lui ou chez sa maîtresse, et pendant tout un jour, il se donne la joie de dire au cercle, sur le boulevard, qu'il vient d'acheter « un Corot épatant. » Le lendemain, il passe son Corot à l'Hôtel des Ventes, où Pichery le fait racheter par le père Leemans à dix ou douze mille francs, son prix véritable. C'est de l'usure à un taux exorbitant, mais de l'usure permise, sans dangers. Pichery, lui, n'est pas tenu de savoir si l'amateur achète ou non sérieusement. Il vend son Corot très cher, « cuir et poils, » comme on dit dans ce joli commerce ; et c'est son droit, car la valeur d'un objet d'art est facultative. De plus il a soin de ne livrer que de la marchandise authentique, expertisée par le père Leemans qui lui fournit en outre tout son vocabulaire artistique, bien surprenant dans la bouche de ce soudard maquillé, au mieux avec la jeune Gomme et toute la cocotterie du quartier de l'Opéra très nécessaire à ses trafics.

De l'autre côté du patriarche Leemans, Séphora et son mari, leurs chaises et leurs verres rapprochés, jouent aux amoureux. Ils se voient si rarement depuis le commencement de l'affaire. J. Tom Lévis, qui pour tout le monde est à Londres, vit enfermé dans sa châtellenie de Courbevoie, pêche à la ligne tout le jour faute de dupes à amorcer, ou s'occupe à faire aux Spricht des farces épouvantables. Séphora, plus tenue qu'une reine espagnole, attendant le roi à toute heure, cérémonieuse et harnachée, mène la haute vie demi-mondaine, si remplie et si peu amusante que ces dames presque toujours se mettent à deux pour en supporter les longues promenades vides ou les loisirs écœurants. Mais la comtesse de Spalato n'a pas son double par la ville. Elle ne peut fréquenter les filles ni les déclassées du monde interlope ; les femmes honnêtes ne la voient pas, et Christian II ne saurait supporter autour d'elle ce tourbillon d'oisifs qui composent les salons où ne viennent que des hommes. Aussi reste-t-elle toujours seule dans ses boudoirs aux plafonds peints, aux glaces enguirlandées de roses et d'amours en escalade ne reflétant jamais que son image indolente et ennuyée de tout le fade sentiment que le roi consume à ses pieds, comme des parfums à migraines fumant sur des coupes d'or. Ah! qu'elle donnerait vite toute cette vie princièrement triste pour le petit sous-sol de la rue Royale, avec son pitre en face d'elle exécutant la gigue des Grands Coups. A peine seulement si elle peut lui écrire, le tenir au courant de l'affaire et de ses progrès.

Aussi comme elle est heureuse ce soir, comme elle se serre contre lui, l'excite, le monte : « Allons, fais-moi rire. » Et Tom s'agite beaucoup; mais sa verve n'est pas franche et retombe à chaque élan dans une pensée gênante, qu'il ne dit pas, que je vous donne en mille à deviner. Tom Lévis est jaloux. Il sait qu'il ne peut y avoir rien encore entre Christian et Séphora, que celle-ci est bien trop adroite pour s'être donnée sans garantie; mais le moment psychologique est proche, sitôt le papier signé, il faudra qu'on s'exécute. Et ma foi! notre ami Tom sent des troubles, des inquiétudes bien étranges chez un homme dénué de toute superstition, de tout enfantillage. Il lui court des petits froids fiévreux et peureux en regardant sa femme qui ne lui a jamais paru si jolie, avec un montant d'apprêt, de toilette et ce titre de comtesse qui semble polir ses traits, éclairer ses yeux, relever sa chevelure sous une couronne à pointes de perles. Évidemment, J. Tom Lévis n'est pas à la hauteur de son rôle, il n'a pas les solides épaules de l'emploi. Pour un rien, il reprendrait son épouse et planterait tout là. Mais une honte le retient, la peur du ridicule, et puis tant de fonds engagés déjà dans l'affaire. Le malheureux se débat, écartelé par ces divers scrupules dont la comtesse ne l'aurait jamais cru capable ; il affecte une grande gaieté, gesticule avec son poignard dans le cœur, anime la table en racontant quelques-uns des bons tours de l'agence, et finit par si bien émoustiller le vieux Leemans, le glacial Pichery lui-même, qu'ils sortent de leur sac les meilleures farces, les meilleures mystifications à l'amateur.

On est là, n'est-ce pas, entre associés, entre copains, et coudes sur table. On se raconte tout, les dessous de l'Hôtel, ses trappes et chausse-trapes, la coalition des gros marchands, rivaux en apparence, leurs trucs, leurs trafics d'Auvergnats, cette mystérieuse franc-maçonnerie qui met une vraie barrière de collets gras et de redingotes râpées entre l'objet rare et le caprice d'un acheteur, force celui-ci aux folies, aux fortes sommes. C'est un assaut de cyniques histoires, une joute au plus adroit, au plus filou.

— Est-ce que je vous ai dit *celle* de ma lanterne égyptienne avec Mora ? demande le père Leemans dégustant son café à petits coups ; et il entame pour la centième fois, — ainsi les vieux guerriers leur campagne favorite, — l'histoire de cette lanterne qu'un Levantin dans l'embarras lui cédait pour deux mille francs, et qu'il revendit le même jour quarante mille au président du conseil, avec une double commission, cinq cents du Levantin et cinq mille du duc. Mais ce qui fait le charme du récit, ce sont les ruses, les détours, la façon de monter la tête au client riche et vaniteux. « Oui, sans doute, une belle pièce, mais trop chère, beaucoup trop chère... Je vous en prie, monsieur le duc, laissez faire cette folie à un autre... Je suis bien sûr que les Sismondo... Ah ! dame, c'est un joli travail, cet entourage en petites châsses, cette chaîne ciselée... » Et le vieux, s'animant aux rires qui secouent la table, feuillette sur la nappe un petit agenda rongé des bords dans lequel son inspiration s'alimente à l'aide d'une date, d'un chiffre, d'une adresse. Tous les amateurs fameux sont classés là comme les fiancées à forte dot sur le grand livre de M. de Foy, avec leurs particularités, leurs manies, les bruns et les blonds, ceux qu'il faut rudoyer, ceux qui ne croient à la valeur d'un objet que s'il coûte très cher, l'amateur sceptique, l'amateur naïf auquel on peut dire en lui vendant une *panne :* « Et vous

savez..., ne vous laissez jamais enlever ça!... »
A lui seul, cet agenda vaut une fortune.

— Dis donc, Tom, demande Séphora à son mari qu'elle voudrait faire briller, si tu leur disais *celle* de ton arrivée à Paris, tu sais, ta première affaire, rue Soufflot.

Tom ne se fait pas prier, se verse un peu d'eau-de-vie pour se donner de la voix, et raconte qu'il y a une dizaine d'années, revenant de Londres, décavé et fripé, une dernière pièce de cent sous en poche, il apprend par un ancien camarade rencontré dans une taverne anglaise aux abords de la gare, que les agences s'occupent en ce moment d'une grosse affaire, du mariage de mademoiselle Beaujars, la fille de l'entrepreneur, qui a douze millions de dot et s'est mis en tête d'épouser un grand seigneur, un vrai. On promet une commission magnifique, et les limiers sont nombreux. Tom ne se déconcerte pas, entre dans un cabinet de lecture, feuillette tous les armoriaux de France, le Gotha, le Bottin, et finit par découvrir une ancienne, très ancienne famille, ramifiée aux plus célèbres et domiciliée rue Soufflot. La disproportion du titre avec le nom de la rue l'avertit d'une décadence ou d'une tare. « A quel étage M. le marquis de X...? » Il fait le sacrifice de sa dernière pièce blanche, et obtient du concierge quelques renseignements... Grande noblesse en effet... Veuf... Un fils qui sort de Saint-Cyr et une demoiselle de dix-huit ans, très bien élevée... « Deux mille francs de loyer, le gaz, l'eau et le tapis, » ajoute le concierge pour qui tout cela compte dans la dignité de son locataire... « Tout à fait ce qu'il me faut... » pense J. Tom Lévis ; et il monte, tout de même un peu ému par le bon aspect de l'escalier, une statue à l'entrée, des fauteuils à chaque étage, un luxe de maison moderne avec lequel contrastent bien fort son habit râpé, ses souliers prenant l'eau et sa très délicate commission.

« A moitié chemin, racontait le faiseur, j'eus la tentation de redescendre. Puis, ma foi ! je trouvai crâne de tenter le coup. Je me dis : Tu as de l'esprit, de l'aplomb, ta vie à gagner... honneur à l'intelligence !... Et je grimpai quatre à quatre. On m'introduisit dans un grand salon que j'eus bien vite inventorié. Deux ou trois belles antiquailles, des débris pompeux, un portrait de Largillière ; beaucoup de misère là-dessous, le divan efflanqué, des fauteuils vides de crin, la cheminée plus froide que son marbre. Arrive le maître de maison, un vieux bonhomme majestueux, très chic, Samson dans *Mademoiselle de la Séglière*. « Vous avez un fils, monsieur le marquis ? » Dès les premiers mots, Samson se lève, indigné ; je prononce le chiffre... douze millions... ça le fait rasseoir, et on cause... Il commence par m'avouer qu'il n'a pas une fortune égale à son nom, vingt mille francs de rente tout au plus, et qu'il ne serait pas fâché de redorer à neuf son blason. Le fils aura cent mille francs de dot. « Oh ! monsieur le marquis, le nom suffira... » Puis nous fixons le prix de ma commission, et je me sauve, très pressé, attendu à mon cabinet d'affaires... Joli, mon cabinet; je ne savais pas même où je coucherais le soir... Mais à la porte, le vieux me retient et sur un ton bon enfant : « Voyons, vous me faites l'effet d'un gaillard... J'ai bien envie de vous proposer... Vous devriez marier aussi ma fille... Elle n'a pas de dot. Car, à vous dire vrai, j'exagérais tout à l'heure en accusant vingt mille francs de rentes. Il s'en faut de plus de la moitié... Mais je puis disposer d'un titre de comte romain pour mon gendre... De plus, s'il est dans l'armée, mes liens de parenté avec le ministre de la guerre me permettent de lui assurer un avancement sérieux. » Quand j'ai fini de prendre mes notes : « Comptez sur moi, monsieur le marquis..., » et j'allais sortir... Une main se pose à plat sur mon épaule... Je me retourne, Samson me regardait en riant, avec un si drôle d'air. « Et puis il y a moi ! » me dit-il !... « Comment, monsieur le marquis ? — Ma foi, oui, je ne suis pas encore trop défait, et si j'en trouvais l'occasion... » Il finit par m'avouer qu'il est pourri de dettes, sans un sou pour payer.

« Pardieu! mon cher monsieur Tom, si vous me dénichiez quelque bonne dame du commerce, ayant de sérieuses économies, vieille fille ou veuve, envoyez-la-moi avec son sac... Je la fais marquise. » Quand je suis sorti de là, mon éducation était complète. J'avais compris tout ce qu'il y avait à faire dans la société parisienne ; et l'agence Lévis était moralement fondée... »

Une merveille que cette histoire, narrée ou plutôt jouée par Tom Lévis. Il se levait, se rasseyait, imitait la majesté du vieux noble bientôt dégénérée en un cynisme de bohème, et sa façon de déployer son mouchoir entre ses genoux pour croiser ses jambes l'une sur l'autre, et cette reprise à trois fois sur le néant de ses vraies ressources. On eût dit une scène du « *Neveu de Rameau*, » mais un neveu de Rameau du dix-neuvième siècle, sans poudre, sans grâce, sans violon, avec quelque chose de dur, de féroce, l'âpreté de cette intonation anglaise de bull-dog, qui était entrée dans la raillerie de l'ancien voyou de faubourg. Les autres riaient, s'amusaient beaucoup, tiraient du récit de Tom des réflexions philosophiques et cyniques.

— Voyez-vous, mes petits, disait le vieux Leemans, si les brocanteurs s'entendaient, ils seraient les maîtres du monde... On trafique de tout, dans le temps où nous vivons. Il faut que tout vienne à nous, passe par nos mains en nous laissant un peu de sa peau... Quand je pense à ce qu'il s'est fait d'affaires depuis quarante ans dans ce trou de la rue Eginhard, à tout ce que j'ai fondu, vendu, retapé, échangé... Il ne me manquait plus que de brocanter une couronne... maintenant ça y est, c'est dans le sac...

Il se leva, le verre en main, les yeux brillants et féroces :

— A la Brocante, mes enfants !

Dans le fond, la Darnet, à l'affût sous sa coiffe noire du Cantal, guettait tout, écoutait tout, s'instruisait sur le commerce; car elle espérait s'établir sitôt la mort de « monsieur, » et brocanter pour son propre compte.

Soudain la crécelle de l'entrée s'agite violemment, s'étrangle comme un vieux catarrhe. Tous tressaillent. Qui peut venir à pareille heure ?

— C'est Lebeau, dit le père... Il n'y a que lui...

De grands cris accueillent le valet de chambre qu'on n'avait pas vu depuis longtemps, et qui fait son entrée, blême, hâve, les dents serrées, l'air absolument esquinté et de mauvaise humeur.

— Assieds-toi là, ma vieille fripe..., dit Leemans, élargissant une place entre lui et sa fille..

— Diable ! fait l'autre devant leurs faces

allumées, la table et les reliefs... Il paraît qu'on s'amuse ici...

L'observation, le ton funèbre dont elle est faite. Ils se regardent tous, un peu inquiets... Parbleu! oui, on s'amuse, on est gai. Pourquoi serait-on triste?

M. Lebeau semble stupéfait :

— Comment!... Vous ne savez pas?... Quand donc avez-vous vu le roi, comtesse?

— Mais ce matin... hier... tous les jours.

— Et il ne vous a rien dit de la terrible explication?...

Alors, en deux mots, il leur raconte la scène, le traité brûlé, l'affaire flambée avec, très vraisemblablement.

— Ah! la drogue... je suis flouée... dit Séphora.

Tom, très inquiet, regarde sa femme jusqu'au fond des yeux. Est-ce que par hasard, elle aurait eu l'imprudente faiblesse?... Mais la dame n'est pas d'humeur à s'expliquer là-dessus, toute à sa colère, à son indignation contre Christian qui, depuis huit jours, s'embrouille en une série de mensonges pour expliquer comment l'acte de renonciation n'est pas encore signé... Oh! le lâche, le lâche et menteur!... Mais pourquoi Lebeau ne les a-t-il pas prévenus?

— Ah! oui, pourquoi? dit le valet de chambre avec son hideux sourire... J'aurais été bien en peine de vous prévenir... Depuis dix jours, je cours les routes... Cinq cents lieues sans respirer, sans débrider. Et pas même moyen d'écrire une lettre, surveillé que j'étais par un affreux moine, un Père franciscain qui sent le poil de bête et joue du couteau comme un bandit... Il épiait tous mes mouvements, ne m'a pas lâché de l'œil une minute, sous prétexte qu'il ne savait pas assez de français pour aller seul et se faire entendre... La vérité, c'est qu'on se défie de moi à Saint-Mandé et qu'on a profité de mon absence pour manigancer une grosse affaire...

— Quoi donc ?... demandent tous les yeux.

— Il s'agit, je crois, d'une expédition en Dalmatie... C'est ce diable de Gascon qui leur a monté la tête... Oh! je le disais bien qu'il aurait fallu se débarrasser de celui-là tout d'abord...

On a beau se cacher de lui, le valet de chambre a flairé depuis quelque temps des préparatifs en l'air, des lettres qui partent à toute heure, des conciliabules mystérieux. Un jour en ouvrant un album d'aquarelles que cette petite folle de Rosen avait laissé traîner, il a vu des projets d'uniformes, de costumes dessinés par elle, *volontaires illyriens, dragons de la foi, chemises bleues, cuirassiers du bon droit.* Un autre jour, il a surpris entre la princesse et madame de Silvis une grave discussion sur la forme et la dimension des cocardes. De tout cela, de ces bribes de mots, il a conclu à la grande expédition ; et le voyage qu'on vient de lui faire faire n'y est pas probablement étranger. Le petit homme noir, une espèce de bossu, qu'on l'a envoyé chercher dans les montagnes de Navarre, doit être quelque grand homme de guerre chargé de conduire l'armée sous les ordres du roi.

— Comment ! le roi partirait aussi ?... s'écrie le père Leemans avec un regard méprisant vers sa fille.

Un tumulte de paroles suit cette exclamation.

— Et notre argent ?
— Et les billets ?
— C'est une infamie.
— C'est un vol.

Et comme, en ce temps-ci, la politique est le plat d'Ésope, qu'on en met partout, Pichery, très impérialiste, apostrophe la République, raide comme son col de crin :

— Ce n'est pas sous l'Empire qu'on aurait pu faire une chose pareille, menacer la tranquillité d'un État voisin !...

— Bien sûr, fait J. Tom Lévis gravement, bien sûr que si l'on savait cela à la Présidence, on ne le souffrirait pas... Il faudrait prévenir, se remuer...

— Oui, j'y ai songé, reprend Lebeau ; malheureusement, je ne sais rien de net, de précis. On ne m'écoutera pas. Et puis nos gens se méfient... toutes leurs précautions sont prises pour détourner les soupçons... Ainsi ce soir, c'est l'anniversaire de la reine... On donne une grande fête à l'hôtel de Rosen... Allez donc raconter aux autorités que tous ces danseurs-là sont en train de conspirer et de préparer des batailles !... Il y a pourtant quelque chose de pas ordinaire dans ce bal...

Alors seulement on remarque que le valet de chambre est en tenue de soirée, souliers fins, cravate blanche ; il est chargé là-bas de l'organisation des buffets, et doit s'en retourner bien vite à l'Ile-Saint-Louis. Tout à coup, la comtesse qui réfléchit depuis un moment :

— Écoutez, Lebeau... si le roi part, vous le saurez, n'est-ce pas ?... On vous avertira, ne fût-ce que pour lui fermer sa malle... Eh bien, que je sois prévenue une heure avant, je vous jure que l'expédition n'aura pas lieu.

Elle dit cela de sa voix tranquille, avec une décision lente, mais ferme. Et pendant que J. Tom Lévis, rêveur, se demande par quel moyen Séphora pourra empêcher le roi de partir ; que les autres associés, tout penauds, calculent ce que leur coûterait une non-réussite de l'affaire, maître Lebeau, retournant à son bal, se hâte sur la pointe de ses escarpins, à travers ce dédale de petites rues noires découpées de

vieux toits, de moucharabies, de portails à
écussons, tout ce quartier aristocratique du
dernier siècle, transformé en fabriques, en ateliers, qui, secoué le jour de lourds camions et
du fourmillement d'un peuple pauvre, reprend la nuit son caractère de curieuse ville
morte.

La fête se voyait et s'entendait de loin, fête
d'été, fête de nuit, envoyant aux deux rives de
la Seine ses sonorités épandues, comme sa lumière en buée rouge d'incendie, à cette extrémité de l'île qui semble, avancée sur le flottement de l'eau, la poupe arrondie et relevée
d'un gigantesque navire à l'ancre. En s'approchant, on distinguait les hautes fenêtres toutes
flamboyantes sous les lampas, les mille feux de
couleur en girandoles rattachées aux massifs,
aux arbres séculaires du jardin, et sur le quai
d'Anjou d'ordinaire endormi à cette heure, les
lanternes des voitures trouant la nuit de leurs
petits fanaux immobiles. Depuis le mariage
d'Herbert, l'hôtel Rosen n'avait pas vu pareille
fête, et encore celle de ce soir était-elle plus
vaste, plus débordante, toutes fenêtres et
portes ouvertes sur la splendeur d'une nuit
d'étoiles.

Le rez-de-chaussée formait une longue galerie de salons en enfilade, d'une hauteur de
cathédrale, décorés de peintures, de dorures

anciennes, où les lustres de Hollande et de Venise, les lanternes de mosquées tombant des plafonds, éclairaient une étrange décoration : tentures frissonnantes aux reflets d'or verts et rouges, lourdes châsses d'argent massif, ivoires encadrés et fouillés, vieilles glaces aux étains noircis, reliquaires, étendards, richesses du Monténégro et de l'Herzégovine que le goût parisien avait su grouper, assembler, sans rien de criard ni de trop exotique. L'orchestre sur une tribune d'ancien oratoire rappelant celui de Chenonceaux, s'entourait d'oriflammes abritant des fauteuils réservés à la reine et au roi ; et en contraste à tout ce passé, dans ces reflets de riches antiquailles, qui auraient transporté le père Leemans, les valses du jour entraînantes et tourbillonnantes, les valses aux longues traînes ouvragées, aux yeux brillants et fixes dans la vapeur des cheveux crépelés, passaient comme un défi de l'éclatante jeunesse, avec des visions blondes, amincies et flottantes, et de brunes apparitions d'une pâleur moite. De temps en temps, de cet enchevêtrement de danseurs lancés en rond, de cette mêlée d'étoffes soyeuses qui met dans la musique des bals un coquet et mystérieux chuchotement, un couple se détachait, franchissait la haute porte-fenêtre, recevait sur les deux têtes inclinées en sens inverse l'éclair blanc du fronton où le chiffre de la reine s'allongeait en

gaz flamboyant, et continuant dans les allées
du jardin le rhythme de la danse avec une
hésitation, des arrêts causés par l'éloignement
du son, faisait de la valse à la fin une marche
cadencée, une promenade harmonique cô-
toyant les massifs embaumés de magnolias et
de roses. En somme, à part la rareté, la curiosité du décor, quelques types étrangers de
femmes à cheveux fauves, à souplesses molles
de Slavonnes, il n'y avait là à première vue
qu'une de ces kermesses mondaines comme le
Faubourg Saint-Germain représenté à l'hôtel
Rosen par ses noms les plus anciens, les plus
pompeux, en donne quelquefois dans ses vieux
jardins de la rue de l'Université, où les danses
passent des parquets cirés aux pelouses, où
l'habit noir peut s'égayer de pantalons clairs,
fêtes de plein air et d'été plus libres, plus
exubérantes que les autres.

De sa chambre au second étage, le vieux
duc, tordu depuis huit jours par une crise de
sciatique, écoutait les échos de son bal, étouffant sous la couverture des cris de douleur et
des malédictions de caserne contre cette ironique cruauté du mal qui le clouait sur son lit
un jour pareil, le mettait dans l'impossibilité
de se joindre à toute cette belle jeunesse qui
devait partir le lendemain. Le mot d'ordre
donné, les postes de combat choisis, ce bal
était un adieu, une sorte de bravade aux mau-

vaises chances de la guerre, en même temps qu'une précaution contre les curiosités de la police française. Si le duc ne pouvait accompagner les volontaires, il se consolait en songeant que son fils Herbert serait de l'affaire et ses écus aussi, car Leurs Majestés avaient bien voulu lui permettre de se charger des frais de l'expédition. Sur son lit, mêlées à des cartes d'état-major, à des plans stratégiques, traînaient des notes de fournitures, caisses de fusils, chaussures, couvertures, vivres de campagne, qu'il vérifiait soigneusement avec de terribles froncements de moustaches, l'héroïque grimace du royaliste luttant contre ses instincts parcimonieux et fouisseurs. Parfois un chiffre, un renseignement lui manquait; alors il faisait monter Herbert, — un prétexte pour garder quelques minutes, là, dans ses courtines, ce grand fils qui le quitterait demain pour la première fois, qu'il ne reverrait plus jamais peut-être, et pour lequel il éprouvait une immense tendresse mal dissimulée sous un abord et des silences majestueux. Mais le prince ne tenait pas en place, pressé de redescendre faire les honneurs de l'hôtel, et surtout ne voulant rien perdre des heures courtes qu'il avait encore à passer près de sa chère Colette.

Debout avec lui dans le premier salon, elle l'aidait à recevoir les invités de son père, plus jolie, plus élégante que jamais, serrée dans son étroite tunique d'ancienne dentelle faite d'une aube d'évêque grec, dont le reflet mat encadrait bien sa beauté fragile, empreinte ce soir d'un air de mystère presque grave. Cela reposait ses traits, fonçait ses yeux, du même bleu que cette petite cocarde gaminant parmi ses boucles, au-dessous d'une aigrette en diamant... Chut! une cocarde de volontaire illyrien, un modèle adopté pour l'expédition et dessiné par la princesse... Ah! depuis trois mois, elle n'était pas restée inactive, la chère petite. Copier des proclamations, les porter en cachette au couvent des franciscains, dessiner des costumes, des bannières, dépister la police qu'elle croyait avoir toujours sur ses talons, c'est ainsi qu'elle tenait son rôle de grande dame royaliste, inspiré de ses anciennes lectures du Sacré-Cœur. Un seul détail manquait à ce programme de briganderie vendéenne ; elle ne pouvait partir, suivre son Herbert. Car maintenant c'était Herbert, rien qu'Herbert ; par un bénéfice de nature, on ne pensait pas plus à l'autre qu'à l'infortuné ouistiti si cruellement broyé sur la berge voisine. Cette joie d'endosser un costume d'homme et de chausser de grandes petites bottes était refusée à Colette pour deux raisons : l'une, son service près de la reine ; l'autre, tout intime, chuchotée la veille à l'oreille de l'aide de camp. Oui, si ce n'était pas un leurre, dans un laps de temps facile à calculer en prenant le jour de la séance académique comme point de départ, la race des Rosen compterait un petit représentant de plus, et l'on ne pouvait exposer un espoir aussi cher, aussi précieux, aux fatigues d'une expédition qui ne se terminerait pas sans quelques rudes et sanglantes estocades, pas plus qu'on ne pouvait accepter de faire un tour de valse par les salons splendides. Voilà bien des secrets à garder pour la petite femme ; et malgré le mystère de ses lèvres, ses yeux adorablement bavards, la façon alanguie dont elle s'appuyait au bras d'Herbert, avaient envie de tout raconter pour elle.

Soudain l'orchestre se tait, les danses s'arrêtent ; tout le monde est debout pour l'entrée de Christian et de Frédérique. Ils ont traversé les trois salons resplendissants de richesses nationales, où la reine a pu voir partout son chiffre brodé de fleurs, de lumières, de pierreries, où tout leur a parlé de la patrie, de ses gloires ; et maintenant ils s'arrêtent au seuil du jardin... Jamais la monarchie n'a été représentée d'une façon plus fière, plus brillante ; un vrai couple à graver sur la monnaie d'un peuple, au fronton d'une dynastie. La reine surtout est admirable, rajeunie de dix ans dans une splendide toilette blanche, et sur les épaules pour tout bijou un lourd collier

d'ambre auquel pend une croix. Offert et bénit
par le pape, ce collier a sa légende que les
fidèles se racontent tout bas. Frédérique l'a
porté tout le temps du siège de Raguse, deux
fois perdu et miraculeusement retrouvé dans
les sorties, sous le feu de la bataille. Elle y
attache une superstition, y fait tenir un vœu
de reine, sans se préoccuper de l'effet charmant de ces perles dorées si près de ses cheveux, dont elles égrènent pour ainsi dire les
reflets.

Tandis que les souverains sont là, debout,
radieux, admirant la fête et la vue du jardin
féeriquement allumé, du milieu d'un massif
de rhododendrons partent subitement trois
coups d'archet, bizarres, déchirants, énergi-
ques. Tout ce qu'il y a de slave dans l'assemblée tressaille en reconnaissant le son des
guzlas, dont on entrevoit à travers la verdure
sombre les mandolines à long manche. Cela
commence par un prélude bourdonnant, un
débordement de lointaines ondes sonores qui
s'avance, monte, grandit, se répand. On dirait
une nuée lourde, chargée d'électricité, que de
temps en temps l'archet plus vif zèbre d'éclairs
et d'où jaillit bientôt le rhythme orageux, voluptueux, héroïque, de l'air national, hymne
et danse à la fois, de cet air de Rodoïtza, qui
là-bas est de toutes les fêtes, de toutes les batailles, et présente bien le double caractère de

son antique légende : l'heiduque Rodoïtza, tombé aux mains des Turcs, fait le mort pour s'échapper. On allume du feu sur sa poitrine; l'heiduque ne remue pas. On glisse dans son sein un serpent, aiguisé par le soleil, on lui enfonce vingt clous sous les ongles, il garde son immobilité de pierre. Alors, on fait venir Haïkouna, la plus grande, la plus belle fille de Zara, qui se met à danser en chantant l'air national illyrien. Dès les premières mesures, dès que Rodoïtza entend tinter les sequins du collier de la belle, frémir les franges de sa ceinture, il sourit, ouvre les yeux, serait perdu, si la danseuse, dans un pas élancé, ne jetait sur le visage qui s'anime le foulard de soie dont elle marque et couronne sa danse. Ainsi l'heiduque fut sauvé, et voilà pourquoi, depuis deux cents ans, l'air national d'Illyrie s'appelle l'air de Rodoïtza.

En l'entendant sonner sous le ciel d'exil, tous les Illyriens, hommes et femmes, ont pâli. Cet appel des guzlas, que du fond des salons l'orchestre accompagne en sourdine, comme un murmure de flots au-dessus desquels crie l'oiseau des orages, c'est la voix même de la patrie, gonflée de souvenirs et de larmes, de regrets et d'espoir inexprimés. Les archets énormes, lourds, en forme d'arcs de combat, ne vibrent pas sur des cordes vulgaires, mais sur des nerfs tendus à se rompre, des fibres délicatement résonnantes. Ces jeunes gens, hardis et fiers, à tournures d'heiduques, se sentent tous le courage indomptable de Rodoïtza, si bien payé de l'amour d'une femme; ces belles Dalmates, grandes comme Haïkouna, ont au cœur sa tendresse pour les héros. Et les vieux en pensant à la patrie lointaine, les mères en regardant leurs fils, tous ont envie de sangloter, tous — sans la présence du roi et de la reine, — mêleraient leur voix au cri strident, à toute gorge, que les joueurs de guzlas, leur morceau fini, jettent jusqu'aux étoiles dans une dernière fusée d'accords.

Sitôt après, les danses reprennent, avec une envolée, un entrain surprenants dans un monde où l'on ne s'amuse plus guère que par convention. Décidément, comme dit Lebeau, il y a dans cette fête quelque chose qui n'est pas ordinaire. Quelque chose d'ardent, de fiévreux, de passionné, qu'on sent dans l'étreinte des bras autour des tailles, l'emportement des danseurs, certains regards étincelants qui se croisent, jusque dans la cadence des valses, des mazourkes, où sonne tout à coup comme un cliquetis d'étriers et d'éperons. Vers la fin des bals, quand le matin pâlit les vitres, la dernière heure de plaisir a cette ardeur hâtée, ces défaillances ivres. Mais ici le bal commence à peine, et déjà toutes les mains brûlent dans les gants, tous les cœurs battent sous les bou-

quets de corsage ou les petites brochettes
diamantées; et quand un couple passe, éperdu
de rhythme et d'amour, de longs regards le
suivent, souriants, attendris. Chacun sait en
effet que tous ces beaux danseurs, noblesse
d'Illyrie exilée avec ses princes, noblesse française toujours prête à donner son sang à la
bonne cause, vont partir au petit jour pour
une expédition périlleuse et hardie. Même en
cas de victoire, combien en reviendra-t-il de
ces fiers jeunes gens qui s'enrôlent sans se
compter! Combien, avant huit jours, mordront
la terre, couchés au revers des montagnes,
ayant encore dans leurs oreilles, où bourdonne
le sang en déroute, ce motif enivrant de mazourka! C'est l'approche du danger qui mêle à
l'entrain du bal l'anxiété d'une veillée d'armes,
fait briller dans les yeux des larmes et des
éclairs, tant d'audace et tant de langueur.
Que peut-on refuser à celui qui part, qui va
mourir peut-être? Et cette mort qui plane,
dont l'aile vous frôle dans la cadence des violons, comme elle resserre l'étreinte et précipite
l'aveu! Fugitives amours, rencontre d'éphémères traversant le même rayon de soleil! On
ne s'est jamais vu, on ne se reverra plus sans
doute, et voilà deux cœurs enchaînés. Quelques-unes, les plus hautaines, essaient de sourire malgré leur émotion; mais que de douceur
encore sous cette ironie. Et tout cela tourne,

fronts renversés, boucles flottantes, chaque couple se croyant seul, enfermé, étourdi dans les ronds enlacés et magiques d'une valse de Brahms ou d'une mazourka de Chopin.

Quelqu'un de bien vibrant aussi, de bien ému, c'était Méraut, en qui le chant des guzlas, tour à tour d'une douceur ou d'une énergie sauvage, avait éveillé l'humeur bohème, aventureuse, qui est au fond de tous les tempéraments du soleil, une envie folle de s'en aller loin par des chemins inconnus vers la lumière, l'aventure, la bataille, d'exécuter quelque action fière et vaillante pour laquelle les femmes l'admireraient. Lui qui ne dansait pas, qui ne se battrait pas non plus, la griserie de ce bal héroïque l'envahissait; et de songer que toute cette jeunesse allait partir, donner son sang, courir les belles et dangereuses équipées, tandis qu'il restait avec les vieillards, les enfants, de songer qu'ayant organisé la croisade il la laisserait s'engager sans lui, cela lui causait une tristesse, une gêne inexprimables. L'idée avait honte devant l'action. Et peut-être aussi qu'à ce navrement, à ce goût de mourir que lui versaient les chansons et les danses slaves, la fierté rayonnante de Frédérique au bras de Christian n'était pas étrangère. Comme on la sentait heureuse de retrouver enfin le roi, le guerrier dans son mari!... Haïkouna, Haïkouna, au cliquetis des armes, tu peux tout oublier, tout pardonner, les trahisons, les mensonges ; ce que tu aimes par-dessus toute chose, c'est la vaillance physique, c'est à elle toujours que tu jetteras le mouchoir chaud de tes larmes ou des parfums légers de ton visage... Et pendant qu'il se désole ainsi, Haïkouna, qui vient d'apercevoir dans un coin du salon ce front large de poète où se tord l'abondante chevelure rebelle et si peu mondaine, Haïkouna sourit, lui fait signe d'approcher. On dirait qu'elle a deviné la cause de sa tristesse.

— Quelle belle fête, monsieur Méraut !

Puis baissant la voix :

— Je vous la dois encore, celle-là... Mais nous vous devons tant... on ne sait plus comment vous dire merci.

C'était bien lui en effet, dont la foi robuste avait soufflé sur toutes ces flammes éteintes, rendu l'espoir aux défaillances, préparé le soulèvement dont on allait profiter demain. La reine ne l'oubliait pas, elle ; et il n'y avait personne dans l'illustre assemblée à qui elle eût parlé avec cette bonté déférente, ce regard de gratitude et de douceur, là, devant tous, au milieu du cercle respectueux tracé autour des souverains. Mais Christian II s'approche, reprend le bras de Frédérique :

— Le marquis de Hézeta est ici, dit-il à Élisée... L'avez-vous vu ?

— Je ne le connais pas, sire...

— Il prétend cependant que vous êtes d'anciens amis... Tenez, le voilà...

Ce marquis de Hézeta était le chef qui, en l'absence du vieux général de Rosen, devait commander l'expédition. Il avait montré dans le dernier coup de main du duc de Palma d'étonnantes qualités de chef de corps, et jamais, si on l'eût écouté, l'échauffourée n'aurait eu sa fin piteuse. Quand il vit ses efforts perdus et que le prétendant lui-même donnait l'exemple et le signal de la fuite, le cabecilla, pris de lassitude et de misanthropie, se jeta en pleines montagnes basques, y vécut à l'abri des conspirations enfantines, des fausses espérances, des coups d'épée dans l'eau qui épuisaient ses forces morales. Il voulait mourir obscur dans sa patrie, mais devait être tenté encore une fois aux aventures par le royalisme entraînant du Père Alphée et le renom de bravoure de Christian II. L'ancienne noblesse du partisan, son existence romanesque toute d'exils, de persécutions, de grands coups d'éclat, ses cruautés de fanatique entouraient le marquis José Maria de Hézeta d'un intérêt presque légendaire, en faisaient le personnage de la soirée.

— Bonjour, Éli..., dit-il en s'avançant vers Élisée, la main tendue, et l'appelant de son nom d'enfant, du temps de l'enclos de Rey... Eh! oui, c'est moi... C'est ton vieux maître... monsieur Papel.

L'habit noir, chargé de croix et d'ordres, la cravate blanche, ne le changeaient guère, ni même les vingt ans qu'il y avait en plus sur cette énorme tête de nain tellement brûlée par la poudre et le hâle des monts que sa veine frontale, effrayante et caractéristique, se voyait à peine. Avec elle, l'entêtement royaliste semblait s'être atténué, comme si le cabecilla avait laissé au fond du béret basque, jeté par lui dans un torrent à la fin de la campagne, une partie des anciennes croyances, des illusions de sa jeunesse.

Élisée fut étrangement surpris d'entendre parler son ancien maître, celui qui l'avait fait ce qu'il était :

— Vois-tu, mon petit Éli...

Le petit Éli avait deux pieds de plus que lui et pas mal de mèches grisonnantes.

— ... C'est fini, il n'y a plus de rois... Le principe est debout, mais les hommes manquent. Pas un de ces désarçonnés qui soit capable de se remettre en selle, pas un même qui en ait le vrai désir... Ah ! ce que j'ai vu, ce que j'ai vu, pendant cette guerre !...

Une buée sanglante envahit son front, injecta ses yeux fixes, comme agrandis d'une vision de hontes, de lâchetés, de trahisons.

— Mais tous les rois ne sont pas les mêmes, protesta Méraut, et je suis sûr que Christian...

— Le tien ne vaut pas mieux que le nôtre...

Un enfant, un jouisseur... Pas une idée, pas une volonté dans ces yeux de plaisir... Mais regarde-le donc !

Il montrait le roi qui entrait en valsant, les yeux noyés, le front moite, sa tête toute petite et ronde penchée sur l'épaule nue de la danseuse, la humant de sa lèvre ouverte, avec une tentation de s'y rouler. Dans l'ivresse montante du bal, le couple passa près d'eux sans les voir, les toucha de son haleine haletante ; et comme on envahissait la galerie pour regarder danser Christian II, le premier valseur de son royaume, Hézeta et Méraut se réfugièrent dans l'embrasure profonde d'une des croisées ouvertes sur le quai d'Anjou. Ils restèrent là longtemps, à demi dans la rumeur et le tourbillon du bal, et l'ombre fraîche, le silence apaisant de la nuit.

— Les rois ne croient plus, les rois ne veulent plus. Pourquoi nous entêterions-nous pour eux ? disait l'Espagnol d'un air farouche.

— Vous ne croyez plus... Et cependant vous partez ?

— Je pars.

— Sans espoir ?

— Un seul... Celui de me faire casser la tête, ma pauvre tête que je ne sais plus où poser.

— Et le roi ?

— Oh ! celui-là, je suis bien tranquille...

Voulait-il dire que Christian II n'était pas

encore à cheval, ou que, pareil à son cousin le duc de Palma, il saurait toujours revenir sauf de la bataille ? Il ne s'expliqua pas davantage...

Autour d'eux, le bal continuait à virer en tourbillons fous, mais Élisée le voyait maintenant à travers le découragement de son vieux maître et ses propres désillusions. Il sentait une immense pitié pour toute cette jeunesse vaillante qui, si gaiement, s'apprêtait à aller combattre sous des chefs désabusés ; et déjà la fête, son train confus, ses lumières voilées, disparaissaient pour lui dans la poudre d'un champ de bataille, la grande mêlée de désastre où l'on ramasse les morts inconnus. Un moment, pour échapper à cette vision sinistre, il se pencha sur l'appui de la fenêtre, vers le quai désert où le palais jetait de grands carrés lumineux prolongés jusque dans la Seine. Et l'eau qu'il écoutait, tumultueuse et tourmentée à cette pointe de l'île, mêlant le bruit de ses courants, de ses furieux remous contre l'arche des ponts, aux soupirs des violons, aux plaintes déchirantes des guzlas, tantôt bondissait à petits coups comme les sanglots d'un cœur oppressé ou bien se répandait à grands flots épuisants comme le sang d'une blessure large ouverte...

XII

TRAIN DE NUIT

« Nous partons ce soir, à onze heures, gare de Lyon. Destination inconnue. Probablement Cette, Nice ou Marseille. Avisez. »

Quand ce billet, vivement crayonné par Lebeau, arriva rue de Messine, la comtesse de Spalato sortait du bain, et toute fraîche, odorante et souple, s'activait de sa chambre à son boudoir, arrosant, soignant elle-même ses fleurs en corbeille, ses plantes vertes, gantée de Suède clair jusqu'au coude, pour cette promenade à travers son jardin artificiel. Elle ne s'émut pas autrement, resta une minute à réfléchir dans le calme demi-jour des persiennes tombées, puis eut un petit geste décidé, un haussement d'épaules qui signifiait : « Bah ! qui veut la fin... » Et bien vite elle sonna sa femme de chambre pour être sous les armes quand le roi viendrait.

— Qu'est-ce que madame va mettre ?

Madame regarda la glace pour lui demander une idée :

— Rien... je reste comme je suis...

Rien en effet ne pouvait la faire plus jolie que ce long vêtement de flanelle pâle collant à plis moelleux, un grand fichu noué à l'enfant derrière la taille, et ses cheveux noirs tordus, frisés, relevés très haut, laissant voir la nuque et la ligne commençante des épaules que l'on devinait d'un ton plus vif que le visage, d'une clarté d'ambre chaude et lisse.

Elle trouva avec raison qu'aucune toilette ne vaudrait ce déshabillé accentuant l'air simple, petite fille, que le roi aimait tant en elle ; mais cela l'obligea à déjeuner dans sa chambre, car elle ne pouvait descendre à la salle en pareille tenue. Elle avait mis sa maison sur un pied de maison sérieuse, et ce n'était plus ici la fantaisie, les allures bohèmes de Courbevoie. Après déjeuner, elle s'installa dans son boudoir, qu'une vérandah en moucharabie prolongeait sur l'avenue, et se mit à guetter le roi, paisiblement assise, toute rose dans le reflet des stores, comme jadis à la fenêtre bourgeoise du family. Jamais Christian n'arrivait avant deux heures ; mais à partir de ce moment commença une angoisse toute nouvelle chez cette nature placide, l'attente, — d'abord frémissant à peine, comme une ride sur l'eau qui bout, puis fiévreuse, agitée, bourdonnante. Les voitures étaient rares à cette heure sur l'avenue tranquille, inondée de soleil entre sa double rangée de platanes et d'hôtels neufs aboutissant à la grille dorée, aux lampadaires traversés de rayons du parc Monceau. Au moindre roulement de roues, Séphora écartait le store pour mieux voir, et son attente chaque fois déçue s'irritait de cette sérénité luxueuse du dehors, de ce calme provincial.

Qu'était-il donc arrivé? Est-ce que vraiment il partirait sans la voir?

Elle cherchait des raisons, des prétextes ; mais quand on attend, tout attend, l'être entier reste en suspens, et les idées, flottantes, décousues, ne s'achèvent pas plus que les paroles balbutiant au bord des lèvres. La comtesse sentait ce supplice, et cet évanouissement du bout des doigts, où tous les nerfs se tendent et défaillent. De nouveau elle soulevait le store de coutil rose. Un vent tiède agitait les branches en panaches verts, une fraîcheur montait de la chaussée que les tuyaux d'arrosage inondaient

22

de brusques jets d'eau arrêtés au passage des voitures maintenant plus nombreuses pour la promenade de cinq heures vers le Bois. Alors elle commença à s'effrayer sérieusement de l'abandon du roi, expédia deux lettres, l'une chez le prince d'Axel, l'autre au cercle; puis elle s'habilla, ne pouvant rester jusqu'au soir en petite fille qui sort du bain, et recommença sa promenade de la chambre au boudoir, à la toilette, bientôt par tout l'hôtel, essayant de tromper son attente à force d'agitation.

Ce n'était pas une petite cage à cocotte qu'elle avait achetée, la Spalato, non plus qu'une des maisons écrasantes comme les traitants milliardaires en ont encombré ces nouveaux quartiers de l'ouest parisien, mais un hôtel artiste bien digne des noms des rues environnantes, Murillo, Vélasquez, Van Dick, et qui se distinguait en tout de ses voisins, depuis le couronnement de sa façade jusqu'au marteau de sa porte. Bâti par le comte Potnicki pour sa maîtresse, une femme laide qu'il payait tous les matins d'un billet de mille francs plié en quatre sur le marbre de la toilette, ce merveilleux logis avait été vendu deux millions pêlemêle avec son mobilier d'art, à la mort du riche Polonais, qui ne laissa pas de testament, et Séphora avait acquis du coup tous ces trésors.

Par le lourd escalier de bois sculpté dont la rampe soutiendrait un carrosse attelé et qui donne à la beauté grave de la dame un fond sombre de tableau hollandais, la comtesse de Spalato descend dans ses trois salons du rez-de-chaussée, le salon des saxes, petite pièce Louis XV, contenant une ravissante collection de vases, de statuettes, d'émaux, de cet art fragile du XVIIIe siècle, qui semble pétri par le doigt rose des favorites, animé des coquineries de leur sourire; le salon des ivoires, où ressortent sous des vitrines doublées de couleur feu des ivoires de Chine fouillés de petits personnages, d'arbres aux fruits de pierreries, de poissons aux yeux de jade, et ces ivoires du moyen âge, aux douloureuses expressions passionnées, sur lesquels le sang en cire rouge des crucifix fait tache comme sur la pâleur d'une peau humaine; la troisième pièce, éclairée en atelier, drapée de cuirs de Cordoue, attend que le père Leemans ait achevé de la meubler. D'ordinaire l'âme de la brocanteuse s'exalte au milieu de ces jolies choses, embellies encore par le bon marché qu'elle a fait; aujourd'hui elle va, vient, sans regarder, sans voir, sa pensée au loin, perdue dans des raisonnements irritants... Comment! il partirait ainsi... Il ne l'aimait donc pas!... Elle qui croyait l'avoir si bien captivé, enveloppé...

Le domestique revient. Aucune nouvelle du roi. On ne l'a vu nulle part... C'était bien cela Christian!... Se sachant faible, il fuyait, se dérobait... Un accès de colère folle emporte une seconde fois hors de son calme cette femme qui se possède si bien. Elle briserait, fracasserait tout autour d'elle, sans sa longue habitude de la vente, qui lui étiquète pour ainsi dire visiblement chaque objet. Jetée dans un fauteuil, pendant que le jour tombant éteint toutes ses richesses d'hier, elle les voit fuir, s'éloigner d'elle avec son rêve de fortune colossale. La porte s'ouvre violemment.

« Madame la comtesse est servie... »

Il faut se mettre à table toute seule, dans la majestueuse salle à manger tapissée sur ses huit panneaux de grands portraits de Frantz Hals estimés huit cent mille francs, sévères figures blafardes, raides et solennelles dans leurs fraises montantes, moins solennelles encore que le maître d'hôtel cravaté de blanc qui découpe sur la crédence les plats que servent deux impassibles drôles habillés de nankin. L'ironie de ce pompeux service, en contraste avec l'abandon qui menace madame de Spalato, lui serre le cœur de dépit; et l'on dirait que l'office se doute de quelque chose tellement les valets renforcent leur dédain cérémonieux pendant qu'elle mange, attendant qu'elle ait fini, immobiles et graves comme les aides du photographe après avoir figé le client devant l'objectif. Peu à peu cependant l'abandonnée se réconforte, revient à sa vraie nature... Non, elle ne se laissera pas lâcher ainsi... Ce n'est pas qu'elle tienne au roi. Mais l'affaire, le grand coup, tous ses amours-propres sont en jeu vis-à-vis de ses associés... Allons ! son plan est fait... Montée à sa chambre, elle écrit un mot à Tom ; puis, pendant que les domestiques dans le sous-sol dînent et bavardent sur la journée solitaire et si agitée de leur maîtresse, madame la comtesse, de ses petites mains pas maladroites, prépare une valise de voyage qui a fait souvent le trajet de l'agence à Courbevoie, jette sur ses épaules un manteau de laine beige pour la nuit froide et sort furtivement de son palais vers la prochaine station de voitures, à pied, son petit sac à la main, comme une demoiselle de compagnie qui a reçu son compte.

Christian II, de son côté, n'avait pas passé une journée moins inquiète. Resté au bal très tard avec la reine, il s'était réveillé la tête et le cœur remplis de l'héroïque bourdonnement des guzlas. Les préparatifs du voyage, ses armes à visiter ainsi que le costume de lieutenant général qu'on n'avait pas mis depuis Raguse, tout cela le menait jusqu'à onze heures, entouré, surveillé par Lebeau très perplexe et n'osant pousser trop loin ses insinuations questionneuses. A onze heures, la petite cour se réunissait autour d'une messe basse dite par le Père Alphée dans le salon transformé en oratoire, la cheminée servant d'autel, les lambrequins de velours, recouverts d'une nappe brodée. Les Rosen manquaient, le vieux au lit, la princesse ayant accompagné jusqu'à la gare Herbert parti avec quelques jeunes gens. Hézeta devait les suivre au train d'après et toute la petite troupe s'égrener ainsi dans la journée pour ne pas donner l'éveil. Cette messe secrète qui rappelait des temps de trouble, la tête exaltée du moine, l'énergie militaire de son geste et de sa voix, cela sentait l'encens et la poudre, la cérémonie religieuse solennisée par la bataille prochaine.

Le déjeuner fut oppressé de ces émotions confondues, quoique le roi mît une certaine coquetterie à ne laisser autour de lui que d'agréables souvenirs, qu'il affectât vis-à-vis de la reine une attitude respectueusement tendre dont l'affection se brisait aux froideurs un peu méfiantes de Frédérique. Le regard de l'enfant les surveillait timidement, car l'horrible scène de l'autre nuit hantait sa jeune mémoire et lui laissait des intuitions nerveuses au-dessus de son âge. La marquise de Silvis poussait par avance de gros soupirs d'adieu. Quant à Élisée, à qui la confiance était revenue, il ne pouvait contenir sa joie, songeant à cette contre-révolution par le peuple qu'il avait rêvée si longtemps, à cette émeute forçant les portes d'un palais pour y faire rentrer un roi. Selon lui, le succès n'était pas douteux. Christian n'avait pas la même certitude; mais en dehors de ce petit malaise du départ, où il semble qu'une solitude se fasse tout à coup, un éloignement prématuré des objets ou des êtres qui vous entourent, il ne ressentait aucune appréhension sinistre, plutôt un soulagement à la situation la plus fausse, entouré qu'il était d'échéances menaçantes, d'obligations d'honneur. En cas de victoire, la liste civile solderait tout. La défaite entraînerait au contraire un écroulement général... la mort, une balle dans le front, bien en face... Il y pensait comme à une solution définitive aux chagrins d'argent et de cœur; et son insouciance ne faisait pas trop mauvaise figure entre les préoccupations de la reine et l'enthousiasme d'Élisée. Mais, pendant qu'ils causaient tous trois dans le jardin, un domestique vint à passer.

— Dites à Samy d'atteler, commanda Christian. Frédérique tressaillit :

— Vous sortez ?

— Oui, par prudence... Le bal d'hier a dû faire causer Paris... Il faut que je me montre, qu'on me voie au cercle, au boulevard... Oh! je reviendrai dîner avec vous.

Il monta le perron d'un saut, joyeux et libre comme un écolier qui sort de classe.

« J'aurai peur jusqu'au bout! » dit la reine, et Méraut, averti comme elle, ne trouva pas un mot pour l'encourager.

Le roi cependant avait pris de fortes résolutions. Pendant la messe, il s'était juré de ne plus revoir Séphora, sentant bien que si elle voulait le retenir, si elle lui nouait solidement ses bras autour du cou, il n'aurait pas la force de la quitter. De la meilleure foi du monde il se fit donc conduire à son cercle, y trouva quelques calvities absorbées sur de silencieuses parties de whist et des sommeils majestueux autour de la grande table du salon de lecture. Tout était ici d'autant plus mort et désert qu'on avait beaucoup joué la nuit dernière. Au matin, comme toute la bande sortait, monseigneur le prince d'Axel en tête, un troupeau d'ânesses passait devant le cercle, trottinant et sonnant. Monseigneur avait fait appeler l'ânier. On avait bu du lait chaud dans des coupes à champagne ; puis ces messieurs, tous un peu lancés, enfourchant les pauvres bêtes malgré leurs ruades et les cris du conducteur, couraient le plus amusant des steeple-chase tout le long de la rue de la Paix. Il fallait entendre le récit majestueusement attendri de monsieur Bonœil, le gérant du Grand-Club : « Non !... c'était si drôle !... Monseigneur sur cette petite ânesse, obligé de relever ses longues jambes, car Monseigneur est admirablement jambé... Et toujours son flegme imperturbable... Ah ! si Sa Majesté avait été là !... »

Sa Majesté regrettait bien assez d'avoir manqué cette bonne partie de fous... Heureux prince d'Axel! Brouillé avec le roi, son oncle, chassé de son pays par toutes sortes d'intrigues de cour, il ne régnerait peut-être jamais, puisque le vieux monarque parlait de se remarier avec une jeune femme et d'engendrer une foule de petits présomptifs. Mais tout cela ne l'inquiétait pas le moins du monde. Faire la fête à Paris lui paraissait autrement intéressant que de faire là-bas de la politique. Et peu à peu la blague, la raillerie sceptique reprenaient Christian étendu sur le divan où le prince royal avait laissé la marque de sa veulerie contagieuse. Dans l'atmosphère désœuvrée du club, tout apparaissait au jeune roi, l'entraînement héroïque de la veille et la tentative de demain, sans gloire, sans magie ni grandeur. Positivement il se décomposait en restant là ; et, pour échapper à cette torpeur qui l'envahissait comme un poison stupéfiant dans toutes ses veines, il se leva, descendit au grand air des vivants, des actifs, des circulants.

Trois heures. L'heure à laquelle, d'ordinaire, il se dirigeait vers l'avenue de Messine, après avoir déjeuné au cercle ou chez Mignon. Machinalement ses pas prirent la route habituelle dans ce Paris d'été un peu plus grand, un peu moins capiteux que l'autre, mais qui compose de si charmants aspects, des perspectives allégées, avec ses verdures massées contre des pierres et des ombres de feuillages sur les blancheurs de l'asphalte.

Que de jolies femmes glissant là-dessous, à demi dérobées par l'ombrelle, d'une grâce, d'une séduction spirituelle et de bonne humeur ! Quelles autres femmes sauront marcher comme celles-ci, se draper comme elles de leur allure, et parler, et s'habiller, et faire le contraire aussi bien ? Ah ! Paris, Paris, ville du plaisir facile, des heures courtes. Dire que, pour être plus sûr de quitter tout cela, il allait peut-être se faire casser la tête ! Que de bons moments pourtant, de voluptés intelligentes et complètes !

Dans la ferveur de sa reconnaissance, le Slave avait une étincelle aux yeux pour toutes ces passantes qui le séduisaient d'un trait, d'un coup de jupe aux dentelles en éventail. Il y avait loin du roi-chevalier qui, le matin, entre sa femme et son fils, s'inclinait dans l'oratoire, avant de partir à la conquête de son royaume, à ce joli leveur de femmes, le nez tendu, le chapeau vainqueur sur sa petite tête frisée et ronde dont une fièvre de plaisir rosait la joue. Frédérique n'avait pas tort de maudire le ferment de Paris, de le craindre pour ce cerveau mobile, tout en mousse comme certains vins qui ne tiennent pas.

A la bifurcation du boulevard Haussmann et de l'avenue de Messine, Christian s'arrêta, laissa passer plusieurs voitures. Ce fut un rappel à la raison. Comment était-il venu là, et si vite?... L'hôtel Potnicki dressait dans un couchant vaporeux ses deux clochetons de castel parisien, son moucharabie voilé en alcôve... Quelle tentation!... Pourquoi n'irait-il pas jusque-là, pourquoi ne verrait-il pas une dernière fois cette femme qui allait rester dans sa vie avec la mémoire sèche, altérante, d'un désir incontenté?

Enfin, après un terrible débat d'une minute, l'incertitude très visible dans le balancement en roseau de tout ce faible corps, il prit un parti héroïque, sauta dans une voiture découverte qui passait et donna l'adresse du club. Jamais il n'aurait eu ce courage, sans le serment fait à Dieu, le matin, pendant la messe. Pour cette âme pusillanime de femme catholique, cela emportait tout.

Au club, il trouva la lettre de Séphora, qui, rien que par l'odeur musquée du papier, lui communiqua la fièvre dont elle ardait. Le prince lui apporta l'autre missive, quelques phrases hâtées, implorantes, d'une écriture que les livres de Tom n'avaient jamais connue. Mais ici Christian II, entouré, soutenu, regardé, se sentait plus fort, étant de ceux à qui la galerie compose une attitude. Il chiffonna les lettres au fond de sa poche. La belle jeunesse du club arrivait, encore sous l'impression de l'histoire des ânesses, racontée tout au long dans un journal du matin. La feuille circulait de main en main, et tous avaient en la lisant ce rire éreinté, ce rire de ventre des gens qui n'en peuvent plus.

— Est-ce qu'on fait la fête ce soir? demandaient ces jeunes gentilshommes, en absorbant des sodas, des eaux de régime dont le club tenait tout un dépôt.

Séduit par leur entrain, le roi se laissa aller à dîner avec eux au café de Londres, non pas dans un de ces salons dont les tentures connues avaient dansé dix fois devant leur ivresse, dont les glaces portaient leurs noms, écrits, croisés, brouillés comme un givre hivernal sur les vitres, mais dans les caves, ces admirables catacombes de fûts et de bouteilles alignant leurs casiers réguliers, étiquetés en porcelaine, jusque sous le théâtre de l'Opéra-Comique. Tous les crus de France dormaient là. On avait dressé la table, au fond, dans les château-yquem qui rayonnaient doucement, leurs bouteilles couchées et glauques, pailletées par les reflets du gaz et des girandoles de verres de couleur. Une idée de Wattelet qui voulait marquer d'un repas original le départ de Christian II, connu de lui seul et du prince. Mais l'effet fut manqué par l'humidité des murs et des plafonds qui pénétra bientôt les convives fatigués de la nuit précédente. Queue-

de-Poule s'endormait et se réveillait par tres-
sauts. Rigolo parlait peu, riait ou faisait semblant, tirait sa montre toutes les cinq minutes.
Peut-être pensait-il à la reine que ce retard
devait terrifier.

Au dessert, quelques femmes arrivèrent,
des dîneuses du café de Londres, qui, sachant
les princes en bas, quittaient leurs tables, et
guidées par les garçons portant des candélabres, se faufilaient dans les caves, leur jupe
sur le bras, avec des petits cris, des effare-
ments d'équipée. Presque toutes étaient décolletées. Au bout de cinq minutes, elles tous-
saient, devenaient pâles, frissonnaient sur les
genoux de ces messieurs, eux du moins abrités
de leurs collets relevés. « Une bonne farce à
les faire toutes claquer de la poitrine..., »
comme dit l'une d'elles, plus frileuse ou moins
enragée que les autres. On se décida à monter
prendre le café dans les salons, et pendant le
déplacement, Christian disparut. Il était à peine
neuf heures. Son coupé l'attendait à la porte.

— Avenue de Messine..., dit-il tout bas,
les dents serrées.

Cela venait de le prendre comme une folie.
Pendant tout le dîner, il n'avait vu qu'elle,
elle, respirant sa possession sur ces chairs
nues qui le frôlaient. Oh ! saisir cette femme à
pleins bras, n'être plus dupe de ses larmes, de
ses prières,...

« Madame est sortie. »

Ce fut une douche froide sur un brasier. Madame était sortie. On n'en pouvait douter au désarroi de la maison envahie, livrée aux gens de service dont Christian avait vu fuir à son entrée les rubans de couleur et les gilets de coutil à raies. Il ne demanda rien de plus, et dégrisé subitement, mesura l'abîme sans fond où il avait failli rouler. Parjure à Dieu, traître à la couronne!... Le petit chapelet se trouva sous ses doigts brûlants. Il en égrenait les *Ave* en actions de grâces, pendant que la voiture roulait vers Saint-Mandé, par les aspects fantastiques et les terreurs nocturnes du bois.

— Le roi! dit Élisée qui guettait aux croisées du salon et vit les deux lanternes du coupé entrer en éclairs dans la cour. Le roi! C'était le premier mot qu'on eût prononcé depuis le dîner. Par magie, toutes les figures s'illuminèrent, les langues se délièrent à la fois. La reine elle-même, malgré son calme apparent, sa force de caractère, ne put retenir un cri de joie. Elle avait cru tout perdu, Christian retenu chez cette femme, abandonnant ses amis, se déshonorant à tout jamais. Et personne autour d'elle pendant ces trois mortelles heures d'attente, à qui cette pensée ne fût venue, qui ne s'inquiétât de même, jusqu'au petit Zara qu'elle avait gardé levé et qui, comprenant l'angoisse, le dramatique de ce silence, sans hasarder une de ces questions si cruelles, si fatidiques, que l'enfant prononce de sa voix claire, s'était abrité dans les feuillets d'un gros album, d'où sa jolie tête sortit tout à coup à l'annonce du roi, baignée de larmes longues coulant silencieusement depuis une heure. Plus tard, quand on l'interrogea sur ce grand chagrin, il avoua qu'il se désespérait ainsi dans la crainte que le roi ne fût parti sans l'embrasser. Petite âme aimante à qui ce père jeune, spirituel, souriant, faisait l'effet d'un grand frère à frasques et à fredaines, un grand frère séduisant, mais qui désolait leur mère.

On entendit la voix brève et pressée de Christian qui donnait des ordres. Puis il monta dans sa chambre et, cinq minutes après, parut tout équipé pour le voyage, en petit chapeau à boucle coquette et ganse bleue, guêtres fines à mi-pied, comme un touriste de plage dans les tableaux de Wattelet. Le monarque perçait pourtant sous le gandin, l'autorité, le grand air, l'aisance à figurer noblement en n'importe quelle circonstance. Il s'approcha de la reine, murmura quelques excuses pour son retard. Pâle encore d'émotion, elle lui dit très bas : « Si vous n'étiez pas venu, je partais avec Zara prendre votre place. » Il savait bien qu'elle ne mentait pas, la vit pendant une minute, son enfant sur le bras au milieu des balles, comme au balcon de sa fenêtre pendant là terrible scène, et le petit fermant ses beaux yeux résignés devant la mort. Sans répondre, il porta la main de Frédérique à ses lèvres avec ferveur ; puis d'un mouvement impétueux de jeunesse l'attira vers lui : « Pardon !... pardon !... »

Pardonner, la reine en eût encore été capable, mais elle aperçut à la porte du salon, prêt à partir avec son maître, Lebeau, le valet louche, le confident des plaisirs et des trahisons ; et tout de suite une affreuse idée lui vint, tandis qu'elle se dégageait doucement : « S'il mentait... S'il ne partait pas ! » Christian la devina et se tournant vers Méraut : « Vous m'accompagnerez jusqu'à la gare... Samy vous ramènera. » Puis, comme les moments étaient courts, il pressa les adieux, dit à chacun un mot aimable, à Boscovich, à la marquise, prit Zara sur ses genoux, lui parla de l'expédition qu'il tentait pour reconquérir son royaume, l'engageant à ne donner jamais de sujets de chagrin à la reine, et s'il ne revoyait plus son père, à songer qu'il était mort pour la patrie, en faisant son devoir de roi. Un petit discours à la Louis XIV, vraiment pas trop mal tourné, et que le jeune prince écoutait gravement, un peu déconcerté du sérieux de ces paroles sortant d'une bouche qu'il avait toujours vue sourire. Mais Christian était bien l'homme de la minute présente, d'une mobilité, d'une légèreté excessives, maintenant tout au départ, aux hasards de l'expédition, et plus touché qu'il ne voulait le paraître, ce qui l'arracha bien vite à l'attendrissement de la dernière minute. Il fit « adieu!... adieu! » de la main à tout le monde avec une profonde inclinaison vers la reine et sortit.

Vraiment, si Élisée Méraut, pendant trois ans, n'avait pas vu l'intimité du ménage royal troublée par les faiblesses, les honteuses lâchetés de Christian II, il n'aurait pu reconnaître le Rigolo du Grand-Club dans le prince héroïque et fier qui lui exposait ses plans, ses projets, ses vues politiques si sensées et si larges, tandis qu'ils roulaient rapidement vers la gare de Lyon.

La foi royaliste du précepteur, toujours un peu superstitieuse, voyait là une intervention divine, un privilège de caste, le roi devant toujours se retrouver au moment fatal, par la grâce du sacre et de l'hérédité; et sans qu'il s'expliquât bien pourquoi, cette renaissance morale de Christian, précédant, présageant l'autre qui était proche, lui causait un malaise inexprimable, une jalousie hautaine dont il ne voulait analyser les causes. Pendant que Lebeau s'occupait de prendre les billets, d'enregistrer les bagages, ils arpentèrent de long en large la grande salle d'attente, et dans la solitude de ce départ de nuit, le roi ne put s'empêcher de penser à Séphora, aux tendres reconduites à la gare Saint-Lazare. Sous l'influence de ce souvenir, une femme qui passait attira son regard : la même taille, un rien de cette honnête et coquette démarche...

Pauvre Christian, pauvre roi malgré lui !

Enfin, le voici monté dans un wagon dont Lebeau vient de lui ouvrir la portière, — le wagon de tout le monde, pour ne pas attirer les soupçons. Il se jette dans un coin, avec la hâte d'en finir, d'être loin. Ce lent arrachement lui est très pénible. Au coup de sifflet, le train s'ébranle, s'étire, tressaute bruyamment sur des ponts traversant les faubourgs endormis, piqués de réverbères en ligne, s'élance en pleine campagne. Christian II respire, il se sent fort, sauvé, à l'abri; il fredonnerait presque s'il était seul dans son wagon. Mais là-bas, à l'autre vitre, une petite ombre enfouie dans du noir se rencoigne, se rapetisse, avec la visible volonté de ne pas appeler l'attention. C'est une femme. Jeune, vieille, laide, jolie ? Le roi, — affaire d'habitude, — jette un regard de ce côté. Rien ne bouge que les deux ailes d'une petite toque qui se renversent, ont l'air de se replier pour le sommeil. « Elle dort... faisons comme elle... » Il s'allonge, s'enveloppe d'une couverture, regarde encore vaguement dehors des silhouettes d'arbres et de buissons, confuses, moelleuses dans l'ombre, qui semblent se jeter l'une sur l'autre au passage du train, des poteaux à disques, des nuages affolés dans un ciel tiède; et ses paupières devenues lourdes vont se fermer quand il sent la caresse sur son visage d'une chevelure fine, de cils abaissés, d'une haleine de violette, de deux lèvres murmurant sur ses lèvres : « Méchant !... sans me dire adieu !... »

Dix heures après, Christian II se réveillait au bruit du canon, à la lumière aveuglante d'un beau soleil campagnard tamisé par des verdures murmurantes. Justement il rêvait qu'il montait à la tête de ses troupes et sous une dégelée de mitraille le raidillon qui conduit du port de Raguse à la citadelle. Mais il se trouvait là couché, immobile au fond d'un grand lit raviné comme un champ de bataille, les yeux et le cerveau brouillés, les moelles fondues dans une fatigue délicieuse. Que s'était-il donc passé? Peu à peu, il vit clair, se rappela. Il était à Fontainebleau, à l'hôtel du *Faisan,* en face de la forêt dont on voyait monter dans le bleu les cimes vertes et serrées ; le canon venait des exercices à feu de l'artillerie. Et la réalité vivante, le lien visible de ses idées, Séphora, assise devant l'éternel secrétaire qu'on ne trouve plus que dans les hôtels, écrivait activement d'une mauvaise plume qui grinçait.

Elle vit dans la glace le regard admiratif, reconnaissant, du roi, et répondit sans s'émouvoir, sans se retourner, par un baiser tendre des yeux, du bout de la plume, puis se remit à écrire paisiblement, montrant le sourire en coin de sa bouche séraphique :

— Une dépêche que j'envoie chez moi pour rassurer mon monde..., dit-elle en se levant; et la dépêche donnée, le garçon parti, soulagée d'une inquiétude, elle ouvrait la fenêtre au soleil blond qui entrait à flots comme l'eau d'une écluse. « Dieu !... qu'il fait beau... » Elle vint s'asseoir au rebord du lit, près de son amant. Elle riait, elle était folle du plaisir de se trouver à la campagne, de courir les bois par cette admirable journée. Ils avaient le temps, jusqu'au train de nuit qui les avait amenés et remporterait Christian la nuit suivante; car Lebeau, continuant sa route, devait prévenir Hézeta et ses gentilshommes que le débarquement était retardé d'un jour. L'amoureux Slave, lui, aurait voulu tirer les grands rideaux sur un bonheur qu'il eût fait durer jusqu'à la dernière heure, jusqu'à la dernière minute. Mais les femmes sont plus idéales; et sitôt après le déjeuner, un landau de louage les emportait par les splendides avenues bordées de pelouses régulières, d'arbres en quinconces qui ouvrent la forêt comme un parc de Versailles, avant que des rochers ne la divisent en sites superbes et sauvages. C'était la première fois qu'ils sortaient ensemble, et Christian savourait cette joie brève au terrible lendemain de bataille et de mort.

Ils roulaient sous d'immenses arceaux de verdure où tombaient les feuillages des hêtres en étalements légers, immobiles, traversés d'un soleil lointain, ayant peine à percer ces verdures en étages, d'un développement antédiluvien. Sous cet abri, sans autre horizon qu'un profil de femme aimée, sans autre espoir, sans autre souvenir ni désir que ses caresses, la nature poétique du Slave s'épanchait. Oh ! vivre là tous deux, rien qu'eux deux, dans une petite maison de garde, de mousse et de chaume au dehors, capitonnée en nid luxueux à l'intérieur !... Il voulait savoir depuis quand elle l'aimait, quelle impression il lui avait causée la première fois. Il lui traduisait des vers de son pays rhythmés de baisers légers, dans le cou, sur les yeux ; et elle l'écoutait feignant de comprendre, de répondre, les paupières battantes, ensommeillées par sa mauvaise nuit.

Éternel désaccord des duos d'amour ! Christian désirait s'enfoncer aux endroits solitaires, inexplorés ; Séphora recherchait les coins fameux, les curiosités étiquetées de la forêt où se trouvent des guinguettes, des boutiques d'objets en bois de genévrier, des montreurs de pierres qui tremblent, de roches qui pleurent, d'arbres foudroyés, tout ce peuple abrité dans des huttes, dans des cavernes d'où il s'élance au moindre roulement de roues. Elle espérait échapper par là à l'ennuyeuse et monotone cantilène d'amour ; et Christian admirait sa patience touchante à écouter les interminables discours de ces bonnes gens de campagne qui ont du temps et du large pour tout ce qu'ils font.

A Franchart, elle voulut tirer de l'eau au fameux puits des anciens moines, si profond que le seau met près de vingt minutes à remonter. C'est Christian qui s'amusait !... Là encore une bonne femme, médaillée comme un vieux gendarme, leur montra les beautés du site, l'ancienne mare au bord de laquelle se faisait la curée du cerf, racontant depuis tant d'années la même histoire dans les mêmes termes qu'elle se figurait avoir fait partie du couvent, et trois cents ans après avoir assisté en personne aux somptueuses villégiatures du premier Empire. « C'est ici, monsieur, madame, que le grand empereur s'asseyait le soir avec toute sa cour. » Elle montrait dans les bruyères un banc de grès à trois ou quatre places. Puis d'un ton hautain : « En face, l'impératrice avec ses dames d'honneur... » C'était sinistre, l'évocation des pompes impériales au milieu des roches éboulées, plantées d'arbres tordus et de genêts secs. « Venez-vous, Séphora ?... » disait Christian ; mais Séphora regardait une esplanade où, selon le cicérone, on amenait le petit roi de Rome qui, de loin, porté par sa gouvernante, tendait les bras à ses augustes parents. Cette vision de prince-enfant rappela au roi d'Illyrie son petit Zara. Il se dressa pour lui dans l'aride paysage, soutenu par Frédérique et le regardant de ses grands yeux tristes comme pour lui demander ce qu'il faisait là. Mais ce n'était qu'un vague rappel vite étouffé ; et ils continuaient leur promenade sous des chênes de toutes tailles, rendez-vous de chasse aux noms glorieux, dans le creux de vertes vallées, sur des corniches dominant des cirques en granit écroulé, des sablières dont les pins labouraient la terre rouge de leurs fortes et saillantes racines.

Maintenant ils suivaient une allée noire, à l'ombre impénétrable, aux profondes ornières humides. De chaque côté, des rangées de troncs comme des piliers de cathédrale, formant des nefs silencieuses où s'entendait le pas d'un chevreuil, la chute d'une feuille détachée en parcelle d'or. Une immense tristesse tombait de ces hauteurs, de ces branchages sans oiseaux, sonores et vides comme des maisons désertes. Christian, toujours amoureux, à mesure que la journée avançait, fonçait sa passion d'une note de mélancolie et de deuil. Il raconta qu'avant de partir il avait fait son testament, et l'émotion que lui avaient causée ces paroles d'outre-tombe écrites en pleine vie.

— Oui, c'est bien ennuyeux..., dit Séphora, comme quelqu'un qui pense à autre chose. Mais il se croyait tellement aimé, il était si habitué à l'être, qu'il ne prenait pas garde à ses distractions. Même il la consolait d'avance en cas d'un malheur, lui traçait un plan d'existence ; il faudrait vendre l'hôtel, se retirer à la campagne où elle vivrait avec ses souvenirs. Tout cela adorablement fat, et naïf, et sincère ; car il se sentait au cœur une tristesse d'adieu qu'il prenait pour des pressentiments de mort. Et tout bas, leurs mains enlacées, il lui parlait de vie future. Il avait au cou une petite médaille de la Vierge, qui ne le quittait jamais ; il la détacha pour elle. Vous pensez si Séphora était heureuse !...

Bientôt un campement d'artillerie, dont on apercevait entre les branches les tentes grises alignées, les fumées légères, les chevaux débridés, entravés pour la nuit, donnait un autre cours aux idées du roi. Les allées et venues d'uniformes, les corvées, toute cette activité en plein air dans une lumière de couchant, cet aspect réconfortant du soldat en campagne, réveillaient ses instincts de race nomade et guerrière. La voiture, roulant sur les mousses en tapis vert de l'immense avenue, faisait relever la tête aux soldats occupés à l'installation des tentes ou à la fabrication de la soupe ; ils regardaient passer en riant le pékin et sa jolie payse, et Christian aurait voulu leur parler, les haranguer, plongeant son regard sous les futaies jusqu'à l'extrémité du camp. Un clairon sonnait, d'autres répondaient de là-bas. Devant la tente d'un chef un peu à l'écart sur un terre-plein se cabrait le plus beau cheval arabe, narine ouverte, crinière au vent, hennissant à la sonnerie guerrière. Les yeux du Slave étincelaient. Ah! la belle existence dans quelques jours, les bons coups d'estoc qu'il allait donner. Mais quel dommage que Lebeau continuant vers Marseille eût emporté les bagages; il aurait tant voulu qu'elle le vît dans son costume de lieutenant général. Et s'exaltant, il se représentait les portes des villes forcées, les républicains en déroute, son entrée triomphale à Leybach, au milieu des rues pavoisées. Elle serait là, vive Dieu! Il la ferait venir, l'installerait dans un palais splendide aux portes de la ville. Ils continueraient à se voir aussi librement qu'à Paris. A ces beaux projets, Séphora ne répondait pas grand'chose. Sans doute elle aurait préféré le garder à elle, tout à elle; et Christian l'admirait pour cette abnégation silencieuse qui la mettait bien à son rang de maîtresse du roi.

Ah! comme il l'aimait, et comme elle passa vite cette soirée à l'hôtel du *Faisan*, dans leur chambre rouge, les grands rideaux clairs tombés sur un soir d'été de petite ville, aux rares lumières, bruissant de causeries devant les portes et de promeneurs bientôt dispersés à la retraite des tambours et des clairons. Que de baisers, que de folies, de passionnés serments allant rejoindre les baisers et les serments de la nuit précédente dans la banalité des courtines. Suavement brisés, serrés l'un contre l'autre, ils écoutaient leurs cœurs battre à grands coups, tandis que le vent tiède agitait leurs rideaux après avoir murmuré dans les arbres et qu'un jet d'eau s'égrenait comme dans un patio arabe au milieu du jardinet de l'hôtel, où seule veillait rouge et tremblotante la lampe du bureau.

Une heure. Il faut partir. Christian le redoutait, cet arrachement de la dernière minute, croyant qu'il aurait à lutter contre des prières et des caresses, qu'il devrait faire appel à tout son courage. Mais Séphora était prête avant lui, voulut l'accompagner jusqu'à la gare, moins soucieuse encore de son amour que de l'honneur de son royal amant... S'il avait pu entendre le « ouf » qu'elle poussa, la cruelle fille, lorsque, restée seule sur la voie, elle vit les deux yeux verts du train se perdre en serpentant; s'il avait pu savoir combien elle était heureuse de venir finir sa nuit seule à l'hôtel, tandis que, secouée aux cahots de l'omnibus vide sur le vieux pavé de Fontainebleau, elle se disait d'un ton posé, pur de toute émotion amoureuse : « Pourvu que Tom ait fait le nécessaire!... »

Bien certainement le nécessaire était fait; car à l'arrivée du train à Marseille, Christian II, descendant de wagon, sa petite valise à la main, fut très étonné de voir une casquette plate à galons d'argent s'approcher de lui et le prier fort poliment d'entrer un instant dans son bureau.

— Pourquoi faire?... Qui êtes-vous? demanda le roi de très haut.

La casquette plate se nomma :

— Commissaire de surveillance!...

Dans le bureau, Christian trouva le préfet de Marseille, un ancien journaliste, à barbe rousse, figure vive et spirituelle.

— J'ai le regret d'annoncer à Votre Majesté que son voyage s'arrête ici, dit ce dernier avec un ton de politesse exquise... Mon gouvernement ne saurait permettre qu'un prince auquel la France donne l'hospitalité en profite pour conspirer et armer contre un pays ami.

Le roi voulut protester. Mais les moindres détails de l'expédition étaient connus du préfet :

— Vous deviez vous embarquer à Marseille; vos compagnons à Cette sur un steamer de Jersey... Le lieu de débarquement était la plage de Gravosa; le signal deux fusées, partant l'une du bord, l'autre de la terre... Vous voyez que nous sommes bien renseignés... On l'est de même à Raguse; et je vous évite un vrai guet-apens.

Christian II, atterré, se demandait qui avait pu livrer ainsi des informations connues de lui seul, de la reine, de Hézeta, et d'une autre qu'il était certes bien loin de soupçonner. Le préfet souriait dans sa barbe blonde :

— Allons, monseigneur, il faut en prendre votre parti. C'est une affaire manquée. Vous serez plus heureux une autre fois, et plus prudent aussi... Maintenant je supplie Votre Majesté d'accepter l'abri que je lui offre à la préfecture. Partout ailleurs elle serait en butte à des curiosités gênantes. L'affaire est connue dans la ville...

Christian ne répondit pas tout de suite. Il regardait cette petite pièce d'administration, remplie par un fauteuil vert, des cartons verts, un poêle en faïence, de grandes cartes sillonnées des lignes des trains, ce coin misérablement bourgeois où venaient échouer son rêve héroïque et les derniers échos de la marche de Rodoïtza. C'était comme un voyageur en ballon, parti pour plus haut que les cimes et descendant presque sur place dans une hutte de paysans, le pauvre aérostat dégonflé, en paquet de toile gommée, sous un toit d'écurie.

Il finit pourtant par accepter l'invitation,

trouva chez le préfet un intérieur vraiment parisien, une femme charmante, très bonne musicienne, qui, le dîner fini, après une conversation où l'on passa en revue tous les sujets du jour, se mit au piano et feuilleta des partitions récentes. Elle avait une jolie voix, chantait fort agréablement, et peu à peu Christian se rapprocha d'elle, parla musique et opéra. Les *Échos d'Illyrie* traînaient sur la tablette, entre la *Reine de Saba* et la *Jolie Parfumeuse*. La préfète demanda au roi de lui indiquer le mouvement, la couleur des chants de son pays. Christian II fredonna quelques airs populaires : « *Beaux yeux, bleus comme un ciel d'été...* » et encore : « *Jeunes filles qui m'écoutez en tressant des nattes...* »

Et tandis qu'appuyé au piano, pâle, séduisant, il prenait des intonations et des poses mélancoliques d'exilé, là-bas sur la mer illyrienne dont les *Échos* chantaient les flots ourlés de neige et les rives dentelées de cactus, une belle et enthousiaste jeunesse, que Lebeau avait négligé de prévenir, cinglait joyeusement vers la mort, au cri de : « Vive Christian II ! »

XIII

EN CHAPELLE

MA chère amie, on vient de nous ramener à la citadelle de Raguse, M. de Hézeta et moi, après une séance de dix heures au théâtre du Corso où siégeait le conseil de guerre chargé de notre jugement. A l'unanimité, nous avons été condamnés à mort.

« Je te dirai que j'aime mieux ça. Au moins maintenant on sait à quoi s'en tenir, et nous ne sommes plus au secret. Je lis tes chères lettres, je peux t'écrire. Ce silence m'étouffait. Ne rien savoir de toi, de mon père, du roi que je croyais tué, victime de quelque guet-apens. Heureusement Sa Majesté en est quitte pour une triste déconvenue et pour la perte de quelques loyaux serviteurs. Il pouvait nous arriver pis.

« Les journaux — n'est-ce pas? — ont dû vous apprendre comment les choses se sont passées. Le contre-ordre du roi ne nous étant pas parvenu par une fatalité incroyable, à sept heures du soir, nous nous trouvions sous le vent des îles, au rendez-vous. Hézeta et moi sur le pont, les autres dans la chambre, tous armés, équipés, ta jolie petite cocarde au chapeau. Nous croisons deux heures, trois heures. Rien en vue que des barques de pêche ou ces grandes felouques qui font le service de la côte. La nuit vient, et en même temps une brume de mer très gênante pour notre rencontre avec Christian II. Après une longue attente, nous finissons par nous dire que le steamer de Sa Majesté a peut-être passé près de nous sans nous voir et qu'elle est descendue à terre. Tout juste, voici que du rivage où l'on devait attendre notre signal, une fusée part, monte dans le ciel. Cela signifiait : « Débarquez! » Plus de doute, le roi est là. Allons le rejoindre.

« Vu ma connaissance du pays, — j'ai tant de fois chassé les halbrans de ce côté, — je commandais la première chaloupe, Hézeta la seconde, M. de Miremont avait la troisième avec les Parisiens. Nous étions tous Illyriens dans ma barque, aussi le cœur nous battait fort. C'est la patrie qu'on avait là devant soi, cette côte noire montant dans la brume, terminée, par une petite lumière rouge, le phare tournant de Gravosa. Tout de même le silence de la plage m'étonnait. Rien que le bruit des lames déferlantes, un long claquement d'étoffes mouillées, sans cette rumeur que fait la foule la plus mystérieuse, d'où s'échappe toujours un bruissement d'armes, un halètement de respirations contenues.

« — Je vois nos hommes!... dit San-Giorgio tout bas, près de moi.

« Nous nous aperçûmes, en sautant à terre, que ce qu'on prenait pour les volontaires du roi, c'étaient des bouquets de cactus, des figuiers de Barbarie, dressés en rang sur le rivage. Je m'avance. Personne. Mais un piétinement, des ravines dans le sable. Je dis au marquis. « C'est louche... Rembarquons. » Malheureusement les Parisiens arrivaient. Et retenir ceux-là!... Les voilà s'éparpillant sur la côte, fouillant les buissons, les taillis... Tout à coup une bande de feu, un crépitement de fusillade. On crie : « Trahison!... trahison!... Au large! » On se précipite vers les barques. Une vraie bousculade de troupeau, serré, affolé, barbotant... Il y a eu là un moment de vilaine panique éclairée par la lune qui se levait et nous montrait nos marins anglais se sauvant à toutes rames vers le steamer... Mais ça n'a pas duré longtemps. Hézeta le premier s'élance, le revolver au poing : « Avanti !... Avanti !... » Quelle voix ! Toute la plage en a retenti. Nous nous jetons derrière lui... Cinquante contre une armée !... Il n'y avait qu'à mourir. C'est ce que tous les nôtres ont fait avec un grand courage. Pozzo, de Mélida, le petit de Soris ton amoureux de l'an dernier, Henri de Trébigne qui me criait dans la bagarre : « Dis donc, Herbert, ça manque de guzlas !... » Et Jean de Véliko qui, tout en sabrant, chantait « la Rodoïtza » à pleine gorge, tous sont tombés, je les ai vus sur le rivage, couchés dans le sable et regardant le ciel. C'est là que le flot montant sera venu les ensevelir, les beaux danseurs de notre bal !... Moins heureux que nos camarades, le marquis et moi, seuls vivants dans cette grêle, nous avons été pris, roulés, ficelés, montés à Raguse à dos de mulet, ton Herbert hurlant de rage impuissante, pendant que Hézeta, très calme, disait : « C'était fatal... Je le savais !... » Drôle d'homme ! Comment pouvait-il savoir que l'on serait trahi, livré, reçu au débarquement par des fusils braqués et des paquets de mitraille ; et s'il le savait, pourquoi nous a-t-il conduits ? Enfin voilà, c'est un coup manqué, une partie à refaire en prenant plus de précautions.

« Je m'explique maintenant par tes chères

lettres, que je ne peux pas me lasser de lire et de relire, pourquoi l'instruction de notre affaire a langui, pourquoi ces promenades de robes noires dans la citadelle, ce marchandage de nos deux vies, ces hauts, ces bas, ces attentes. Les misérables nous traitaient en otages, espérant que le roi, qui n'avait pas voulu renoncer au trône pour des centaines de millions, céderait devant le sacrifice de deux de ses fidèles. Et tu t'irrites, ma chérie, tu t'étonnes, aveuglée par ta tendresse, que mon père n'ait pas dit un mot en faveur de son fils. Mais un Rosen pouvait-il commettre cette lâcheté !... Il ne m'en aime pas moins, le pauvre vieux, et ma mort sera pour lui un coup terrible. Quant à nos souverains que tu accuses de cruauté, nous n'avons pas pour les juger ce haut point de vue qui leur sert à gouverner les hommes. Ils ont des devoirs, des droits en dehors de la règle commune. Ah ! que Méraut te dirait là-dessus de belles choses. Moi je les sens, mais je ne peux pas les exprimer. Tout reste là, sans sortir. J'ai la mâchoire trop lourde. Que de fois cela m'a gêné devant toi que j'aime tant, à qui je n'ai jamais su bien le dire. Même ici, séparés par tant de lieues et de si gros barreaux de fer, l'idée de tes jolis yeux gris parisiens, de ta bouche de malice au-dessous de ton petit nez qui se fronce pour me railler, m'intimide, me paralyse.

« Et pourtant, avant de te quitter pour toujours, il faut bien que je te fasse comprendre une bonne fois que je n'ai jamais aimé que toi au monde, que ma vie a commencé seulement du jour où je t'ai connue. Te rappelles-tu, Colette. C'était dans les magasins de la rue Royale, chez ce Tom Lévis. On se trouvait là par hasard, censé. Tu as essayé un piano ; tu as joué, tu as chanté quelque chose de très gai qui, sans que je sache pourquoi, m'a donné envie de pleurer tout de suite. J'étais pris... Hein ? Qui nous aurait dit ça ? Un mariage à la Parisienne, un mariage par les agences devenu mariage d'amour ! Et depuis, dans le monde, dans aucun monde, je n'ai rencontré de femme aussi séduisante que ma Colette. Aussi tu peux être tranquille, tu étais toujours là, même absente ; l'idée de ta jolie frimousse me tenait en belle humeur, je riais tout seul en y pensant. C'est vrai que tu m'as toujours inspiré cela, une envie de rire tendre... Tiens, en ce moment, notre situation est terrible, surtout la façon dont on nous la présente. Hézeta et moi, nous sommes en chapelle ; c'est-à-dire que, dans la petite cellule aux murs crépis, on a dressé un autel pour notre dernière messe, mis un cercueil devant chaque lit et pendu aux murs des écriteaux sur lesquels il y a écrit : « Mort... Mort... » Malgré tout, ma chambre me semble gaie. J'échappe à ces menaces funèbres en songeant à ma Colette; et quand je me hausse jusqu'à notre soupirail, ce pays admirable, la route qui descend de Raguse à Gravosa, les aloès, les cactus sur le ciel ou la mer bleue, tout me rappelle notre voyage de noce, la corniche de Monaco à Monte-Carlo et le grelot des mules menant notre bonheur tintant et léger comme lui. O ma petite femme, comme tu étais jolie, chère voyageuse avec qui j'aurais voulu faire route plus longtemps...

« Tu vois que partout ton image demeure et triomphe, au seuil de la mort, dans la mort même; car je veux la tenir en scapulaire sur ma poitrine, là-bas, à la porte de Mer, où l'on doit nous mener dans quelques heures, et c'est ce qui me permettra de tomber en souriant. Aussi, mon amie, ne te désole pas trop. Pense au petit, pense à l'enfant qui va naître. Garde-toi pour lui, et lorsqu'il pourra comprendre, dis-lui que je suis mort en soldat, debout, avec deux noms sur mes lèvres, le nom de ma femme et celui de mon roi.

« J'aurais voulu te laisser un souvenir du dernier moment, mais on m'a dévalisé de tout bijou, montre, alliance, épingle. Je n'ai plus rien qu'une paire de gants blancs que je destinais pour l'entrée à Raguse. Je les mettrai tout à l'heure pour honorer le supplice; et l'aumônier de la prison m'a bien promis de te les envoyer après.

« Allons, adieu, ma Colette chérie. Ne pleure pas. Je te dis ça, et moi, les larmes m'aveuglent. Console mon père. Pauvre homme! Lui qui me grondait toujours parce que je venais tard aux ordres. Je n'y viendrai plus maintenant!... Adieu... adieu... J'avais cependant tant de choses à te dire... Mais non, il faut mourir. Quel sort!... Adieu, Colette.

« HERBERT DE ROSEN. »

XIV

UN DÉNOUEMENT

Il vous reste un moyen, sire.
— Parlez, mon cher Méraut... Je suis prêt à tout.

Méraut hésitait à répondre. Ce qu'il allait dire lui paraissait trop grave, vraiment déplacé dans cette salle de billard où le roi l'avait entraîné pour faire une partie après le déjeuner. Mais l'ironie singulière qui préside au destin des souverains dépossédés avait voulu que ce fût devant ce tapis vert dont les billes roulaient avec un fracas sinistre et creux dans le silence et le deuil de la maison de

Saint-Mandé, que se décidât le sort de la race royale d'Illyrie.

— Eh! bien ?... demanda Christian II, s'allongeant pour atteindre la bille.

— Eh! bien, monseigneur...

Il attendit que le roi eût fait son carambolage, que le conseiller Boscovich l'eût dévotement marqué, pour continuer avec une nuance d'embarras :

— ... Le peuple d'Illyrie est comme tous les peuples, sire. Il aime le succès, la force, et je crains bien que la fatale issue de nos dernières entreprises...

Le roi se retourna, une rougeur aux joues :

— Je vous ai demandé la vérité, mon cher... Inutile de me l'affubler de tout ce papier à papillotes.

— Sire, il faut abdiquer... dit le Gascon brutalement.

Christian le regarda avec stupeur.

— Abdiquer quoi ?... Je n'ai rien... Un beau cadeau que je ferais là à mon fils... Je crois qu'il aimerait mieux un vélocipède neuf que cette vague promesse de couronne à sa majorité.

Méraut cita l'exemple de la reine de Galice. Elle aussi avait abdiqué pour son fils pendant l'exil; et si don Léonce était sur le trône aujourd'hui, c'est bien à cette abdication qu'il le devait.

— Dix-huit à douze !... fit Christian d'un ton brusque... Monsieur le conseiller, vous ne marquez pas.

Boscovich eut un bond de lièvre effaré et s'élança vers la marque, pendant que le roi, tout le corps, tout l'esprit tendus, s'absorbait dans un merveilleux « quatre bandes. » Élisée le regardait et sa foi royaliste était à rude épreuve devant ce type de gandin échiné, de vaincu sans gloire, le cou maigre largement décolleté dans son veston de flanelle flottante, les yeux, la bouche, les ailes du nez encore teintés d'une jaunisse dont il relevait à peine et qui l'avait tenu au lit près d'un mois. Le désastre de Gravosa, la fin sinistre de tous ces jeunes gens, les terribles scènes auxquelles le procès d'Herbert et de Hézeta avait donné lieu dans la petite cour de Saint-Mandé, Colette se traînant à genoux devant l'ancien amant pour obtenir la grâce du mari, ces jours d'angoisse, d'attente, l'oreille tendue vers l'horrible feu de peloton qu'il semblait commander lui-même, par là-dessus des soucis d'argent, les premiers billets Pichery arrivant à l'échéance, cet acharnement d'un destin mauvais, sans venir à bout de l'insouciance du Slave, l'avait surtout physiquement atteint.

Il s'arrêta après son carambolage, et, mettant du blanc avec le plus grand soin, demanda à Méraut, sans le regarder :

— Que dit la reine de ce projet d'abdication?... Lui en avez-vous parlé?

— La reine pense comme moi, sire.

— Ah! fit-il sèchement avec un léger tressaut.

Bizarrerie de l'être humain! Cette femme qu'il n'aimait pas, dont il craignait la froideur méfiante et le clair regard, cette femme qu'il accusait de l'avoir trop traité en roi, assommé du perpétuel rappel de ses devoirs et de ses prérogatives, il lui en voulait maintenant de ne plus croire en lui, de l'abandonner au profit de l'enfant. Il en sentait non pas une blessure d'amour, un de ces coups au cœur qui font crier, mais le froid d'une trahison d'ami, d'une confiance perdue.

— Et toi, Boscovich, qu'est-ce que tu en penses? dit-il tout à coup en se tournant vers son conseiller dont le glabre visage anxieux suivait convulsivement la mimique de celui du maître.

Le botaniste eut un geste léger de pantomime italienne, les bras ouverts, la tête dans les épaules, un muet « chi lo sa? » si craintif, si peu compromettant que le roi ne put s'empêcher de rire.

— De l'avis de notre Conseil entendu, nasillat-il railleusement, nous abdiquerons quand on voudra.

Là-dessus, Sa Majesté se remit à pousser les

billes avec ardeur, au grand désespoir d'Élisée qui brûlait d'aller annoncer à la reine le succès d'une négociation dont elle n'avait pas voulu se charger elle-même ; car ce fantôme de roi lui imposait encore et ce n'est qu'en tremblant qu'elle portait la main sur cette couronne dont il ne voulait plus.

L'abdication eut lieu à quelque temps de là. Stoïquement, le chef de la maison civile et militaire proposa les splendides galeries de l'hôtel Rosen pour cette cérémonie à laquelle il est d'usage de donner le plus de solennité, d'authenticité possible. Mais le sinistre de Gravosa était trop récent encore pour ces salons remplis des échos de la dernière fête ; c'eût été vraiment trop triste et d'un mauvais présage pour le règne à venir. On se contenta donc de réunir à Saint-Mandé quelques nobles familles illyriennes ou françaises dont le paraphe était nécessaire au bas d'un acte de cette importance.

A deux heures, les voitures commencèrent à arriver, les coups de timbre se succédèrent, pendant que sur les grands tapis déroulés du seuil jusqu'en bas du perron les invités montaient lentement, reçus à l'entrée du salon par le duc de Rosen sanglé dans son costume de général, portant autour du cou, en travers de ses croix, ce grand cordon d'Illyrie qu'il avait quitté sans rien dire, quand il apprit le scandale du perruquier Biscarat arborant les mêmes insignes sur sa veste de Figaro. Au bras, à la garde de l'épée, le général avait un long crêpe tout neuf, et plus significatif encore que ce crêpe, un branlement sénile de la tête, une façon inconsciente de dire toujours « non, non..., » qu'il gardait depuis le terrible débat en sa présence au sujet de la grâce d'Herbert, débat auquel il avait énergiquement refusé de prendre part malgré les prières de Colette et les révoltes de sa tendresse paternelle. Il semblait que son petit crâne d'émouchet tout branlant portât la peine de ce refus antihumain et qu'il fût condamné désormais à dire non à toute impression, à tout sentiment, à la vie elle-même, rien ne lui étant plus, rien ne pouvant l'intéresser après la fin tragique de son fils.

La princesse Colette était là aussi, portant avec beaucoup de goût son deuil de blonde, ce veuvage que distrayait un espoir déjà saillant dans sa taille alourdie, sa démarche plus lente. Même au milieu d'un chagrin très sincère, cette petite âme de modiste, encombrée de futilités et que la sévérité du destin n'avait pas corrigée, trouvait à satisfaire grâce à l'enfant une foule de vanités coquettes, fanfreluchheuses. Les rubans, les dentelles, le trousseau superbe qu'elle faisait broder d'un chiffre original sous sa couronne princière, servait de diversion à sa tristesse. Le baby s'appellerait Wenceslas ou

Witold, Wilhelmine si c'était une fille, mais bien certainement son nom commencerait par un W, parce que c'est une lettre aristocratique, jolie à enlacer sur le linge.

Elle expliquait ses projets à madame de Silvis, quand la porte s'ouvrit toute grande pour l'annonce, précédée d'un coup de hallebarde, des prince et princesse de Trébigne, de Soris, duc de Sangiorgio, duchesse de Mélida, comtes Pozzo, de Miremont, de Véliko... On eût dit une liste proclamée à haute voix, renvoyée par un écho sonore de la plage ensanglantée, de toutes les jeunes victimes tombées à Gravosa. Et le plus terrible, ce qui allait donner à la cérémonie un aspect fatal et funèbre malgré les précautions prises, la livrée somptueuse, les tentures d'apparat, c'est que tous les arrivants étaient en grand deuil eux aussi, vêtus de noir, gantés de noir, engoncés de ces étoffes laineuses si tristes au regard, qui emprisonnent chez les femmes l'allure et le geste : deuils de vieillards, de pères et de mères, plus sombres, plus navrants, plus injustes à porter que les autres. Beaucoup de ces malheureux sortaient pour la première fois depuis la catastrophe, arrachés à leur solitude, à leur réclusion par le dévouement à la dynastie. Ils se redressaient pour entrer, appelaient à eux tout leur courage ; mais en se regardant les uns les autres, miroirs sinistres d'une même douleur, debout, la tête basse, les épaules frissonnantes et serrées, ils sentaient monter à leurs yeux les larmes qu'ils voyaient, à leurs lèvres le soupir si difficilement contenu à côté d'eux ; et bientôt une contagion nerveuse les gagnait, remplissait le salon d'un long sanglot brisé de cris, de gémissements étouffés. Seul, le vieux Rosen ne pleurait pas, et dressant sa taille haute, inflexible, continuait à faire signe impitoyablement : « Non... non... Il faut qu'il meure !... »

Le soir, au café de Londres, S. A. R. le prince d'Axel, convié à venir signer l'abdication, racontait qu'il avait cru assister à un enterrement de première classe, toute la famille réunie, attendant la levée du corps. C'est vrai que le prince royal faisait triste figure en entrant là. Il se sentait gelé, embarrassé par ce silence, ce désespoir, regardait avec terreur toutes ces vieilles parques, quand il aperçut la petite princesse de Rosen. Il alla vite s'asseoir près d'elle, curieux de connaître l'héroïne de ce fameux déjeuner du quai d'Orsay ; et pendant que Colette, au fond très flattée de l'attention, accueillait Son Altesse d'un sourire douloureux et sentimental, elle ne se doutait guère que ce regard glauque et voilé, penché vers elle, lui prenait la mesure exacte et précise d'un costume de mitronnet collant de partout sur son appétissante personne.

— Le roi, messieurs !

Christian II, très pâle, l'air visiblement soucieux, entra le premier, tenant son fils par la main. Le petit prince montrait une gravité de commande qui lui allait bien, augmentée par le veston noir et le pantalon qu'il portait pour la première fois avec une certaine fierté, une grâce sérieuse d'adolescent. La reine venait ensuite, très belle dans une somptueuse robe mauve couverte de dentelles, trop sincère aussi pour cacher sa joie qui éclatait au milieu de la tristesse environnante comme le clair de sa robe à côté des vêtements de deuil. Elle était si heureuse, si égoïstement heureuse qu'elle ne se pencha pas une minute vers les sublimes détresses qui l'entouraient, pas plus qu'elle ne vit le jardin frissonnant, ce brouillard sur les vitres, le noir d'une semaine de Toussaint errant dans un ciel bas et mou, plein de brumes et de torpeur. Ce jour lui resta dans la mémoire, lumineux et réchauffant. Tant il est vrai que tout est dans nous, et que le monde extérieur se transforme, se colore aux mille nuances de nos passions.

Christian II se mit devant la cheminée au milieu du salon, ayant le comte de Zara à sa droite, la reine à sa gauche, un peu plus loin Boscovich dans son hermine de conseiller aulique, assis à une petite table de greffier. Tout le monde placé, le roi prit la parole très bas pour dire qu'il était prêt à signer son abdication et à en faire savoir le motif à ses sujets. Puis Boscovich se leva, et de sa petite voix aiguë et bredouillante lut le manifeste de Christian à la nation, l'historique rapide, à grands traits, des premières espérances du règne, les déceptions, les malentendus qui avaient suivi, et enfin la résolution du roi de se retirer des affaires publiques et de confier son fils à la générosité du peuple illyrien. Cette courte lettre, où la griffe d'Élisée Méraut avait mis partout sa marque, fut si mal lue, comme une ennuyeuse nomenclature de botanique, qu'elle laissait à la réflexion le temps de saisir tout ce qu'il y avait de vain, de dérisoire dans cette abdication d'un prince exilé, cette transmission de pouvoirs qui n'existaient pas, de droits niés et méconnus. L'acte lui-même, lu ensuite par le roi, était ainsi formulé :

« *Moi, Christian II, roi d'Illyrie et de Dalmatie, grand-duc de Bosnie et d'Herzégovine, etc..., etc..., déclare que de mon propre mouvement et sans céder à aucune pression étrangère, je laisse et transporte à mon fils Charles-Alexis-Léopold, comte de Goetz et de Zara, tous mes droits politiques, n'entendant conserver sur lui que mes droits civils de père et de tuteur.* »

Aussitôt, sur un signe du duc de Rosen, tous

les assistants s'approchèrent de la table pour signer. Il y eut pendant quelques minutes un piétinement, un frôlement d'étoffes, avec des attentes, des pauses causées par le cérémonial, un grincement de plumes appuyées et tremblantes. Puis le baise-main commençait.

Christian II ouvrait la marche, et s'acquittant de cette chose difficile, l'hommage d'un père à son enfant, baisait le bout des doigts frêles avec plus de grâce spirituelle que de respect. La reine au contraire avait une effusion passionnée, presque religieuse ; la protectrice, la couveuse devenait l'humble sujette. Après ce fut le tour du prince d'Axel, puis de tous les grands seigneurs défilant dans un ordre hiérarchique que le petit roi commençait à trouver bien long, malgré la dignité charmante de ses yeux candides et de sa main tendue, une petite main blanche et veinée, aux ongles carrés d'enfant qui joue encore, aux poignets un peu forts, disproportionnés par la croissance. Tous ces nobles, si grave que fût le moment à leurs yeux, malgré les préoccupations sinistres de leur deuil, n'étaient pas gens à se laisser prendre leur tour gardé selon le titre, le nombre de fleurons à la couronne ; et Méraut, qui se précipitait vers son élève, se sentit tout à coup arrêté par un « Monsieur, s'il vous plaît ! » qui le fit reculer, le mit face à face avec la mine indignée du prince de

Trébigne, un vieux terriblement asthmatique, soufflant avec peine, les yeux dilatés en boule comme s'il ne pouvait respirer que par là. Élisée, le traditionnel, s'écarta respectueusement pour laisser passer ce débris de tombe et vint le dernier au baise-main. Comme il se retirait, Frédérique, debout auprès de son fils, ainsi qu'on voit les mères des jeunes mariées, aux sacristies, recevoir la fin des hommages et des sourires, lui dit tout bas au passage, exultante et nerveuse :

— C'est fait !

Il y avait dans son intonation une plénitude de joie presque féroce, un soulagement indicible.

C'est fait !... C'est-à-dire voilà le diadème à l'abri des trafics et des souillures. Elle allait pouvoir dormir, respirer, vivre, délivrée des transes continuelles qui d'avance lui apprenaient les catastrophes, auraient pu lui faire dire comme à Hézeta à chaque dénouement fatal : « Je le savais... » Son fils ne serait pas dépossédé, son fils serait roi... Comment ! Il l'était déjà par l'attitude majestueuse, la bonté accueillante et hautaine...

Par exemple, sitôt la cérémonie terminée, la nature de l'enfant reprenait le dessus et Léopold V s'élançait, tout joyeux, vers le vieux Jean de Véliko pour lui annoncer la grande nouvelle : « Tu sais, parrain, j'ai un poney...

un joli petit poney, rien que pour moi... C'est le général qui m'apprendra à monter, et puis maman aussi. » Près de lui, on s'empressait, on s'inclinait avec des regards d'adoration, pendant que Christian, un peu seul, abandonné, ressentait une impression étrange, indéfinissable, comme un allégement autour du crâne, le froid de sa couronne enlevée. Positivement la tête lui tournait. Pourtant il avait bien désiré cette heure, maudit plus que tout autre les responsabilités de sa situation. Alors pourquoi ce malaise, cette tristesse, maintenant qu'il voyait fuir le rivage devant lui, la route s'écarter sur d'autres perspectives?

— Eh bien! mon pauvre Christian, je crois qu'on vient de vous le donner, votre ouistiti...

C'était le prince d'Axel qui, tout bas, le consolait à sa manière.

— Vous avez de la veine, vous... C'est moi qui serais heureux s'il m'en arrivait autant, si l'on me dispensait de quitter ce joli Paris pour aller régner sur mon peuple de phoques à ventre blanc...

Il continua un moment du même ton; puis tous deux disparurent, profitant du tumulte, de l'inattention de l'assemblée. La reine les vit sortir, entendit rouler dans la cour le phaéton dont les roues légères ne s'éloignaient jadis qu'en lui passant sur le cœur... Mais que lui importait maintenant? Ce n'était plus le roi d'Illyrie que ces femmes de Paris lui enlevaient...

Au lendemain de Gravosa, dans la première minute de sa honte, Christian s'etait juré de ne plus revoir Séphora. Tant qu'il fut au lit, peureux de la maladie comme un Méridional, il ne pensa à sa maîtresse que pour la maudire, la charger moralement de toutes ses fautes; mais la convalescence, le sang plus vif, l'oisiveté complète dans laquelle les souvenirs mêlés aux rêves ont tant de force, devaient changer ces dispositions. Il excusa la femme d'abord timidement, et ne vit plus dans ce qui était arrivé qu'une fatalité, un des mille desseins de la Providence sur laquelle les catholiques se déchargent de toute responsabilité fatigante. Un jour enfin il osa demander à Lebeau si l'on avait des nouvelles de la comtesse. Le valet apporta pour toute réponse une quantité de petites lettres arrivées pendant la maladie, billets tendres, enflammés, timides; une nuée de tourterelles blanches roucoulant l'amour. Christian en eut les sens embrasés, répondit de son lit sur-le-champ, impatient de reprendre, sitôt sa guérison, le roman interrompu à Fontainebleau..

En attendant, J. Tom Lévis et sa femme passaient de bonnes vacances dans leur hôtel de l'avenue de Messine. L'agent des étrangers n'avait pu tenir plus longtemps à l'ennui de sa retraite à Courbevoie. Il lui manquait la vie des affaires, le trafic, par-dessus tout l'admiration de Séphora. Enfin il était jaloux, d'une jalousie bête, entêtée, lancinante, comme une arête dans le gosier, que l'on croit partie et dont l'on sent tout à coup la piqûre. Et pas moyen de se plaindre à qui que ce soit, de dire : « Regardez donc ce que j'ai là au fond de la gorge. » Malheureux Tom Lévis, pris à son propre piège, inventeur et victime du Grand Coup !... Le voyage de Séphora à Fontainebleau l'inquiétait surtout. Il essaya de revenir plusieurs fois sur ce sujet, mais elle l'arrêtait d'un éclat de rire si naturel : « Qu'est-ce que tu as donc, mon pauvre Tom ?... Quelle bonne tête ! » Alors il était obligé de rire, lui aussi, comprenant bien qu'il n'y avait entre eux que de la drôlerie, de la blague, et que la fantaisie de Séphora, fantaisie de fille pour un queue-rouge, cesserait vite si elle le croyait jaloux, sentimental, « canulant » comme les autres. Au fond il souffrait, s'ennuyait de vivre loin d'elle, lui faisait même des vers. Oui, l'homme au cab, l'imaginatif Narcisse avait trouvé ce dérivatif à ses inquiétudes, un poème à Séphora, une de ces élucubrations bizarres, scandées par l'ignorance prétentieuse, comme on en confisque à Mazas sur la table des détenus. Vraiment, si

Christian II n'était pas tombé malade, J. Tom Lévis le serait devenu.

Je vous laisse à penser la joie que le pitre et sa belle éprouvèrent à se retrouver, à vivre ensemble pendant quelques semaines. Tom dansait des gigues insensées, faisait l'arbre droit sur les tapis. On aurait dit un singe en belle humeur, Auriol lâché à toutes gambades dans la maison. Séphora se tordait de rire. pourtant un peu gênée à cause de l'office où « le mari de Madame » jouissait du discrédit le plus complet. Le maître d'hôtel avait déclaré que si « le mari de Madame » mangeait à table, lui ne consentirait jamais à le servir ; et comme c'était un maître d'hôtel exceptionnel, donné, choisi par le roi, elle n'insista pas, fit monter les repas dans son boudoir par une femme de chambre. De même quand il venait une visite, Wattelet, le prince d'Axel, — J. Tom disparaissait dans un cabinet de toilette. Jamais mari ne s'était vu à pareille fête ; mais il adorait sa femme, l'avait pour lui seul et dans un cadre qui la lui faisait paraître infiniment plus jolie. C'était en somme le plus heureux de la bande, où les retards, les atermoiements commençaient à jeter une certaine inquiétude. On sentait un nœud, un arrêt dans l'affaire si bien lancée. Le roi ne payait rien des billets échus, en faisait sans cesse de nouveaux, au grand effroi de Pichery et du père Leemans.

Lebeau cherchait bien à les encourager : « Patience, patience... on arrivera... C'est fatal...» Mais lui ne fournissait rien et les autres entassaient dans leur portefeuille des rames de papier d'Illyrie. Le pauvre « père, » qui n'avait plus son aplomb solide, venait chaque matin se faire rassurer rue de Messine chez sa fille et son gendre : « Alors vous croyez que nous réussirons ?... » Et il se résignait à escompter encore, à escompter toujours, puisque c'était la seule façon de courir après son argent que d'en lancer d'autre à la suite.

Une après-midi, la comtesse, s'apprêtant pour aller'au Bois, petonnait de sa chambre à sa toilette sous l'œil paternel de J. Tom vautré le cigare aux dents sur une chaise longue, les doigts à l'entournure du gilet et jouissant de ce joli coup d'œil d'une femme qui s'habille, enfile ses gants devant la psyché, essaie ses poses de voiture. Elle était ravissante, le chapeau mis, le voile au bord des yeux, dans une toilette d'arrière-saison un peu étoffée et frileuse ; et le tintement de ses bracelets, des jais frémissants de sa mante répondait au bruit luxueux de la voiture qui attendait sous les fenêtres, au cliquetis des harnais, au piaffement des chevaux, le tout faisant partie du même attelage aux armes d'Illyrie. Elle sortait avec Tom, l'emmenait faire un tour de lac, dans le premier jour parisien de la saison, sous ce ciel bas qui met si bien en valeur les modes nouvelles, les visages reposés par les longues villégiatures. Tom, très élégant, d'un chic anglais, était ravi de cette course en coupé, dissimulé à côté de sa jolie comtesse, en partie fine.

Madame est prête, on va partir. Un dernier coup d'œil au miroir. Allons... Soudain la porte d'entrée s'ouvre en bas, le timbre retentit à coups pressés... « Le roi !... » Et pendant que le mari se précipite dans le cabinet de toilette avec un terrible virement d'yeux, Séphora court à la fenêtre juste à temps pour voir Christian II franchir le perron d'un air vainqueur. Il plane, il a des ailes. « comme elle va être heureuse ! » se dit-il en montant.

La belle comprend qu'il y a du nouveau, se prépare. Pour commencer, elle jette en le voyant un cri de surprise, de joyeux émoi, tombe dans ses bras, se fait porter jusqu'à une causeuse devant laquelle il s'agenouille :

— Oui, moi... C'est moi... Et pour toujours !

Elle le regarde avec des yeux agrandis, affolés d'amour et d'espérance. Et lui, plongé, noyé dans ce regard :

— C'est fait... Il n'y a plus de roi d'Illyrie. Rien qu'un homme qui veut passer sa vie à t'aimer.

— C'est trop beau... Je n'ose pas y croire.

— Tiens ! lis...

Elle prit le parchemin, le déplia lentement.

— Ainsi, c'est vrai, mon Christian, tu as renoncé ?

— Mieux que cela...

Et pendant qu'elle parcourait le texte de l'acte, lui, debout, frisait sa moustache, regardait Séphora d'un air triomphant ; puis, trouvant qu'elle ne comprenait pas bien, pas assez vite, il lui expliquait la différence du renoncement à l'abdication, et qu'il serait tout aussi libre, dégagé de devoirs et de responsabilités, sans engager en rien l'avenir de son fils. L'argent seul... Mais ils n'avaient pas besoin de tant de millions pour être heureux.

Elle ne lisait plus, l'écoutait, la bouche entr'ouverte, ses jolies dents à l'air avec un sourire aigu comme si elle voulait mieux saisir ce qu'il disait. Elle avait bien compris pourtant, oh ! oui, voyait très net l'écroulement de toutes leurs ambitions et des piles de louis engagés déjà dans l'affaire, la colère de Leemans, de Pichery, de toute la bande volée par la fausse manœuvre de ce nigaud. Elle songeait à tant de sacrifices inutiles, à ses six mois de vie assommante, écœurée de dissimulations et de faveurs, à son pauvre Tom en train de retenir son souffle dans le cabinet de toilette, pendant que l'autre en face d'elle attendait une explosion de tendresse, sûr d'être aimé, vainqueur, irrésistible, ecrasant. C'était si drôle, d'une ironie si complète, si féroce. Elle se leva, prise d'un fou rire, un rire insultant et railleur qui fit monter à son visage une rougeur rapide, la lie remuée de sa grossière nature ; et passant devant Christian stupéfait : « Jobard, va ! » lui cria-t-elle avant de s'enfermer à triples verrous dans sa chambre.

Sans le sou, sans couronne, sans femme, sans maîtresse, il faisait une singulière figure en redescendant l'escalier.

XV

LE PETIT ROI

O magie des mots! Comme s'il y avait eu dans ces trois lettres du mot « roi » une force cabalistique, — dès qu'il ne s'appela plus le comte de Zara, mais le roi Léopold V, l'élève de Méraut se trouva transformé. L'enfant appliqué, heureux de bien faire, maniable comme une petite cire molle, mais sans aucune supériorité d'intelligence, sortait des limbes, s'éveillait par une surexcitation singulière, et son corps se fortifiait à cette flamme intérieure. Sa paresse de nature, cette envie de s'allonger, de

se coucher dans un fauteuil, pendant qu'on
lisait pour lui ou qu'on lui racontait des histoires, ce besoin d'écouter, de vivre de la pensée des autres, se changea en une activité que
ne contentaient plus les jeux de son âge. Il
fallut que le vieux général de Rosen, tout per-
clus et courbaturé, retrouvât des forces pour
lui donner ses premières leçons d'escrime, de
tir, d'équitation ; et rien n'était plus touchant
que de voir, tous les matins à neuf heures,
dans une clairière du parc élargie en arène,
l'ancien pandour, en habit bleu, la cravache
au poing, faire ses fonctions d'écuyer avec l'air
d'un vieux Franconi, toujours respectueux en-
vers le roi, tout en redressant les bévues de
l'élève. Le petit Léopold trottait, galopait, sérieux et fier, attentif aux moindres ordres, tandis que la reine regardait du haut du perron,
jetait une observation, un conseil : « Tenez-
vous droit, sire..., rendez la main. » Et quelquefois, pour mieux se faire comprendre,
l'écuyère s'élançait, joignait le geste aux paroles. Comme elle fut heureuse le jour où, sa
jument réglant son pas sur le poney du prince,
tous les deux s'aventurèrent dans le bois voisin, la silhouette de l'enfant dominée par l'amazone qui, loin de sentir des craintes de mère,
enlevait les deux bêtes d'un élan vigoureux,
montrait la route à son fils, l'entraînait jusqu'à
Joinville dans une course à fond ! En elle aussi

un changement s'était fait depuis l'abdication. Pour cette superstitieuse du droit divin, désormais le titre de roi protégeait l'enfant, devait le défendre. Sa tendresse, toujours aussi forte et profonde, n'avait plus ses manifestations matérielles, ses explosions de caresses ; et si, le soir, elle entrait toujours dans la chambre, ce n'était plus pour « voir coucher Zara, » le border dans son lit. Un valet de chambre avait maintenant la charge de tous ces soins, comme si Frédérique craignait d'amollir son fils, de retarder ses volontés d'homme en le gardant dans ses mains trop douces. Elle venait seulement pour lui entendre dire cette belle prière tirée du « Livre des Rois » que le Père Alphée lui avait apprise :

« *Seigneur, qui êtes mon Dieu, vous avez mis sur le trône votre serviteur ; mais je suis un enfant qui ne sais pas me conduire et qui suis chargé du peuple que vous avez choisi. Donnez-moi donc la sagesse et l'intelligence....* »

La petite voix du prince s'élevait, ferme et claire, nuancée d'autorité, d'une conviction attendrissante si l'on songeait à l'exil, au coin de banlieue indigente, à l'éloignement, par delà les mers, de ce trône hypothétique. Mais pour Frédérique, son Léopold régnait déjà, et elle mettait dans son baiser du soir une fierté asservie, une adoration, un respect indéfinissables qui rappelaient à Élisée, quand il surprenait ce mélange de sentiments maternels, les vieux noëls de son pays où la Vierge chante en berçant Jésus dans son étable : *Je suis votre servante, et vous êtes mon Dieu.*

Quelques mois se passèrent ainsi, toute une saison d'hiver pendant laquelle la reine ne sentit qu'une ombre à sa joie, à son ciel, enfin devenu pur. Et c'est Méraut qui, bien inconsciemment, en fut la cause. A rêver tous deux le même rêve, à mêler leurs regards et leurs âmes, à marcher ensemble au même but étroitement serrés, ils avaient établi entre eux une familiarité, une communauté de pensée et de vie qui tout à coup gêna Frédérique, sans qu'elle pût définir pourquoi. Seule avec lui, elle ne s'abandonnait plus comme autrefois, s'effrayait de la place que cet étranger tenait dans ses décisions les plus intimes. Devinait-elle les sentiments qui l'agitaient, cette ardeur couvant si près d'elle, plus envahissante et dangereuse de jour en jour? Une femme ne s'y trompe pas. Elle aurait voulu s'abriter, se reprendre ; mais comment? Dans son trouble, elle eut recours au guide, au conseil de l'épouse catholique, au confesseur.

Quand il ne courait pas la campagne pour sa propagande royaliste, c'était le Père Alphée qui dirigeait la reine. A voir l'homme, on le connaissait. Il y avait dans ce prêtre illyrien à mine de forban le sang, l'allure, les lignes faciales d'un de ces Uscoques, oiseaux de rapine et de tempête, anciens écumeurs des mers Latines. Fils d'un pêcheur du port de Zara, élevé à la *Marine* dans le goudron et les filets, il avait été recueilli un jour par les Franciscains pour sa jolie voix, de moussaillon passa enfant de chœur, grandit au couvent et fut un des chefs de la congrégation ; mais il lui était resté des fougues de matelot et du hâle de mer sur son épiderme que la fraîcheur des pierres claustrales n'avait jamais pu blanchir. Du reste point bigot ni méticuleux, pouvant faire au besoin sa partie de couteau (*cotellata*) pour le bon motif ; le moine qui, lorsque la politique pressait, dépêchait en bloc le matin toutes les oraisons de la journée, même celles du lendemain, « afin de s'avancer... » disait-il sérieusement. Entier dans ses affections comme dans ses haines, il avait voué une admiration sans bornes au précepteur introduit par lui dans la maison. Aussi au premier aveu de la reine sur ses troubles, ses scrupules, il feignit de ne pas comprendre ; puis voyant qu'elle insistait, il s'emporta, lui parla durement comme à une pénitente ordinaire, à quelque riche passementière de Raguse.

N'avait-elle pas honte de mêler de pareils enfantillages à une aussi noble cause ? De quoi se plaignait-elle ? Lui avait-on jamais manqué de respect? Voyez-vous que, pour des tatillonnages de dévote ou des coquetteries de femme qui se croit irrésistible, on se privât de cet homme que Dieu avait certainement mis sur leur chemin pour le triomphe de la royauté!.. » Et dans son langage de marin, son emphase italienne atténuée d'un fin sourire de prêtre, il ajoutait qu'on n'ergote pas avec le bon vent que le ciel nous envoie. « On tend sa voile, et l'on fait de la route. » La femme la plus droite sera toujours faible devant les raisonnements spécieux. Vaincue par la casuistique du moine, Frédérique se dit qu'elle ne pouvait en effet priver la cause de son fils d'un pareil auxiliaire. C'était à elle de se garder, d'être forte. Que risquait-elle? Elle arriva même à se persuader qu'elle s'était méprise au dévouement d'Élisée, à son amitié enthousiaste... La vérité, c'est qu'il l'aimait passionnément. Amour singulier, profond, chassé maintes fois, mais revenu lentement par des routes détournées, installé enfin avec le despotisme envahissant d'une conquête. Jusqu'alors Élisée Méraut s'était cru incapable d'un sentiment tendre. Parfois, dans ses prédications royalistes à travers le Quartier, quelque fille de bohème, sans comprendre un mot à ses discours, s'était affolée de lui pour la musique de sa voix, ce qui se dégageait de ses yeux de braise, de son front d'idéal, — le magnétique entraînement des Madeleines vers les apôtres. Lui se penchait en souriant, cueillait ce qui s'offrait, enveloppant de douceur et d'affabilité légère cet incorrigible mépris de la femme qui est au fond de tout Méridional. Pour que l'amour entrât dans son cœur, il fallait qu'il passât par sa forte tête ; et c'est ainsi que son admiration du type hautain de Frédérique, de cette adversité patricienne si fièrement portée était devenue à la longue — avec la maison et la vie étroite de l'exil, ces rapports de toutes les heures, de tous les instants, tant de détresses partagées, — de la passion véritable, mais une passion humble, discrète, sans espoir, qui se contentait de brûler à distance comme un cierge d'indigent à la dernière marche de l'autel.

L'existence continuait pourtant, toujours la même en apparence, indifférente à ces drames muets, et l'on arrivait ainsi aux premiers jours de septembre. La reine, enveloppée d'un beau soleil bien en rapport avec son heureuse disposition d'esprit, faisait sa promenade d'après déjeuner, suivie du duc, d'Élisée, de madame de Silvis à qui le congé de la petite princesse donnait le service de dame d'honneur. Elle entraînait tout son monde après elle à travers les allées ombreuses, bordées de lierre, du petit parc anglais, se retournait en marchant pour jeter un mot, une phrase, avec cette grâce décidée qui n'atténuait pas son charme féminin. Ce jour-là elle était particulièrement vivante et gaie. On avait reçu le matin des nouvelles d'Illyrie racontant l'excellent effet produit par l'abdication, le nom de Léopold V déjà populaire dans les campagnes. Élisée Méraut triomphait :

— Quand je vous le disais, monsieur le duc, qu'ils allaient raffoler de leur petit roi... L'enfance, voyez-vous, régénère toutes les tendresses... C'est comme une religion nouvelle que nous leur avons infusée là, avec ses naïvetés, ses ferveurs...

Et relevant ses grands cheveux à deux mains, d'un geste violent, bien à lui, il se lança dans une de ces improvisations éloquentes qui le transfiguraient, comme l'Arabe affaissé, accroupi en guenilles sur le sol, devient méconnaissable aussitôt à cheval.

« Nous y sommes..., » dit tout bas la marquise d'un air excédé, tandis que la reine, pour mieux entendre, s'asseyait au bord de l'allée, dans l'ombre d'un frêne pleureur. Les autres se tenaient debout, respectueusement autour d'elle; mais peu à peu l'auditoire s'éclaircit. Madame de Silvis se retira la première, pour protester ostensiblement, comme elle ne manquait jamais de le faire; on vint chercher le duc rappelé par un service quelconque. Ils restèrent seuls. Élisée ne s'en aperçut pas, continua son discours, debout

dans le soleil qui glissait sur sa noble figure
exaltée comme sur les méplats d'une pierre
dure. Il était beau alors, d'une beauté d'intelligence, prenante, irrésistible, qui frappa Frédérique trop soudainement pour qu'elle pût
dissimuler son admiration. Vit-il cela dans ses
yeux verts? Reçut-il en retour cette commotion
qu'un sentiment trop vif et tout proche nous
fait éprouver! Il balbutia d'abord, s'arrêta
court, tout palpitant, posa sur la reine inclinée,
sur ses cheveux d'or pailletés de lumière tremblante un regard lent, brûlant comme un aveu...
Frédérique sentait cette flamme courir sur elle
comme un soleil plus aveuglant, plus troublant
que l'autre, mais elle n'avait pas la force de se
détourner. Et lorsque épouvanté de ce qui montait à ses lèvres, Élisée s'arracha d'elle brusquement, toute pénétrée de cet homme, de sa
puissance magnétique, il lui sembla que la vie
la quittait tout à coup; elle eut une sorte d'évanouissement moral, et resta là, sur ce banc,
défaillante, anéantie... Des ombres lilas flottaient sur le sable des allées tournantes. L'eau
ruisselait des vasques du bassin comme un
rafraîchissement à cette belle après-midi d'été.
On n'entendait dans le jardin tout fleuri qu'un
murmure répandu d'ailes et d'atomes au-dessus des corbeilles odorantes, et le bruit sec de
la carabine du petit prince, dont le tir se
trouvait au bout du parc, vers le bois.

Au milieu de ce calme, la reine revint à elle, d'abord par un mouvement de colère, de révolte. Elle se sentait atteinte, outragée par ce regard... Était-ce possible! Ne rêvait-elle pas?... Elle, la fière Frédérique, qui, dans l'éblouissement des fêtes de cour, dédaigna jadis tant d'hommages à ses pieds, et des plus nobles, des plus illustres, elle qui gardait si haut la fierté de son cœur, l'abandonner à un homme de rien, à ce fils du peuple! Des larmes d'orgueil lui brûlaient les yeux. Et dans le trouble de ses idées, une parole prophétique du vieux Rosen bourdonnait tout bas à son oreille. « La Bohème de l'exil... » Oui, l'exil seul avec ses promiscuités déshonorantes avait pu permettre à ce subalterne... Mais à mesure qu'elle l'accablait de ses mépris, le souvenir des services rendus l'assaillait. Que seraient-ils devenus sans lui? Elle se rappelait l'émotion de leur première rencontre, comme elle s'était sentie revivre en l'écoutant. Depuis, pendant que le roi courait à ses plaisirs, qui donc avait pris la direction de leurs destinées, réparé les maladresses et les crimes? Et ce dévouement infatigable de chaque jour, tant de talent, de verve, tout ce beau génie s'appliquant à une tâche d'abnégation, sans profit, sans gloire! Le résultat, c'était ce petit roi, vraiment roi, dont elle était si fière, le futur maître de l'Illyrie... Alors prise d'un invincible élan de ten-

dresse, de reconnaissance, rappelant du passé
la minute où dans la fête de Vincennes elle
s'était appuyée à la force d'Élisée, la reine,
comme ce jour-là, ferma les yeux, s'aban-
donna délicieusement en pensée sur ce grand
cœur si dévoué qu'elle croyait sentir battre
contre elle.

Soudain, après un coup de feu qui fit envo-
ler les oiseaux dans le feuillage, un grand cri,
un de ces cris d'enfant comme les mères en
entendent en rêve pendant leurs nuits troublées
d'inquiétudes, un terrible appel de détresse
assombrit tout le ciel, élargit, transforma le
jardin à la mesure d'une douleur immense.
Des pas précipités s'entendirent dans les allées;
la voix du précepteur, rauque, changée, appelait, là-bas, près du tir. Frédérique y fut d'un
bond.

C'était, dans une ombre verte de charmille,
un fond de parc tapissé de houblons, de glycines et de la haute floraison des terres un peu
grasses. Des cartons pendaient au treillage,
percés de petits trous réguliers et cruels. Elle
vit son enfant à terre, sur le dos, sans mouvement, la figure blanche, rougie vers l'œil droit
qui, fermé, blessé, laissait perler quelques
gouttes de sang comme des larmes. Élisée, à
genoux près de lui, dans l'allée, criait, se tordait les bras : « C'est moi... C'est moi... » Il
passait... Monseigneur avait voulu lui faire

essayer son arme, et par une fatalité épouvantable, la balle ricochant sur quelque ferrure du treillage... Mais la reine ne l'écoutait pas. Sans un cri, sans une plainte, toute à son instinct de mère, de sauveteur, elle saisissait l'enfant, l'emportait dans sa robe, vers le bassin ; puis repoussant du geste les gens de la maison qui s'empressaient pour l'aider, elle appuya au rebord de pierre son genou sur lequel s'allongeait le corps inerte du petit roi, tint sous la vasque débordante la pâle figure adorée où les cheveux blonds se plaquaient sinistrement, ruisselaient jusqu'à la paupière bleuie et cette sinistre tache rouge que l'eau emportait, qui filtrait, toute petite, toujours plus rouge, entre les cils. Elle ne parlait pas, elle ne pensait pas même. Dans sa toilette de batiste froissée, inondée, collant à son beau corps comme une naïade de marbre, elle était là penchée sur son petit et guettant. Quelle minute, quelle attente !... Peu à peu, ranimé par l'immersion, le blessé tressaillit, étendit ses membres comme pour un réveil et, tout de suite, se prit à gémir.

« Il vit !... » dit-elle avec un cri d'ivresse.

Alors, en levant la tête, elle aperçut en face d'elle Méraut dont la pâleur, l'abattement semblaient demander grâce. Le souvenir de ce qui s'était passé sur le banc lui revint, mêlé à la terrible surprise de la catastrophe, à sa faiblesse si vite châtiée sur l'enfant. Une rage la saisit contre cet homme, contre elle-même...

« Va-t'en... va-t'en... Que je ne te revoie jamais!... » lui cria-t-elle avec un regard terrible. C'était son amour qu'elle avouait devant tous pour s'en punir, pour s'en guérir, son amour qu'elle lui jetait en injure à la face dans l'insolence de ce tutoiement.

XVI

LA CHAMBRE NOIRE

« Il y avait une fois, au pays d'Oldenbourg, une dame comtesse de Ponikau, à qui les nains avaient donné, le jour de ses noces, trois petits pains d'or... »

C'est madame de Silvis qui raconte, dans l'obscurité d'une chambre noire, les fenêtres hermétiquement closes, les rideaux tombant jusqu'à terre. Le petit roi est étendu dans sa couchette, la reine près de lui comme un blanc fantôme, appliquant de la glace sur ce front couvert d'un bandeau, de la glace qu'elle renouvelle toutes les deux minutes, nuit et jour, depuis une longue semaine. Comment a-t-elle vécu, sans dormir, presque sans manger, assise à ce chevet étroit, ses mains tenant celles de son fils aux intervalles des pansements, et passant de la fraîcheur de la glace à la fièvre qu'elle épie, qu'elle redoute dans ce faible pouls de malade ?

Le petit roi veut sa mère là, toujours là. Cette nuit de la grande chambre se peuple pour lui d'ombres sinistres, d'apparitions terrifiantes. Puis l'impossibilité de lire, de toucher au moindre jouet, le tient dans une torpeur dont Frédérique s'inquiète.

— Souffres-tu ?... lui demande-t-elle à chaque instant.

— Non... Je m'ennuie... répond l'enfant d'une voix molle; et c'est pour chasser cet ennui, peupler les limbes tristes de la chambre de visions brillantes, que madame de Silvis a rouvert le fabliau fantastique plein de vieux châteaux allemands, de lutins dansant au pied du donjon où la princesse attend l'oiseau bleu et file sa quenouille de verre.

En écoutant ces interminables histoires, la reine se désole; il lui semble qu'on dévide l'ouvrage qu'elle a fait si péniblement, qu'elle assiste à l'effritement pierre à pierre d'une droite colonne triomphale. C'est cela qu'elle regarde dans la nuit devant elle, pendant ses longues heures de réclusion, bien plus préoccupée de sentir son enfant repris par des mains de femme, ramené aux faiblesses du petit Zara, que de la blessure elle-même dont elle ne sait pas encore toute la gravité. Quand le docteur, une lampe à la main, déchire un moment les voiles accumulés de l'ombre, lève le bandeau, essaie de réveiller d'une goutte d'atropine la sensibilité de l'œil atteint, la mère se rassure de voir que le petit malade n'a pas un cri, ne porte pas ses bras en avant pour se défendre. Personne n'ose lui dire que c'est au contraire la mort de l'organe, cette insensibilité, ce silence de tous les nerfs. La balle, en ricochant, bien qu'elle eût perdu de sa force, a pu atteindre encore et décoller la rétine. L'œil droit est irrévocablement condamné. Toutes les précautions que l'on prend ne tendent qu'à préserver l'autre, menacé par cette corrélation organique qui fait de la vue un seul outil à branche double. Ah! si la reine connaissait l'étendue de son malheur, elle qui croit fermement que grâce à ses soins, à sa tendresse vigilante, l'accident ne laissera pas de trace, et qui déjà parle à l'enfant de leur première sortie.

— Léopold, serez-vous content de faire une belle promenade dans la forêt?

Oui, Léopold sera bien heureux. Il veut qu'on le conduise là-bas, à cette fête où il est allé une fois avec sa mère et le précepteur. Et tout à coup s'interrompant:

— Où est-il donc, M. Élisée ?... Pourquoi ne vient-il jamais ?

On lui répond que son maître est en voyage, et pour longtemps. Cette explication lui suffit. Penser le fatigue, parler aussi ; et il retombe dans sa morne indifférence, retourne au pays flottant qu'évoquent les malades, en mêlant leurs rêves aux lieux qui les entourent, aux fixes apparences des choses dont on craint pour eux le mouvement et le bruit. On entre, on sort ; des chuchotements, des pas discrets se croisent et se répondent. La reine n'entend rien, ne s'occupe de rien que de ses pansements. Parfois Christian pousse la porte toujours entre-bâillée à cause de la chaleur de cette claustration, et d'une voix qu'il s'efforce de rendre joyeuse, insouciante, vient dire à son fils quelque drôlerie aimable, pour le faire rire ou parler. Mais sa voix sonne faux dans la catastrophe récente, et le père intimide l'enfant. Cette petite mémoire engloutie, que le coup de feu a remplie de la confusion de sa fumée, garde quelque trait surnageant des scènes passées, les attentes désespérées de la reine, ses révoltes le soir où elle a failli l'entraîner dans une chute de trois étages. Il répond tout bas, les dents serrées. Alors Christian s'adresse à sa femme : « Vous devriez vous reposer un peu, Frédérique, vous vous tuerez... Dans l'intérêt même de l'enfant... » Pressante, implorante, la main du petit prince serre celle de sa mère qui le rassure de la même façon éloquente et muette : « Non, non, n'ayez pas peur... je ne vous quitterai pas... » Elle échange quelques mots froidement avec son mari, puis l'abandonne à ses réflexions sinistres.

L'accident arrivé à son fils complète pour Christian une vraie série à la noire. Il se sent seul au monde, désespéré, abasourdi. Ah! si sa femme voulait le reprendre... Il éprouve ce besoin des faibles dans le malheur de se serrer contre quelqu'un, de poser la tête contre une poitrine amie pour se soulager par des larmes, par des aveux, et retourner ensuite plus légèrement à de nouvelles fêtes, à de nouvelles trahisons. Mais le cœur de Frédérique est à jamais perdu pour lui; et voici que l'enfant à son tour se détourne de ses caresses. Il se dit tout cela, debout au pied du lit, dans la nuit de la chambre noire, pendant que la reine, attentive aux minutes, prend la glace dans une coupe, l'appuie sur le bandeau mouillé, relève et baise le petit front malade pour en tâter la tiédeur, et que madame de Silvis raconte gravement l'histoire des trois petits pains d'or au légitime souverain des royaumes d'Illyrie et de Dalmatie.

Sans qu'on remarque plus sa sortie que son entrée, Christian sort de la chambre, erre mélancoliquement à travers la maison silencieuse et ordonnée, tenue dans son cérémonial ordinaire par le vieux Rosen que l'on voit aller et venir de l'hôtel aux communs et à l'intendance, la taille droite et le chef branlant. La serre, le jardin continuent à fleurir, les ouistitis ranimés par la chaleur emplissent leur cage de petits cris et de gambades. Le poney du prince, promené à la main par le palefrenier, fait les cent pas dans la cour assourdie d'une litière de paille, s'arrête au perron, tourne tristement ses yeux de noisette du côté où descendait jadis le petit roi. L'aspect de l'hôtel est toujours élégant et confortable; mais on attend, on espère, il y a un suspens dans la vie ambiante, un silence pareil à ceux qui suivent un grand coup d'orage. Le plus saisissant, ce sont ces trois persiennes là-haut, hermétiquement rejointes, même quand tout s'ouvre à l'air, à la lumière, enfermant le mystère de la douleur et de la maladie.

Méraut qui, chassé de la maison royale, s'est logé tout auprès et ne cesse de rôder autour, Méraut regarde désespérément ces fenêtres fermées. C'est son tourment, sa condamnation. Il y revient chaque jour avec la peur de les trouver un matin toutes ouvertes, laissant évaporer la fumée d'un cierge éteint. Les habitués de cette partie de Saint-Mandé commencent à le connaître. La marchande de plaisirs qui lâche ses cliquettes quand passe ce grand garçon à l'air si malheureux, les joueurs de boules, et l'employé de la station du tramway enfermé dans sa petite baraque de bois, le tiennent pour un peu fou ; et vraiment son désespoir tourne à la manie. Ce n'est pas l'amoureux qui souffre en lui. La reine a bien fait de le chasser, il ne meritait que cela, et la passion disparaît devant le grand désastre de ses espérances. Avoir rêvé de faire un roi, s'être donné cette superbe tâche, et tout anéantir, tout briser de ses propres mains ! Le père et la mère, plus atteints dans leur tendresse, n'étaient pas plus désespérés que lui. Il n'avait même pas cette consolation des soins donnés, de la sollicitude à toute heure, pouvait à peine se procurer quelques nouvelles, les domestiques lui gardant une noire rancune de l'accident. Pourtant un brigadier de la forêt, ayant accès dans la maison, lui racontait les bruits de l'office, grossis par ce besoin du sinistre qu'ont les gens du peuple. Tantôt le petit roi était aveugle, tantôt atteint d'un transport au cerveau, on disait la reine décidée à se laisser mourir de faim ; et le triste Élisée vivait une journée sur ces rumeurs désolantes, errait par le bois, tant que ses jambes pouvaient le porter, puis revenait guetter vers la lisière, dans une herbe haute et fleurie, ravagée le dimanche de promeneurs, mais déserte en semaine, un vrai coin champêtre.

Une fois, au jour tombant, il s'était allongé à même cette fraîcheur du pré, les yeux vers la maison là-bas, où s'éteignaient des rayons dans l'entrelacement des branches. Les joueurs de boules s'en allaient, les gardes commençaient leur ronde du soir, les hirondelles naviguaient en grands cercles au-dessus des plus hautes herbes, à la poursuite des moucherons descendus avec le soleil. L'heure était mélancolique. Élisée s'y abîmait, las d'esprit et de corps, laissant parler en lui tous ses souvenirs, toutes ses inquiétudes, comme il arrive dans ces silences de la nature où nos luttes intérieures peuvent espérer se faire entendre. Tout à coup, son regard, qui ne cherchait rien, rencontra devant lui la démarche mal équilibrée, le chapeau de quaker, le gilet blanc et les guêtres de Boscovich. M. le conseiller s'en allait rapidement, à tout petits pas de femme, très agité et tenant précieusement à la main un objet entortillé de son mouchoir. Il ne parut pas surpris en voyant Élisée, l'aborda comme si rien ne s'était passé, de l'air et du ton le plus naturel du monde.

— Mon cher Méraut, vous voyez un homme bien content.

— Ah! mon Dieu!... Quoi donc!... Est-ce que l'état de Monseigneur...

Le botaniste prit une figure de circonstance pour répondre que Monseigneur allait toujours de même ; toujours le repos, la chambre noire, une incertitude douloureuse, oh ! bien douloureuse. Puis brusquement :

— Devinez ce que j'apporte là... Prenez garde. C'est fragile, vous allez détacher la terre... Un pied de clématite, mais pas la clématite vulgaire de vos jardins... *Clematis Dalmatica...* une espèce naine toute spéciale qu'on ne trouve que chez nous, là-bas... Je doutais d'abord, j'hésitais... Je la guette depuis le printemps... Mais voyez la tige, les corolles... ce parfum d'amandes pilées...

Et dépliant son mouchoir avec des précautions infinies, il dégageait une plante frêle, contournée, la fleur d'un blanc laiteux, pâlissant jusqu'au vert des feuilles, se confondant presque avec elles. Méraut essaya de le questionner, de lui arracher d'autres nouvelles ; mais le maniaque restait tout à sa passion, à sa découverte. C'était en effet un hasard bien étrange que cette petite plante eût poussé, seule de sa race, à six cents lieues de sa patrie. Les fleurs ont leur histoire, mais elles ont aussi leur roman ; et c'est ce roman probable que le bonhomme se répétait à lui-même en croyant le raconter à Méraut.

« Par quelle bizarrerie de terrain, quel mystère géologique, cette petite graine voyageuse a-t-elle pu germer au pied d'un chêne de Saint Mandé ? Le cas se présente quelquefois. Ainsi un botaniste de mes amis a trouvé dans les Pyrénées une fleur de Laponie. Cela tient à des courants d'atmosphère, à des filons de sol égarés à certaines places... Mais le miracle ici, c'est que ce bout de plante ait poussé précisément dans le voisinage de ses compatriotes, exilés aussi... Et voyez comme elle se porte bien... A peine un peu pâlie par l'exil, mais ses vrilles toutes prêtes pour grimper... »

Il était là, dans le jour baissant, sa clématite à la main, immobile de contemplation heureuse. Et tout à coup :

— Diable ! Il se fait tard... Il faut rentrer... Adieu.

— Je viens avec vous, dit Élisée.

Boscovich resta stupéfait. Il avait assisté à la scène, savait de quelle façon le précepteur était parti, n'attribuant d'ailleurs son renvoi qu'à l'accident... Que penserait-on ? Que dirait la reine ?

— Personne ne me verra, Monsieur le conseiller... Vous m'introduirez par l'avenue, et je me glisserai furtivement jusqu'à la chambre...

— Comment ! vous voulez ?...

— M'approcher de Monseigneur, l'entendre parler une minute, sans qu'il se doute que je suis là...

Le faible Boscovich s'exclamait, se défendait, mais il marchait tout de même en avant poussé par le désir d'Élisée qui le suivait sans s'occuper de ses protestations.

Oh ! quelle émotion, lorsque la petite porte de l'avenue tourna dans ses lierres et que Méraut se retrouva à cette place du jardin où sa vie restait foudroyée.

— Attendez-moi, dit le conseiller tout tremblant, je viendrai vous prévenir quand les domestiques seront à table... De cette façon vous ne rencontrerez personne dans l'escalier...

On n'était plus revenu vers le tir depuis la journée fatale. Dans les bordures écrasées, dans le sable piétiné par des courses folles, la scène se mouvementait encore. Les mêmes cartons mouchetés pendaient aux palissades, l'eau coulait du bassin comme une source de larmes jaillissantes, grises sous l'heure triste du crépuscule, et il semblait à Élisée entendre la voix de la reine sanglotante aussi, et ce « va-t'en... va-t'en... » qui lui donnait à l'écouter en souvenir la sensation d'une blessure et d'une caresse. Boscovich revenu, ils se glissèrent le long des massifs jusqu'à la maison. Dans la galerie vitrée ouvrant sur le jardin, qui servait de salle d'étude, les livres rangés sur la table, les deux chaises du maître et de l'élève préparées, attendaient la leçon prochaine avec l'inertie cruelle des choses. C'était poignant ainsi que le silence des endroits où l'enfant manque, chantonnant, courant, traçant dix fois par jour son orbe étroit en rires et en chansons.

De l'escalier largement éclairé, Boscovich qui marchait en avant l'introduisit dans la chambre précédant celle du roi, obscure comme elle pour empêcher le moindre filet lumineux. Une veilleuse brûlait seulement dans un retrait d'alcôve, à travers des fioles, des potions.

— La reine et madame de Silvis sont auprès de lui... Surtout ne parlez pas... et revenez vite...

Élisée ne l'entendait plus, le pied déjà sur le seuil, le cœur battant et recueilli. Ses regards inexercés ne pouvaient percer l'ombre épaisse ; il ne distinguait rien, mais entendait venant du fond une voix enfantine récitant, psalmodiant les prières du soir, et bien difficile à reconnaître pour celle du petit roi, tellement elle était lasse, morne, ennuyée. Arrivé à l'un des nombreux « amen, » l'enfant s'interrompit :

— Mère, faut-il que je dise aussi la prière des rois ?

— Mais oui, mon chéri, fit la belle voix grave, dont le timbre avait changé aussi, ondulant un peu sur les bords, comme un métal usé par une eau mordante distillée goutte à goutte.

Le prince hésita pour répondre :

— C'est que je croyais... Il me semblait que maintenant ce n'était plus la peine...

La reine demanda vivement :

— Et pourquoi?

— Oh! dit l'enfant-roi d'un ton vieillot et entendu, je pense que j'aurais bien d'autres choses à demander à Dieu que ce qu'il y a dans cette prière...

Mais se reprenant avec un élan de sa bonne petite nature :

— Tout de suite, maman, tout de suite, puisque vous le voulez...

Et il commença lentement, d'une voix résignée et chevrotante :

« — *Seigneur, qui êtes mon Dieu, vous avez mis sur le trône votre serviteur ; mais je suis un enfant qui ne sais pas me conduire et qui suis chargé du peuple que vous avez choisi...* »

On entendit au bout de la chambre un sanglot étouffé. La reine tressaillit :

— Qui est là?... Est-ce vous, Christian ? ajouta-t-elle au bruit de la porte qui se refermait.

A la fin de la semaine, le médecin déclara qu'on ne pouvait condamner plus longtemps le petit malade au supplice de la chambre noire, qu'il était temps de laisser entrer un peu de lumière.

— Déjà! dit Frédérique... On m'avait assuré pourtant que cela durerait plus d'un mois.

Le médecin ne pouvait lui répondre que l'œil

étant mort, complètement mort, sans espoir de revie, cette claustration devenait inutile. Il s'en tira par une des phrases vagues dont la pitié de ces gens a le secret. La reine ne comprit pas et personne auprès d'elle n'eut la force de lui apprendre la vérité. On attendait le Père Alphée, la religion ayant le privilège de toutes les blessures, même de celles qu'elle ne peut guérir. Avec sa brutalité, ses rudesses d'accent, le moine, qui se servait de la parole de Dieu comme d'un gourdin, dirigea ce coup terrible sous lequel devaient fléchir tous les orgueils de Frédérique. La mère avait souffert le jour de l'accident, atteinte dans ses fibres tendres par les cris, l'évanouissement, le sang du pauvre petit qui coulait. Cette seconde douleur s'adressait plus directement à la reine. Son fils estropié, défiguré! Elle qui le voulait si beau pour le triomphe, amener aux Illyriens cet infirme! Elle ne pardonnait pas au médecin de l'avoir trompée. Ainsi, même en exil, les rois seraient toujours victimes de leur grandeur et de la lâcheté humaine!

Afin d'éviter le passage trop brusque de l'obscurité à la lumière, on avait tendu sur les croisées des serges vertes; puis les fenêtres se rouvrirent franchement, et quand les acteurs de ce triste drame purent se regarder en plein jour, ce fut pour apprécier les changements survenus pendant la réclusion. Frédérique avait vieilli, obligée de changer sa coiffure, de rabattre ses cheveux vers les tempes pour cacher des ondes blanches. Le petit prince, tout pâle, abritait sous un bandeau son œil droit; et tout son visage, effleuré de petites grimaces, de rides précoces, semblait porter le poids de ce bandeau. Quelle vie nouvelle pour lui que cette vie de blessé ! A table, il dut rapprendre à manger, sa cuiller, sa fourchette mal dirigées allant cogner son front ou son oreille par cette gaucherie d'un sens entraînant toutes les autres. Il riait de son petit rire d'enfant malade, et la reine à tout instant se détournait pour cacher des larmes. Dès qu'il put descendre au jardin, ce furent d'autres angoisses. Il hésitait, butait à chaque pas, prenait l'oblique pour le droit, tombait même, ou bien, tout craintif, reculait au moindre obstacle, s'accrochant aux mains, aux jupes de sa mère, tournant les angles connus du parc comme autant d'embûches dressées. La reine essayait de réveiller au moins son esprit, mais la secousse avait été trop forte sans doute; avec le rayon visuel on eût dit qu'elle avait éteint un rayon d'intelligence. Il comprenait bien, le pauvre petit, la peine que son état causait à sa mère; en lui parlant il relevait la tête avec effort, lui adressait un regard timide et gauche comme pour demander grâce de sa faiblesse. Mais il ne pouvait vaincre certains effrois physiques mal raisonnés. Ainsi le bruit d'une détonation à la lisière du bois, la première entendue depuis l'accident, lui causait presque une attaque d'épilepsie. La première fois aussi où on lui parla de monter sur le poney, il se mit à trembler de tout son corps.

— Non... non... Je vous en prie, disait-il en se serrant contre Frédérique... Prenez-moi dans le landau avec vous... J'ai trop peur...

— Peur de quoi !

— J'ai peur... bien peur...

Ni raisonnements, ni prières, rien n'y faisait.

— Allons, commanda la reine avec un mouvement de sourde colère, attelez le landau.

C'était un beau dimanche de la fin de l'automne, rappelant ce dimanche de mai où ils étaient allés à Vincennes. Au contraire de ce jour-là, Frédérique était excédée de la foule roturière répandue par les allées et les pelouses. Cette gaieté en plein air, ces odeurs de victuailles l'écœuraient. Maintenant la misère, la tristesse sortaient pour elle de tous ces groupes, malgré les rires et les vêtements de fête. L'enfant, essayant de dérider le beau visage dont il s'attribuait l'expression désenchantée, entourait sa mère de câlineries passionnées et timides.

— Vous m'en voulez, maman, de n'avoir pas pris le poney ?

Non, elle ne lui en voulait pas. Mais comment ferait-il le jour du couronnement, quand ses sujets le rappelleraient? Un roi devait savoir monter à cheval.

La petite tête ridée se tourna pour regarder la reine de son œil unique, interrogeant :

— Vous croyez, bien vrai, qu'ils voudront de moi encore, comme je suis là?

Il avait l'air bien chétif, bien vieux. Frédérique pourtant s'indigna de ce doute, parla du roi de Westphalie, tout à fait aveugle, lui.

— Oh! un roi pour rire... On l'a renvoyé.

Elle lui raconta alors l'histoire de Jean de Bohême à la bataille de Crécy, requérant ses chevaliers de le conduire assez avant pour qu'il pût férir un coup d'épée, et si avant l'avaient mené qu'on les retrouva tous morts le lendemain, leurs corps étendus, leurs chevaux liés ensemble.

— C'est terrible... terrible... disait Léopold.

Et il restait là, frissonnant, plongé dans ce conte héroïque comme dans une féerie de madame de Silvis, si petit, si faible, si peu roi. A ce moment, la voiture quitta les abords du lac pour une allée étroite où il n'y avait guère que la place des roues. Quelqu'un se rangea vivement au passage, un homme que l'enfant ne put pas voir, gêné par son bandeau, mais que la reine reconnut bien, elle. Grave, l'air dur, d'un mouvement de tête elle lui montra le pauvre infirme, blotti dans ses jupes, leur chef-d'œuvre écroulé, ce débris, cette épave d'une grande race. Ce fut leur dernière rencontre; et Méraut quitta définitivement Saint-Mandé.

XVII

FIDES SPES

Le duc de Rosen entra le premier.
— C'est un peu humide, dit-il gravement... Ça n'a pas été ouvert depuis la mort de mon fils.
Il tombait en effet une grande fraîcheur et comme une moisissure de caveau sépulcral dans ce splendide rez-de-chaussée en enfilade où les guzlas s'étaient si fièrement accordées, où tout gardait la même place que la nuit du bal. Les deux chaises sculptées du roi et de la reine contre la tribune des musiciens présidaient encore, dépassées par de magnifiques

pupitres en fer forgé. Des fauteuils en cercle formaient des « apartés » aristocratiques. Des rubans, des débris de fleurs, de la gaze fanée et légère, vraie poussière de danse, jonchaient les parquets. On sentait que les décorateurs avaient détaché vivement les tentures, les guirlandes de feuillage, et s'étaient hâtés de refermer portes et fenêtres sur ces salons qui parlaient de fête dans une maison en deuil. Le même abandon se voyait à travers le jardin encombré de feuilles mortes, sur lequel l'hiver avait passé, puis un printemps sans culture, riche en folles herbes envahissantes. Par une de ces bizarreries de la douleur qui veut qu'autour d'elle tout souffre et se stérilise, le duc n'avait pas permis qu'on y touchât, pas plus qu'il ne consentait à habiter son magnifique appartement.

Depuis l'affaire de Gravosa, comme Colette, très souffrante des suites de ses couches, était allée se remettre à Nice avec son petit W, il avait renoncé à ses retours solitaires au quai d'Anjou et se faisait dresser un lit dans l'intendance. Évidemment il vendrait l'hôtel un jour ou l'autre et commençait à se défaire des somptueuses antiquailles qui l'encombraient. C'est pour cela que les glaces de Venise endormies en reflétant les couples amoureux des mazourkes hongroises, l'étincellement des prunelles et des lustres, miraient aujourd'hui, dans la lumière grise et froide d'un ciel parisien, les silhouettes falottes, les yeux de lucre, les lèvres allumées du père Leemans et du sieur Pichery, son acolyte, tout blême, avec ses accroche-cœur, ses moustaches raides de cosmétique.

Vraiment il fallait l'habitude du brocanteur, sa pratique du marchandage et de ces comédies qui mettent en jeu toutes les grimaces du masque humain, pour que le bonhomme ne laissât pas échapper un cri de joie, d'admiration, quand le domestique du général, aussi vieux, aussi droit que son maître, eut ouvert et fait claquer bruyamment sur les murailles du côté Nord les persiennes hautes d'un étage, et que l'on vit miroiter discrètement, se nuancer dans leurs tons superbes de bois, de bronze et d'ivoire, tous les précieux trésors d'une collection qui n'était pas étiquetée et soignée comme celle de madame de Spalato, mais d'un luxe plus abondant, plus barbare et plus neuf. Et sans un déchet, sans une panne !... Le vieux Rosen n'avait pas pillé au hasard, à la façon de ces généraux qui passent dans un palais d'été comme une trombe, emportant avec la même fougue des toits à clochetons et des fétus de paille. Rien que des merveilles de choix. Et c'était curieux de voir les arrêts du brocanteur, le museau tendu sous ses poils, braquant sa loupe, grattant légèrement les émaux, faisant sonner les bronzes, d'un air indifférent, méprisant même, tandis que des pieds à la tête, du bout des ongles à la pointe de sa barbe plate, tout son corps vibrait, pétillait comme si on l'avait mis en communication avec une pile électrique. Le Pichery n'était pas moins amusant à observer. N'ayant aucune notion d'art, aucun goût personnel, il modelait ses impressions sur celles de son compère, montrait la même moue dédaigneuse, vite tournée en stupéfaction, quand Leemans lui disait tout bas, penché sur le carnet où il ne cessait de prendre des notes : « Ça vaut cent mille francs comme un sou... » Il y avait là pour tous deux une occasion unique de se rattraper du « Grand Coup » où ils s'étaient fait si supérieurement rouler. Mais il fallait bien se tenir, car l'ancien général des pandours, aussi méfiant et impénétrable que toute la brocante ensemble, les suivait pas à pas, se plantait derrière eux sans être dupe une fois de leurs mines.

On arriva ainsi au bout des salons de réception, à une petite pièce exhaussée de deux marches, délicieusement ornée dans le goût mauresque de divans très bas, de tapis, de cabinets authentiques.

— Ceci en est-il aussi? demanda Leemans.

Le général hésita imperceptiblement avant de répondre. C'était l'abri de Colette dans l'immense hôtel, son boudoir de prédilection, où elle se réfugiait en ses rares loisirs, écrivait sa correspondance. La pensée lui vint de sauver ce petit mobilier oriental qu'elle aimait ; mais il ne s'y arrêta pas, il fallait vendre.

— Ça en est aussi... dit-il froidement.

Leemans, tout de suite attiré par la rareté d'un meuble arabe, sculpté, doré, avec des arcades et des galeries en miniature, se mit à examiner les tiroirs multiples, à secret, s'ouvrant les uns dans les autres par des ressorts cachés, des tiroirs fins et frais exhalant l'oranger et le santal de leurs doublures satinées. En plongeant la main dans l'un d'eux, il sentit un froissement.

— Il y a des papiers... fit-il.

L'inventaire fini, les deux brocanteurs reconduits jusqu'à la porte, le duc songea à ces papiers oubliés dans le petit meuble. Tout un paquet de lettres serrées d'un ruban froissé, imprégnées des parfums discrets du tiroir. Machinalement il regarda, reconnut l'écriture, cette grosse écriture de Christian, fantasque, irrégulière, qui depuis plusieurs mois ne lui parlait que d'argent par la voie des billets et des traites. Sans doute des lettres du roi à Herbert. Mais non. « *Colette, mon cher cœur...* » D'un geste brusque il fit sauter le cordon, éparpilla la liasse sur un divan, une trentaine de billets, rendez-vous donnés, remerciements, actions de grâce, toute la correspondance adultère dans sa triste banalité, terminée par des excuses pour des rencontres manquées, par des missives de plus en plus froides, comme les derniers papillons à la queue d'un cerf-volant. Dans presque toutes il était question d'un assommant et persécutant personnage que Christian appelait par blague « Courtisan du malheur » ou simplement « C. du malheur » et sur lequel le duc cherchait à mettre un nom, quand à la suite d'une de ces pages ricaneuses, toujours plus libertines que sentimentales, il vit sa propre charge, sa toute petite tête pointue sur de longues pattes d'échassier. C'était lui, ses rides, son bec d'aigle, son regard clignotant; et au-dessous, pour ne laisser aucun doute : *Courtisan du malheur montant la garde au quai d'Orsay.*

La première surprise passée, l'outrage compris dans toute sa bassesse, le vieux fit « Oh! » et resta là, terrassé, honteux.

Que son fils eût été trompé, ce n'est pas ce qui l'étonnait. Mais par ce Christian, auquel ils avaient tout sacrifié, pour qui mourait Herbert à vingt-huit ans, pour qui lui-même était en train de se ruiner, de vendre jusqu'à ses trophées de victoires afin que la signature royale ne fût pas protestée... Ah! s'il avait pu se venger, décrocher de ces panoplies deux armes, n'importe lesquelles... Mais c'était le roi! On ne demande pas raison au roi. Et subitement la magie du mot sacré apaisant sa colère, il en venait à se dire qu'après tout Monseigneur en jouant avec une de ses servantes n'avait pas été aussi coupable que lui, duc de Rosen, mésalliant son fils à cette Sauvadon. Il portait la peine de sa cupidité..... Toutes ces réflexions ne durèrent pas une minute. Les lettres sous clef, il sortit, retourna prendre son poste à Saint-Mandé devant le bureau de l'intendance où l'attendaient une foule de notes, de paperasses, parmi lesquelles il reconnut plus d'une fois la grosse écriture bègue des billets d'amour; et Christian n'aurait pu le croire informé de la moindre chose, lorsqu'en passant dans la cour, les jours suivants, il aperçut derrière le vitrage, toujours aussi droite, dévouée et vigilante, la longue silhouette du Courtisan du malheur.

Il n'y a que les rois avec ce qui s'attache à leurs personnes de traditions nationales et superstitieuses, pour pouvoir inspirer des dévouements pareils, même quand ils en sont complètement indignes. Celui-ci, maintenant que l'enfant était hors de danger, faisait la fête de plus belle. Il avait d'abord essayé de revenir à Séphora. Oui, même après avoir été brutalement et cyniquement chassé, après avoir eu la preuve, toutes les preuves de sa trahison, il l'aimait encore assez pour accourir à ses pieds au moindre signe. La belle à ce moment était toute à la joie d'une lune de miel renouvelée. Guérie de ses ambitions, retombée dans sa nature tranquille d'où l'appât des millions l'avait fait sortir, elle aurait voulu vendre son hôtel, tout réaliser, et vivre à Courbevoie avec J. Tom, en bons négociants enrichis, écraser les Spricht de leur confort. J. Tom Lévis au contraire rêvait de tenter de nouveaux coups, et le milieu grandiose où sa femme se trouvait installée lui donnait peu à peu l'idée d'une autre agence dans une forme plus luxueuse, plus mondaine, le trafic ganté jusqu'aux coudes, traitant les affaires parmi les fleurs et la musique d'une fête, autour du lac, le long de la piste, et remplaçant le cab vieux jeu, le cab numéroté maintenant à la compagnie des petites voitures, par une solide calèche à livrée avec la devise de la comtesse. Il n'eut pas de peine à convaincre Séphora chez laquelle il vint définitivement habiter ; et les salons de l'avenue de Messine s'allumèrent pour une série de dîners et de bals, dont les invitations furent lancées au nom du comte et de la comtesse de Spalato. C'était un peu clairsemé au commencement. Puis l'élément féminin, d'abord rebelle, finit par traiter J. Tom et sa femme comme ces riches ménages étrangers venus de très loin et dont le luxe sauve l'exotisme. Toute la jeune Gomme se pressa autour de Séphora mise à la mode par ses aventures, et M. le comte dès le premier hiver eut quelques belles affaires en train.

On ne pouvait refuser à Christian l'entrée de ces salons qui lui avaient coûté si cher. D'abord ce titre de roi illustrait, garantissait la maison. Il y vint donc lâchement, avec le vague espoir d'arriver de nouveau au cœur de la comtesse, non plus par le grand perron, mais par les petites entrées de l'escalier de service. Après s'être complu quelque temps dans ce rôle de dupe ou de victime, s'être montré tous les huit jours, aussi blanc de linge que de visage, dans une embrasure dorée où le surveillaient, le clouaient les yeux virants de Tom Lévis, il se découragea, ne revint plus, courut les filles pour s'étourdir. Comme tous les hommes à la recherche d'un type une fois perdu, il s'égara partout, descendit bas, très bas, guidé par ce Lebeau, habitué du vice parisien, qui souvent au matin apportait la valise de son maître en d'étranges bouges. Une vraie dégringolade plus facile de jour en jour à cette âme molle de voluptueux, et dont son triste et calme intérieur n'était pas fait pour le détourner. On s'amusait si peu rue Herbillon, maintenant qu'il n'y avait plus là ni Méraut ni la princesse. Léopold V se remettait lentement, confié pour les travaux de la convalescence à madame Éléonore de Silvis qui pouvait enfin appliquer les préceptes de l'abbé Diguet sur les six façons de connaître les hommes et les sept d'écarter les flatteurs. Tristes leçons gênées par le bandeau inclinant de côté la tête du petit patient, et que la reine présidait comme autrefois, avec un regard navré vers la *Clematis Dalmatica*, la petite fleur d'exil en train de s'étioler contre la vitre. Depuis quelque temps les Franciscains s'étaient remis en quête d'un précepteur ; mais on ne retrouve pas facilement un Élisée Méraut dans la jeunesse moderne. Le Père Alphée, lui, avait son idée là-dessus, qu'il se gardait bien de donner, car la reine ne permettait pas qu'on prononçât le nom de l'ancien gouverneur devant elle. Une fois pourtant, dans une circonstance grave, le moine osa parler de son ami.

« Madame, Élisée Méraut va mourir... » dit-il en sortant de table, après les grâces.

Tout le temps de son séjour à Saint-Mandé, par une sorte de superstition, comme on conserve en haut d'une armoire un vêtement démodé de sa jeunesse qu'on ne remettra jamais plus, Méraut avait gardé sa chambre de la rue Monsieur-le-Prince. Il n'y venait pas, laissait l'oubli s'entasser sur les papiers, sur les livres, et le mystère de ce réduit silencieux et toujours fermé dans la vie bruyante de l'hôtel garni. Un jour il arriva, vieilli, fatigué, les cheveux presque blancs. La grosse hôtesse, réveillée de sa torpeur en entendant chercher parmi les clefs pendues à leurs clous, avait peine à reconnaître son pensionnaire :

— Quelle noce avez-vous donc faite, mon pauvre monsieur Méraut ?... Si c'est permis de s'abîmer le tempérament comme ça !...

— C'est vrai que je suis un peu vanné... dit Élisée en souriant, et il montait ses cinq étages, le dos rond, écrasé. La chambre était toujours la même, avec le mélancolique horizon de ses vitres ternes, — des toits des cours carrées monastiques, l'École de médecine, l'amphithéâtre, monuments froids, dégageant la tristesse de leur destination, et sur la droite, vers la rue Racine, les deux grandes prises d'eau de la Ville, luisant dans leurs réservoirs de pierre, mirant le ciel blafard et les cheminées fumeuses. Rien n'était changé, mais lui n'avait plus ces belles ardeurs de la jeunesse qui colorent et réchauffent tout autour d'elles, s'exaltent même des difficultés et des tristesses. Il essaya de s'attabler, de lire, secoua la poussière des travaux inachevés. Entre ses pensées et la page glissait le regard de reproche de la reine, et il lui semblait que son élève, assis à l'autre bout de la table, attendait sa leçon et l'écoutait. Il se sentit trop navré, trop seul, descendit remettre précipitamment sa clef au clou ; et dès lors on le revit comme autrefois, avec sa grande taille déhanchée, son chapeau en ar-

rière, un paquet de livres et de revues sous le
bras, errer par le Quartier, sous les galeries
de l'Odéon, au quai Voltaire, penché sur l'odeur des imprimés neufs et les cases grossières
de la littérature au rebut, lisant dans la rue,
dans les allées du Luxembourg, ou gesticulant
appuyé à quelque statue du jardin par un froid
terrible, en face du bassin gelé. Dans ce milieu
d'étude et de jeunesse intelligente que les démolisseurs n'ont pu atteindre ni tout à fait
chasser, il retrouvait sa verve et sa fougue.
Seulement ce n'étaient plus les mêmes auditeurs, car le flot d'étudiants change et se renouvelle en ce quartier de passage. Les réunions
s'étaient déplacées aussi, les cafés politiques
désertés pour ces brasseries dont le service est
fait par des filles en costumes: Suissesses, Italiennes, Suédoises, aux pimpants oripeaux que
drape quelque dessinateur en vogue. Des
anciens rivaux d'Élisée, des beaux orateurs de
son temps, et du Pesquidoux du *Voltaire,* et du
Larminat du *Procope,* il ne restait plus qu'un
vague souvenir dans la mémoire des garçons,
comme d'acteurs disparus de la rampe. Quelques-uns étaient montés très haut, au pouvoir,
dans la vie publique; et parfois quand Élisée s'en
allait lisant le long des boutiques, les cheveux
au vent, d'une voiture qui le dépassait quelque
illustre de la Chambre ou du Sénat l'appelait :
« Méraut, Méraut. » On causait... « Que fais-

tu ?... travailles-tu ?... » Méraut, le front plissé, parlait vaguement d'une grande entreprise « qui n'avait pas marché. » Pas un mot de plus. On voulait le tirer de là, utiliser cette force perdue. Mais il restait fidèle à ses idées monarchiques, à sa haine contre la Révolution. Il ne demandait rien, n'avait besoin de personne ; presque tout l'argent de sa place lui restant encore, il ne cherchait pas même de leçons, s'enfermait dans une douleur dédaigneuse, trop grande, trop profonde pour être comprise, sans autre distraction que quelques visites, au couvent des Franciscains, non seulement pour avoir des nouvelles de Saint-Mandé, mais parce qu'il aimait cette chapelle bizarre, son caveau de Jérusalem au Jésus sanglant et colorié. Cette mythologie naïve, ces représentations presque païennes ravissaient le chrétien des premiers siècles. « Les philosophes mettent Dieu trop haut, disait-il quelquefois... On ne le voit plus. » Lui le voyait dans la nuit de la crypte, et parmi toutes ces images aux supplices barbares, à côté de la Marguerite d'Ossuna châtiant le marbre de ses épaules, il se figurait cette vision d'un soir de Noël, la reine d'Illyrie les bras tendus, implorants et protégeants à la fois, refermés sur son fils, les mains jointes, devant la crèche...

Une nuit, Élisée fut réveillé en sursaut par la sensation singulière d'une chaleur qui lui montait de la poitrine, lentement, comme une crue, et sans douleur, sans secousse, avec l'impression de l'anéantissement final, lui remplissait la bouche d'une fadeur rouge. C'était mystérieux et sinistre, le mal arrivant à la façon d'un assassin qui ouvre les portes sans bruit, dans l'ombre. Il ne s'effraya pas, consulta des carabins de sa table d'hôte. On lui dit qu'il était très atteint. « Qu'est-ce que j'ai ? — Tout. » Il était à ces quarante ans climatériques de la bohème, où l'infirmité s'embusque, guette l'homme, lui fait payer cher les excès ou les privations de sa jeunesse ; âge terrible, surtout quand le ressort moral est brisé, que la volonté de vivre n'existe plus. Élisée mena sa même existence, toujours dehors à la pluie, au vent ; passant des salles surchauffées, embrasées de gaz, au froid de la rue en plein hiver, continuant — quand tout s'éteignait — à discourir au bord du trottoir, marchant la moitié des nuits. Les hémoptysies devinrent plus fréquentes ; d'effroyables lassitudes les suivaient. Pour ne pas s'aliter, car la mélancolie déserte de sa chambre lui pesait, il s'installait au *Rialto*, une brasserie à côté de l'hôtel, lisait ses journaux, rêvait dans un coin. L'endroit était tranquille jusqu'au soir, gai de son mobilier de chêne clair, de ses murs barbouillés de fresques et représentant Venise, des ponts, des coupoles en trompe-l'œil sur un liquide arc-en-ciel. Les Vénitiennes elles-mêmes, le soir si allumées, faisant voltiger leurs aumônières de cuir entre les bancs, mirant dans les chopes leurs colliers rouges, dormaient, la tête sur la table, froissant les toits de dentelles et les manches bouffantes de batiste, ou bien travaillaient autour du poêle à un ouvrage de couture qu'elles quittaient pour venir boire en face de quelque étudiant. Une d'elles, grande forte fille, avait une épaisse chevelure fauve torsadée, des gestes graves et lents, suspendus par moments sur la broderie pour écouter... Celle-là, Méraut la regardait pendant des heures jusqu'à ce qu'elle parlât et qu'une voix éraillée et vulgaire fît prendre la fuite à son rêve. Mais bientôt les forces lui manquèrent même pour ces stations derrière un rideau de brasserie qu'il faisait glisser sur sa tringle. Il ne put plus descendre, fut obligé de rester au lit, entouré de livres, de journaux, laissant sa porte entr'ouverte pour que la vie, le grouillement de l'hôtel vînt jusqu'à lui. Surtout défense de parler. Alors le méridional se résigna à écrire, reprit son livre, son fameux livre sur la monarchie, le continua avec fièvre et d'une main tremblante, secouée par la toux qui éparpillait les pages sur le lit. Maintenant il ne craignait plus qu'une chose, mourir avant la fin, s'en aller comme il avait vécu, latent, inconnu, inexprimé.

Sauvadon, l'oncle de Bercy, dont la grosse vanité turbulente souffrait de voir son maître dans ce galetas, venait le visiter souvent. Sitôt après la catastrophe, il était accouru, la bourse ouverte, chercher comme autrefois « des idées sur les choses. — Mon oncle, je n'en ai plus... » avait répondu Méraut découragé. Et pour le tirer de son apathie, l'oncle parlait de l'envoyer dans le Midi, à Nice, partager la somptueuse installation de Colette et de son petit W.

— Il ne m'en coûterait pas davantage, disait-il naïvement, et cela vous guérirait.

Mais Élisée ne tenait pas à guérir, voulant terminer son livre à la place même où il avait germé, dans ces profondes rumeurs parisiennes où chacun entend la dominante qui lui convient. Pendant qu'il écrivait, Sauvadon, assis au pied du lit, rabâchait de sa jolie nièce, s'irritait contre ce vieux toqué de général en train de vendre son hôtel de l'île Saint-Louis.

— Je vous demande un peu ce qu'il peut faire de tout cet argent ?... Il doit l'entasser dans des trous, en petits tas... Après tout, ça le regarde... Colette est assez riche pour se passer de lui...

Et le marchand de vin tapait, à l'endroit du gousset, sur son petit ventre tendu comme une sacoche.

Une autre fois, en jetant sur le lit le paquet de journaux qu'il apportait à Élisée :

— Il paraît qu'on se remue en Illyrie... Ils viennent d'envoyer à la diète de Leybach une majorité royaliste... Ah! s'il y avait un homme là... Mais ce petit Léopold est encore bien jeune et Christian s'abrutit de jour en jour... Maintenant il court les bouges, les bastringues avec son valet de chambre.

Élisée l'écoutait, frissonnant de tout son corps. Pauvre reine!... L'autre continua sans s'apercevoir du mal qu'il faisait :

— Ils vont bien, d'ailleurs, nos exilés... Voilà le prince d'Axel compromis dans cette sale affaire de l'avenue d'Antin... Vous savez, ce family-hôtel qui avec son étiquette patriarcale servait de refuge à des mineures émancipées... Quel scandale! Un prince héritier... Pourtant une chose m'étonne... Au moment même de l'histoire du family, Colette m'écrivait que Monseigneur était à Nice et qu'elle avait assisté aux régates dans un yacht loué pour elle par Son Altesse... Certainement il doit y avoir confusion. J'en serais fort heureux... Car, entre nous, mon cher Méraut...

Ici le bonhomme confia très mystérieusement à son ami que le prince royal se montrait très assidu auprès de Colette ; et comme elle n'était pas femme à... vous pensez bien... il pourrait se faire qu'avant peu...

La large face ouvrière du parvenu s'éclaira d'un sourire :

— Voyez-vous cela, Colette reine de Finlande!... Et Sauvadon de Bercy, mon oncle, devenant l'oncle du roi !... Mais je vous fatigue...

— Oui, j'ai envie de dormir... dit Élisée qui, depuis un moment, fermait les yeux, un moyen poli de se débarrasser de ce bon bavard vaniteux.

L'oncle parti, il ramassa ses papiers, s'installa pour écrire, mais sans pouvoir tracer une ligne, pris d'un dégoût, d'une lassitude extrêmes. Toutes ces hideuses histoires l'avaient écœuré... Devant les pages éparses sur son lit, ce plaidoyer pour la royauté où il brûlait le peu qu'il lui restait de sang, se voyant lui-même dans cette chambre sordide avec ses cheveux gris de vieil étudiant, tant de passion perdue, de forces gaspillées, il douta pour la première fois, se demanda s'il n'avait pas été dupe toute sa vie... Un défenseur, un apôtre ! à ces rois qui se dégradaient par plaisir, désertaient leur propre cause... Et tandis que ses yeux erraient tristement sur ces murs nus où le couchant ne lui arrivait que par reflet des vitres d'en face, il aperçut dans son cadre poudreux de vieille relique le cachet rouge « *Fides Spes* » qu'il avait pris au chevet de son père. Tout de suite la belle face bourbonienne du vieux Méraut lui apparut, telle qu'il la vit rigide au lit de mort, endormie dans sa confiance et sa fidélité sublimes, et les métiers arrêtés et droits, l'horizon des moulins croulants entre la pierre sèche de la côte et l'implacable bleu du Midi. Ce fut une minute d'hallucinations, l'enclos de Rey, toute sa jeunesse flottant dans une mémoire qui s'embrumait déjà...

Tout à coup la porte s'entr'ouvre avec un chuchotement d'étoffes et de voix. Il pense que c'est une voisine, quelque bonne fille du Rialto qui apporte à boire à sa fièvre. Bien vite il ferme les yeux; toujours ce sommeil qui renvoie les importuns. Mais des petits pas indécis s'approchent sur le carreau froid de la chambre. Une voix douce murmure : « Bonjour, Monsieur Élisée. » Son élève est devant lui, craintif, un peu grandi, regardant avec sa timidité d'infirme le maître changé, si pâle dans ce pauvre lit. Là-bas, contre la porte, une femme attend, droite et fière, sous son voile. Elle est venue, elle a monté les cinq étages, l'escalier plein d'un bruit de débauche, frôlé de sa robe immaculée les portes aux écriteaux raccrocheurs « Alice... Clémence... » Elle n'a pas voulu qu'il meure sans revoir son petit Zara; et n'entrant pas elle-même, elle lui envoie son pardon par la petite main de l'enfant. Cette main, Élisée Méraut la prend, la serre sur ses lèvres; puis, tourné vers l'auguste apparition qu'il devine à son seuil, avec son dernier souffle, son dernier effort de vie, de parole, il dit tout bas et pour jamais : « Vive le roi ! »

XVIII

LA FIN D'UNE RACE

Il y avait une rude partie ce matin-là au cercle du jeu de paume. Tout autour de la lice immense, sur le terrain battu, piétiné comme une arène, un grand filet enveloppait de ses mailles serrées les évolutions de six joueurs, en vestons blancs, chaussons de salle d'armes, bondissant, hurlant, agitant leurs lourdes raquettes. Ce jour d'hippodrome tombé des hautes vitres, ce filet tendu, les cris rauques, les voltes, les écarts de ces casaques blanches, l'impassible correction des garçons de salle, tous Anglais, arpentant à pas comptés la galerie du pourtour, on se serait cru dans quelque manège, pendant la répétition des gymnastes et des clowns. Parmi ces clowns, monseigneur le prince d'Axel, à qui l'on avait ordonné le noble exercice de la paume comme hygiénique à son coma, pouvait compter pour un des plus bruyants. Arrivé la veille de Nice où il venait de passer un mois aux pieds de Colette, cette partie était sa rentrée dans la vie parisienne, et il envoyait la balle avec des « han! » de garçon boucher, des détentes de bras à faire l'admiration d'un abattoir, quand on vint l'avertir au plus beau du jeu qu'il y avait là quelqu'un pour lui.

— Zut! répondit le présomptif sans même tourner la tête.

Le domestique insista, dit un nom à l'oreille de monseigneur, qui se calma, un peu étonné.

— C'est bon... priez d'attendre... J'y vais, sitôt le coup fini...

Rentré dans une de ces cabines de bains froids, qui font le tour de la galerie, meublées de bambou, coquettement tendues de nattes japonaises, il trouva son ami Rigolo accroupi sur un divan, la tête basse.

— Oh! mon prince, quelle aventure... fit l'ex-roi d'Illyrie, en levant un visage bouleversé.

Il s'arrêta à la vue du garçon chargé de serviettes, gants de laine et de crin pour éponger, étriller monseigneur suant, fumant comme un mecklembourg qui vient de monter une côte. L'opération finie, Christian continua, les lèvres pâles, grelottantes :

— Voici ce qui m'arrive... Vous avez entendu parler là-bas de l'affaire du Family ?...

L'Altesse tourna vers lui son regard morne :

— Pincé ?...

Le roi affirma d'un signe, en détournant ses jolis yeux indécis. Puis, après un silence :

— Vous voyez la scène... La police au milieu de la nuit... La fillette qui pleure, se roule, déchire les agents, s'accroche à mes genoux : « Monseigneur... Monseigneur... Sauvez-moi. » Je veux la faire taire... Trop tard... Quand j'essaie de donner un nom quelconque, le commissaire se met à rire : « C'est inutile... Mes hommes vous ont reconnu... Vous êtes le prince d'Axel...

— Elle est bien bonne !... grogna le prince, dans sa cuvette... et alors ?

— Ma foi ! mon cher, j'ai été si penaud, si pris de court... D'autres motifs aussi que je vous dirai... Bref j'ai laissé croire à cet homme que j'étais vous, bien convaincu d'ailleurs que l'affaire n'aurait pas de suites... Mais point. Voilà qu'on en reparle, et comme vous pourrez être appelé chez le juge d'instruction, je viens vous supplier...

— De passer en correctionnelle à votre place ?...

— Oh ! les choses n'iront pas jusque-là... Seulement les journaux parleront, des noms seront prononcés... Et dans ce moment, avec ce qui se prépare en Illyrie, le mouvement royaliste, notre restauration prochaine, ce scandale serait du plus triste effet...

Comme il avait l'air piteux, l'infortuné Rigolo, attendant la décision de son cousin d'Axel qui ramenait silencieusement ses trois cheveux jaunes devant la glace ! Enfin le prince royal se décida à parler.

— Alors, vous croyez que les journaux ?... » Et, tout à coup, de sa voix de ventriloque, veule et endormie : « Chic... très chic... Ça va faire enrager mon oncle... »

Il était habillé, prit son stick, campa son chapeau sur l'oreille : — « Allons déjeuner... » Bras dessus, bras dessous, par la terrasse des Feuillants, ils rejoignirent le phaéton de Christian attendant à la grille des Tuileries, y montèrent tous les deux engoncés dans leurs fourrures, car il faisait une belle journée d'hiver d'une lumière rose et froide ; et le svelte équipage partit comme le vent, emportant nos inséparables vers le café de Londres, Rigolo soulagé, tout épanoui, Queue-de-Poule moins somnolent que d'habitude, émoustillé par sa partie de paume et la pensée de cette frasque dont tout Paris allait le croire le héros. Comme ils traversaient la place Vendôme à peu près, déserte à cette heure, une femme d'allure élégante et jeune s'arrêtait debout au bord du trottoir, un enfant par la main, et regardant les numéros. L'Altesse, qui du haut de son siège dévisageait tous les minois avec l'avidité d'un boulevardier à jeun depuis trois semaines, l'aperçut, tressaillit : « Voyez donc, Christian... on dirait... » Mais Christian n'entendit pas, occupé de surveiller sa bête très allumée elle aussi ce matin-là; et lorsqu'ils se retournèrent sur l'étroite voiture pour regarder cette belle passante, elle et son enfant venaient d'entrer sous la voûte d'une des maisons voisines du ministère de la justice.

Elle marchait vite, le voile baissé, un peu gênée et hésitante, comme pour un premier rendez-vous; mais si la toilette sombre et trop riche, l'allure mystérieuse, pouvaient faire douter un instant de cette femme, le nom qu'elle demanda au suisse, l'accent de tristesse profonde dont fut prononcé ce nom des plus célèbres dans la science, éloignaient forcément toute idée galante.

— Le docteur Bouchereau?... Au premier, porte en face... Si vous n'avez pas de numéro, c'est inutile de monter...

Elle ne répondit pas, s'élança dans l'escalier, traînant l'enfant après elle, comme si elle avait peur qu'on les rappelât. Au premier, on lui dit la même chose : Si Madame ne s'était pas fait inscrire la veille...

— J'attendrai... dit-elle.

Le domestique, sans insister, leur fit traverser une première antichambre où des gens étaient assis sur des coffres à bois, une autre encombrée encore, puis ouvrit avec solennité la porte du grand salon qu'il referma sitôt la mère et l'enfant entrés, de l'air de dire : « Vous avez voulu attendre... attendez. »

C'était une vaste pièce très haute d'étage comme tous les premiers de la place Vendôme, somptueusement décorée avec peintures au plafond, boiseries et panneaux. Là-dedans s'espaçait et détonnait un meuble en velours grenat, provincial de forme, les rideaux et les portières pareils, mêlé avec des chaises, des poufs en tapisserie à la main. Le lustre Louis XVI au-dessus d'un guéridon Empire, la pendule à sujet entre ses deux candélabres, l'absence de tout objet d'art révélaient le médecin modeste, travailleur, chez qui la vogue est arrivée à l'improviste, et qui n'a fait aucun frais pour l'attendre ni la recevoir. Et quelle vogue, comme Paris seul peut la donner quand il s'en mêle, — s'étendant à tous les mondes, du haut en bas de la société, débordant en province, à l'étranger, dans l'Europe entière ; et cela depuis dix ans, sans se ralentir, sans diminuer, avec l'approbation unanime des confrères avouant que pour cette fois le succès est allé à un vrai savant, non au charlatanisme déguisé. Ce qui vaut à Bouchereau cette renommée, cette affluence extraordinaires, c'est moins sa poigne merveilleuse d'opérateur, ses admirables leçons d'anatomie, sa connaissance de l'être humain, que la lumière, la divination qui le guide, plus clair, plus solide que l'acier des outils, cet œil génial des grands penseurs et des poètes, qui fait de la magie avec la science, voit au fond et au delà. On le consulte comme la pythonisse, d'une foi aveugle, sans raisonnement. Quand il dit : « Ce n'est rien... » les boiteux marchent et les moribonds s'en vont guéris ; de là cette popularité, pressante, étouffante, tyrannique, qui ne laisse pas à l'homme le loisir de vivre, de respirer. Chef de service dans un grand hôpital, il fait chaque matin sa tournée très longue, très minutieuse, suivie d'une jeunesse attentive qui regarde le maître comme un dieu, l'escorte, lui tend ses outils, car Bouchereau n'a jamais de trousse, emprunte à quelqu'un près de lui l'instrument dont il a besoin et qu'il oublie régulièrement de restituer. En sortant, quelques visites. Puis il revient vite à son cabinet, et souvent sans se donner le temps de manger, commence ses consultations qui se prolongent très tard dans la soirée.

Ce jour-là, quoiqu'il ne fût guère plus de

midi, le salon était déjà plein de figures sombres, inquiètes, alignées tout autour sur les sièges, ou groupées près du guéridon, penchées sur des livres, des journaux illustrés, se détournant à peine pour regarder ceux qui entraient, chacun préoccupé de soi-même, enfermé dans son mal, absorbé par l'anxiété de ce que prononcera le devin. Sinistre, le silence de ces malades aux traits creusés de plis douloureux, aux regards atones, allumés parfois d'un feu cruel. Les femmes encore gardaient une coquetterie, quelques-unes un masque hautain sur la souffrance, tandis que les hommes, arrachés à leur travail, à l'activité physique de la vie, semblaient plus frappés, plus à l'abandon. Parmi ces détresses égoïstes, la mère et son petit compagnon formaient un groupe touchant ; lui si frêle, si pâle, avec cette petite figure éteinte de traits et de teint, où il n'y avait qu'un œil de vivant, — elle immobile, comme figée dans une effroyable inquiétude. Un moment, s'ennuyant d'attendre, l'enfant se leva pour aller chercher des images sur le guéridon, gauche, timide, en infirme ; son bras en s'avançant heurta un malade, et il reçut un coup d'œil si hargneux, si froncé, qu'il revint à sa place les mains vides et y resta sans mouvement, la tête de côté, avec cette attitude inquiète d'oiseau branché qu'ont les jeunes aveugles.

Vraie suspension de vie que ces séances à la

porte du grand médecin, un hypnotisme rompu seulement par quelque soupir, une toux, une jupe qu'on ramène, une plainte étouffée, ou le carillon de la sonnette annonçant à chaque instant un nouveau malade. Parfois celui-ci, en ouvrant la porte et voyant tout rempli, la referme bien vite avec effroi, puis après un colloque, un court débat, rentre enfin résigné à attendre. C'est que, chez Bouchereau, les tours de faveur n'existent pas. Il ne fait d'exception que pour ceux de ses confrères de Paris ou de la province qui lui amènent un client. Ceux-là seuls ont le droit de faire passer leur carte, d'être introduits avant leur tour. Ils se distinguent par un air familier, autoritaire, marchent à pas nerveux dans le salon, tirent leur montre, s'étonnent de voir qu'il est midi passé, et que rien ne bouge encore dans le cabinet de consultation. Du monde, encore du monde, et de toute sorte, depuis le lourd banquier obèse qui, dès le matin, fait garder sa place sur deux chaises par un domestique, jusqu'au petit employé qui s'est dit : Ça coûtera ce que ça coûtera... Consultons Bouchereau... Toutes les toilettes, toutes les tenues, des chapeaux de visite et des bonnets de linge, de minces petites robes noires à côté de brillants satins ; mais l'égalité reste dans les yeux rougis de larmes, les fronts inquiets, les transes et les tristesses qui hantent un salon de grand consultant à Paris.

Parmi les derniers venus, un paysan, blond, tanné, large de face et de carrure, accompagne un petit être rachitique qui s'appuie à lui d'un côté et de l'autre sur une béquille. Le père prend des précautions attendrissantes, incline sous sa blouse neuve son dos voûté par le labour, délie ses gros doigts pour asseoir l'enfant : « Es-tu bien ? cale-toi... Attends que je te mette ce coussin dessous... » Il parle à haute voix, sans se gêner, dérange tout le monde pour avoir des chaises, un tabouret. L'enfant intimidé, affiné par la souffrance, reste silencieux, le corps déjeté, tenant ses béquilles entre ses jambes. Enfin installés, le paysan se met à rire, les larmes aux yeux : « Hein ! nous y sommes... C'est un fameux, va !... Il te guérira bien. » Puis il promène un sourire sur toute l'assemblée, un sourire qui se heurte à la dure froideur des visages. Seule la dame en noir, accompagnée aussi d'un enfant, le regarde avec bonté ; et quoiqu'elle ait l'air un peu fier, il lui parle, lui conte son histoire, qu'il s'appelle Raizou, maraîcher à Valenton, que sa femme est presque toujours malade, et que malheureusement leurs enfants tiennent plus d'elle que de lui, si vaillant, si fort. Les trois aînés sont morts d'une maladie qu'ils avaient dans les os... Le dernier faisait mine de bien s'élever, mais depuis quelques mois, ça le tenait dans la hanche comme les autres. Alors on a

eté un matelas sur les bancs de la carriole, et
ils sont venus voir Bouchereau.

Il dit tout cela d'un ton posé, avec le lam-
binage des gens de campagne, et pendant que
sa voisine l'écoute attendrie, les deux petits
infirmes s'examinent curieusement, rapprochés
par la maladie qui leur donne à tous deux, au
petit en blouse et cache-nez de laine, comme
à l'enfant couvert de fourrures fines, une res-
semblance mélancolique... Mais un frisson
court dans la salle, du rouge monte aux pâ-
leurs, toutes les têtes tournées vers une haute
porte derrière laquelle s'entend un bruit de
pas, de sièges remués. Il est là, il vient d'arriver. Les pas se rapprochent. Dans l'entre-
bâillure de la porte ouverte brusquement, paraît un homme de taille moyenne, trapu, carré
d'épaules, le front dénudé, les traits durs. D'un
regard qui se croise avec tant d'autres regards
anxieux, il a fait le tour du salon, scruté ces
douleurs anciennes ou récentes. Quelqu'un
passe, le battant se referme. « Il ne doit pas
être commode, » dit Raizou à demi-voix, et
pour se rassurer il regarde tout ce monde qui
passera avant lui à la consultation. Une vraie
foule et de longues heures d'attente marquées
par le timbre traînard, retentissant, de la vieille
pendule provinciale surmontée d'une Polymnie
et les rares apparitions du docteur. A chaque
fois une place est gagnée ; il y a un mouve-

ment, un peu de vie dans le salon, puis tout redevient morne et immobile.

Depuis qu'elle est entrée, la mère n'a pas dit un mot, pas levé son voile, et il se dégage de son silence, peut-être de sa mentale prière quelque chose de si imposant que le paysan n'ose plus lui adresser la parole, reste muet aussi, pousse de gros soupirs. A un moment on le voit tirer de sa poche, d'une foule de poches, une petite bouteille, un gobelet, un biscuit dans du papier qu'il développe lentement, précieusement, pour faire une « trempette » à son garçon. L'enfant mouille ses lèvres, puis repousse le verre et le biscuit : « Non... non... je n'ai pas faim... » Et devant cette pauvre figure tirée, si lasse, Raizou pense à ses trois aînés qui n'avaient jamais faim non plus. Ses yeux se gonflent, ses joues tremblent à cette idée, et tout à coup : « Bouge pas, m'ami... Je vas voir si la carriole est en bas. » Voilà bien des fois qu'il descend pour s'assurer que la carriole stationne toujours au ras du trottoir, sur la place; et quand il remonte, souriant, épanoui, il s'imagine qu'on ne voit pas ses yeux rougis, ses joues violettes à force d'être essuyées, tamponnées à gros coups de poing pour rentrer des larmes.

Les heures passent, lentes et tristes. Dans le salon qui s'assombrit les figures paraissent plus pâles, plus nerveuses, se tournent suppliantes vers l'impassible Bouchereau faisant son apparition régulière. L'homme de Valenton se désole en songeant qu'ils rentreront en pleine nuit, que sa femme sera inquiète, que le petit aura froid. Son chagrin est si vif, s'exprime tout haut avec une naïveté si touchante que, lorsque après cinq mortelles heures la mère et son enfant voient venir leur tour de passer, ils cèdent leur place au brave Raizou. « Oh ! merci, madame... » Son effusion n'a pas le temps d'être gênante, car la porte vient de s'ouvrir. Vite, il prend son fils, le soulève, lui donne sa béquille, si troublé, si ému qu'il ne voit pas ce que la dame glisse dans la main du pauvre estropié : « Pour vous... pour vous... »

Oh ! que la mère et l'enfant la trouvent longue cette dernière attente, augmentée de la nuit qui vient, de l'appréhension qui les glace. Enfin leur tour arrive ; ils entrent dans un cabinet très vaste, tout en longueur, éclairé par une large et haute fenêtre qui ouvre sur la place et garde encore du jour, malgré l'heure avancée. La table de Bouchereau est là devant, très simple, un bureau de médecin de campagne ou de receveur de l'enregistrement. Il s'y assied, le dos tourné à la lumière qui frappe les nouveaux venus, cette femme dont le voile relevé montre un visage énergique et jeune, au teint éclatant, aux yeux fatigués de veilles douloureuses, le petit baissant la tête comme si le jour en face le blessait.

— Qu'est-ce qu'il a? dit Bouchereau l'attirant à lui avec un accent de bonté, un geste paternel, car sous la dureté de son visage se cache une sensibilité exquise que quarante ans de métier n'ont pas émoussée encore. La mère avant de répondre fait signe à l'enfant de s'éloigner, puis d'une belle voix grave, à l'accent étranger, raconte que son fils a perdu l'œil droit, l'an dernier, par accident. Maintenant des troubles surviennent au côté gauche, des brumes, des éblouissements, une altération sensible de la vue. Pour éviter la cécité complète, on conseille l'extraction de l'œil mort. Est-elle possible? L'enfant est-il en état de la supporter?

Bouchereau écoute avec attention, penché au bord de son fauteuil, ses deux petits yeux vifs de Tourangeau fixés sur cette bouche dédaigneuse, aux lèvres rouges, d'un sang pur, que le fard n'a jamais touchées. Puis, quand la mère a fini :

— L'énucléation qu'on vous conseille, madame, se fait journellement et sans aucun danger, à moins de circonstances tout à fait exceptionnelles... Une fois, une seule, en vingt ans, j'ai eu dans mon service à Lariboisière un pauvre diable qui n'a pas pu la supporter... Il est vrai que c'était un vieillard, un triste ramasseur de chiffons, alcoolisé, mal nourri... Ici le cas n'est pas le même... Votre fils n'a pas l'air fort; mais il vient d'une belle et solide maman qui lui a mis dans les veines... Nous allons voir ça, du reste...

Il appelle l'enfant, le prend entre ses jambes, et pour le distraire, l'occuper pendant son examen, lui demande avec un bon sourire :

— Comment t'appelles-tu ?

— Léopold, monsieur.

— Léopold qui ?

Le petit regarde sa mère sans répondre..

— Eh bien, Léopold, il faut quitter ta veste, ton gilet... Que j'inspecte, que j'écoute partout.

L'enfant se défait longuement, maladroitement, aidé de sa mère dont les mains tremblent, et du bon père Bouchereau plus habile qu'eux deux. Oh! le pauvre petit corps grêle, rachitique, aux épaules rentrées vers l'étroite poitrine comme des ailes d'oiseau repliées avant le vol, — et d'une chair si blême que le scapulaire, les médailles s'y détachent, dans le jour triste, ainsi que sur le plâtre d'un *ex-voto*. La mère baisse la tête presque honteuse de son œuvre, tandis que le médecin ausculte, percute, s'interrompant pour faire quelques questions.

— Le père est âgé, n'est-ce pas?

— Mais non, Monsieur... Trente-cinq ans à peine.

— Souvent malade?

— Non, presque jamais.

— C'est bien... rhabille-toi, mon petit homme.

Il s'enfonce dans son grand fauteuil, tout pensif, tandis que l'enfant, après avoir remis son velours bleu et ses fourrures, va reprendre sa place tout au fond sans qu'on le lui dise. Depuis un an il est tellement habitué à ces mystères, à ces chuchotements autour de son mal qu'il ne s'en inquiète même plus, n'essaye pas de comprendre, s'abandonne. Mais la mère, quelle angoisse, quel regard au médecin !

— Eh bien ?

— Madame, dit Bouchereau tout bas, scandant chaque mot, votre enfant est en effet menacé de perdre la vue. Et pourtant... si c'était mon fils je ne l'opérerais pas... Sans bien m'expliquer encore cette petite nature, j'y constate d'étranges désordres, un ébranlement de tout l'être, surtout le sang le plus vicié, le plus épuisé, le plus pauvre...

— Du sang de roi ! gronde Frédérique, brusquement levée avec un éclat de révolte. Elle vient de se rappeler, de voir tout à coup dans son petit cercueil chargé de roses la pâle figure de son premier-né. Bouchereau, debout aussi, subitement éclairé par ces trois mots, reconnaît la reine d'Illyrie qu'il n'a jamais vue, puisqu'elle ne va nulle part, mais dont les portraits sont partout.

— Oh ! Madame... Si j'avais su...

— Ne vous excusez pas, dit Frédérique déjà plus calme, je suis venue ici pour entendre la vérité, cette vérité que nous n'avons jamais, nous autres, même en exil... Ah ! Monsieur Bouchereau, que les reines sont malheureuses. Dire qu'ils sont là tous à me persécuter pour que je fasse opérer mon enfant ! Ils savent pourtant bien qu'il y va de sa vie... Mais la raison d'État !... Dans un mois, quinze jours, peut-être plus tôt, les Diètes d'Illyrie vont envoyer vers nous... On veut avoir un roi à leur montrer... Tel qu'il est là, passe encore ; mais aveugle ! Personne n'en voudrait... Alors, au risque de le tuer, l'opération !... Règne ou meurs... Et j'allais me faire complice de ce crime... Pauvre petit Zara !... Qu'importe qu'il règne, mon Dieu !... Qu'il vive, qu'il vive !... »

Cinq heures. Le soir tombe. Dans la rue de Rivoli encombrée par le retour du Bois, l'heure des dîners, les voitures vont au pas, suivant la grille des Tuileries qui semble, frappée par le couchant hâtif, s'étendre sur les passants en longues barres. Tout le côté de l'Arc de Triomphe est encore inondé d'une rouge lumière boréale, l'autre déjà d'un violet de deuil épaissi d'ombre vers les bords. C'est par là que roule la lourde voiture aux armes d'Illyrie. Au tournant de la rue de Castiglione, la reine retrouve soudain le balcon de l'hôtel des Pyramides et les illusions de son arrivée à Paris, chantantes et planantes comme la musique des cuivres qui sonnait ce jour-là dans les masses de feuillage. Que de déceptions depuis, que de combats ! Maintenant c'est fini, fini. La race est éteinte... Un froid de mort lui tombe aux épaules, tandis que le landau avance vers l'ombre, toujours vers l'ombre. Aussi ne voit-elle pas le regard tendre, craintif, implorant, que l'enfant tourne de son côté.

— Maman, si je ne suis plus roi, est-ce que vous m'aimerez tout de même ?

— O mon chéri !...

Elle serre passionnément la petite main tendue vers les siennes... Allons, le sacrifice est fait. Réchauffée, réconfortée par cette étreinte, Frédérique n'est plus que mère, rien que mère ; et quand les Tuileries, dorées sur leurs cendres solides d'un rayon au déclin, se dressent tout à coup devant elle pour lui rappeler le passé, elle les regarde sans émotion, sans mémoire, croyant voir quelque ruine ancienne d'Assyrie ou d'Égypte, témoin de mœurs et de peuples disparus, une grande vieille chose — morte.

TABLE

		Pages
I.	Le premier jour	1
II.	Un royaliste	33
III.	La cour à Saint-Mandé. :	69
IV.	Le roi fait la fête.	96
V.	J. Tom Lévis, agent des étrangers. . . .	137
VI.	La bohème de l'exil	171
VII.	Joies populaires	202
VIII.	Le grand coup.	223
XI.	A l'Académie.	256
X.	Scène de ménage	285
XI.	La veillée d'armes	303

XII.	Train de nuit.	335
XIII.	En chapelle.	366
XIV.	Un dénouement	374
XV.	Le petit roi.	394
XVI.	La chambre noire	407
XVII.	Fides spes.	425
XVIII.	La fin d'une race.	4

6596. — Impr. A. Lemerre, 6, rue des Bergers, Paris.

www.ingramcontent.com/pod-product-compliance
Lightning Source LLC
Chambersburg PA
CBHW070529230426
43665CB00014B/1621